汤因比历史哲学

刘远航/编译

哲人咖啡厅

九州出版社 JIUZHOUPRESS | 全国百佳图书出版单位

图书在版编目（CIP）数据

汤因比历史哲学 / 刘远航编译. —北京：九州出版社，2010.4（2017.3 重印）
ISBN 978-7-5108-0419-9

Ⅰ. ①汤… Ⅱ. ①刘… Ⅲ. ①汤因比，A.J.（1889～1975）—历史哲学—学术思想 Ⅳ. ①K01

中国版本图书馆 CIP 数据核字（2010）第 051045 号

汤因比历史哲学

作　　者	刘远航　编译
出版发行	九州出版社
地　　址	北京市西城区阜外大街甲 35 号（100037）
发行电话	(010)689921902/3/5/6
网　　址	www.jiuzhoupress.com
电子信箱	jiuzhou@jiuzhoupress.com
印　　刷	三河市东方印刷有限公司
开　　本	880 毫米 ×1230 毫米　32 开
印　　张	13.625
字　　数	250 千字
版　　次	2010 年 4 月第 1 版
印　　次	2017 年 3 月第 2 次印刷
书　　号	ISBN 978-7-5108-0419-9
定　　价	29.80 元

现在，人类已经有力量终结人类历史甚至全部生命。走到悬崖边的人类必须迅速觉醒、调整方向，才不致跌落万丈深渊。

——汤因比

出版前言

阿诺德·汤因比（Arnold Toynbee, 1889 ~ 1975）是英国著名历史学家，曾被誉为“近世以来最伟大的历史学家”。汤因比出生在一个历史学世家，他的母亲是英国第一代女大学生，也是一位历史学家。汤因比的叔父也是一位历史学家，专门研究经济发展史。这位叔父也叫阿诺德·汤因比，汤因比的名字正是为了纪念他这位早逝的叔父而起的。在这样良好的家庭背景下，汤因比从小就热爱历史，并受到了很好的教育，终于在历史学上取得了丰硕的成果，成为一代历史学巨匠。但是，汤因比不仅是一位出色的历史学家，而且也是一位出色的哲学家。他经常从哲学的视角思考宇宙人生和社会历史的诸多重大问题，有着丰富而深刻的哲学思想尤其是历史哲学思想，被视为现代西方“思辨的历史哲学”的一位主要代表。

汤因比坚决反对历史学界盛行的根据国别研究历史的做法。他认为，历史研究的基本单位应该是比国家更大的文明。通过概括希腊、中国和犹太等文明的主要特征，汤因比提出了一个他认为的适用于大多数文明及其演变的模式。他认为，人类各文明的存在和发展具有基本的一般规律。犹如一个有机体，每个文明都会经历起源、成长、衰落和解体四个阶段。不过，文明的这种周期性变化并不表示文明是停滞不前的。在旧文明中生成起来的新生文明会比旧文明有所进步。文明兴衰的基本原因是挑战和应战。一个文明，如果能够成功地应对挑战，那么它就会诞生和成长起来；反之，如果不能成功地应对挑战，那么它就会走向衰落和解体。

汤因比认为，各个文明并不是孤立存在的，它们恰恰是相互接触的。文明的相互接触包括同时代文明在空间中的接触和不同时代文明在时间中的接触。在汤因比看来，理解和解释世界的好奇心刺激着历史学家们去研究历史，这是促使历史学家们发现和解释的动力。历史不是一连串的事实，历史著述也不是对这些事实的叙述。历史学家必须不断地通过分类，判断什么是真实的、有意义的。而且，在研究事实时必须抓住要点，并加以比较。和对历史的决定论的解释不同，汤因比相信，人类可以在一定的范围内自由地选择，可以学会如何做出选择。只要学会同超越人类的现实达成和谐关系，人类的这种选择就不仅是自由的，而且是切实可行的。

汤因比指出，在过去的五百年中，技术和经济高速发展，但是人类并没有在精神上和政治上取得同样的发展，而是存在着诸多严重的问题。现在，人类已经有力量终结人类历史甚至全部生命。走到悬崖边的人类必须迅速觉醒、调整方向，才不致跌落万丈深渊。人类需要根本改变自己的目标、思想和行为，这是人类继续存在下去的不可或缺的条件。在汤因比看来，由于过去五百年中西方人活动范围的扩大，形成了世界范围的技术、经济关系的网络。当代人类正共同面临着许多迫切的问题。汤因比期待并预言人类将在历史发展的下一阶段实现政治和精神上的统一。但是，他强调，这一巨大变革必须以全人类的平等为前提，以自主的方式加以实现，而不是继续以一部分人统治另一部分人的方式去实现。西方将把它过去五百年中的主导权转交给东亚尤其是中国。

汤因比十分看重中国在历史上和未来的作用，对中国充满了真情。他不仅对中国的历史和文化大加赞赏，而且很盼望并认为中国一定能够在未来对世界在政治上和精神上的统一做出主要贡献。汤因比很欣赏中国长久保持国家统一的政治与文化传统——尽管历经两千年的改朝换代，但直到现在仍然保持着政治和文化的统一。他认为在全世界找不到第二个这样的大一统局面。在汤因比看来，19世纪是英国人的世纪，20世纪是美国人的世纪，而21世纪将是中国人的世纪。当然，值得强调的是，汤因比说21世纪是中国人的世纪，主要是指中国的文化尤其是儒家思想和大乘佛教将引领人类走出迷误和苦难，走向和平安定的康庄大道。像汤因比这么期待中国对世界的和平、统一和发展发挥作用的西方思想家寥若晨星。日本思想家池田大作曾问汤因比希望出生在哪个国家，汤因比说他希望出生在公元1世纪佛教已经传入的中国新疆。汤因比对中国的感情由此可见一斑。

本书为读者们介绍了汤因比的六部代表性著作。这六部著作集中了汤因比最主要的历史哲学思想。

在这其中，可以把两部最主要的代表作——《历史研究》和《人类和大地母亲》看作一个单元。前者为历史哲学思想，后者则偏重于历史叙述。当然，二者都是把整个人类社会历史作为研究对象的。并且它们还相互印证:《历史研究》中的历史哲学思想以《人类和大地母亲》中所描述的历史事实为事实依据，从这些历史事实中概括得出;《人类和大地母亲》中所描述的史事则以《历史研究》中的历史哲学思想为理论依据描述人类历史。

《经受着考验的文明》、《世界和西方》和《人类必须抉择》为一单元。这三部著作集中展现了汤因比对人类现当代文明的思考、忧虑和对人类未来的谋划与憧憬。

《汤因比论汤因比》为一单元。这部以对话录集成的著作是汤因比在生命末年对自己一生学术思想的自我总结和介绍，对于理解他的历史哲学思想很有助益。

中国波澜壮阔的改革开放展开之后，学术界出现过“汤因比热”，汤因比的历史哲学思想在我国学术界迅速而广泛地传播开来。在21世纪的今天，在人类文明前行的重要关头，在中国改革开放和现代化建设的关键阶段，重温这位伟大的历史学家和哲学家对人类历史、人类现当代文明和人类命运与前途的思考，无论是对每一个人、全体中华文明的子孙还是对整个人类，都有重要的意义和启示。

九州出版社

二〇一〇年四月

目 录

一、历史研究

由煌煌十二卷组成的《历史研究》是汤因比最主要的代表作。在这部享誉世界的著作中，汤因比试图把人类史作为一个整体加以考察。

在时间上，汤因比的考察从人类史的开端开始，结束于他逝世前三年即 1972 年。在空间上，汤因比的考察着眼于全球。

汤因比指出，在由动物祖先演进为人之后的最初五十万年或一百万年里，人类是很原始的。除了一些骨骸和旧石器，没有留下任何有记载的东西。农业、家畜驯养、陶器制造和纺织技术等距离当代只有一万年左右，而文明产生最多也不过五千年的时间。人类所认识的大部分人类史都是相对晚近时代的。

汤因比强调，为了持一种公正的全球观点，必须抛弃自己的幻觉，即把自身所处的特定国家、文明和宗教当作文明的中心并认为它们比别的国家、文明和宗教优越。这样的历史学立场是全面认识世界真实景象的巨大障碍。

汤因比指出，之所以要从整体上研究历史、关照自己所处时代和所在地域以外的事物，是因为现实要求人类具有这种宽广的视野。在最近五百年中，包括大气层在内的整个地球表面都由于惊人的技术进步联结在一起。但是，人类还没有在政治上联合起来，人和人仍然是按照各自方式生活的陌生人。两次世界大战和世界范围内的不安、沮丧、紧张与暴力，说明现代人类陷入了非常危险的境地。人类正走向自我毁灭，除非人类能够形成天下一家的状态。为此，人类必须相互熟悉。这意味着人类需要逐渐熟悉彼此的历史，因为人类并不只是生存于现在。人类生活在一条思想的河流中，不断地回忆着过去，又怀着希望或恐惧的心情展望着未来。

汤因比还提出，即使人类不出于自我保存的目的研究历史，也应该受好奇心的驱使而关注历史。好奇心是人的一个显著特点。即使生活十分繁荣并拥有安全保障，人类也应该对自己置身其中的宇宙感到惊异。

1. 文明——历史研究的基本单位

汤因比从寻找历史研究的基本单位入手开始他的研究工作。他反对历史学界通常的根据国别研究历史的做法。他认为，历史研究的基本单位应该是比国家更大的文明。之后，他通过概括希腊和中国等文明的主要特征，提出了一个他认为的适用于大多数文明及其演变的模式。最后，汤因比拟定了一个过去和现在的文明的列表。

现代历史思想的局限

在汤因比看来，现代历史思想存在着重大局限，受西方的工业制度和主权国家制度的纠缠。他指出，和其他社会活动一样，无论在什么时代和社会，历史研究都受到特定时间地点中主导思想倾向的控制。现代西方处于工业化的经济体制和民主的政治体制这两种制度的统治之下。这两种制度于 19 世纪末在西方取得了至高无上的地位，在汤因比看来，这是由于它们为时代面临的一些主要难题提供了暂时的解决方案。他认为，现代西方人是在这两种制度的阴影下成长起来的，一直在工业体制和代议制的国家中生活。这两种制度控制了现代西方人的想象力。在现代西方的历史著作中，它们的影响几乎无所不在。

尽管在劳动分工上有人道的一面，然而当把西方现代科学思想应用于自然环境的时候，工业体制又有着非人道的一面。它的运作方式是通过一些人的机械性的合作，源源不断地把原材料转化为商品。汤因比认为，在理论上和 20 世纪西方的实践中，这种工业体制的特征被复制出来。他指出，把工业体制的方法运用于自然科学或许不会出大的问题，但是，把它们运用于自然科学之外的领域就会出很大的问题。在应用于自然科学之后，工业体制的方法又被应用于超出自然科学之外的许多思想领域，被应用于同死寂的自然界没有关系却同生命有关的领域，甚至被应用于同人类的活动相关的思想领域。历史研究就是这样一个领域。

汤因比强调，在关系到人而不是物的思想领域中，现代西方的工业体制的运用是错误的。但是，历史思想被工业化了。历史思想已经被工业化到这样的程度，甚至能够产生出对工业化精神的病态夸张。由于把精力和能量都集中到将原料转化为商品上，因此，西方人觉得自然资源的发现和开发本身就是有价值的行为，而它引起的对人类的后果反倒无所谓了，人们欣然成为物质偶像的奴隶。或许欧洲人会认为只有某种类型的美国商人才会具有这样的特征，然而，尽管比较极端，但这种特征的确是整个西方世界普遍的特征。

历史思想实际上和工业生产并没有什么相同之处。在实际运作中，如果像对待木头石头一样对待动物或者人类，那么工业生产就会引起灾难。同样，本是为了思考非生命的自然而设计出的科学的思想方法，也不应该运用于有生命的物种和人类的历史思想。在汤因比看来，历史学家研究的地方本应该是一个园地，人类生动的思想在那里得以传授和激发。而自然科学家的实验室则是一个工作室，在那里，以无生命的原料制造的成品或半成品被机械地生产出来。汤因比说，没有人会以经营工厂的原则看顾园地，也不会用经营园地的原则经营工厂。因此，思想领域的学者们也同样应当避免方法的误用，不能把适用于物的领域的方法运用于人的领域。工业体制的劳动分工原则也深深伤害了历史学家。人要求从整体上感知生命，这种考察和理解生命整体的强烈冲动是历史学家的心灵所固有的，然而，它却受到了劳动分工的巨大侵害。

汤因比指出，现代西方的第二种体制——主权国家，也深深影响了历史思想。在“民主”时代，主权国家通过国家精神锻造了现代西方历史学家们忠贞的品行。在汤因比看来，尽管现代西方的民主观念已经把基督教“四海之内皆兄弟”的思想运用进实际的政治生活之中，然而，在西方世界的政治实践中，这种新型的民主观念却未表现为兼爱和人道，而是表现为部族意识和穷兵黩武。汤因比认为，现代西方的民主观念企图调和这两种几乎截然对立的精神和力量，国家精神则是这种绝妙的政治表演的精神产物。国家精神是使人们在感觉、思考和行为中，把社会的任何一部分都视为该社会总体的精神。汤因比认为，国家精神这种民主和部族主义相互妥协的古怪产物在现代西方政治实践中的影响力要远胜过民主本身。

工业化和国家主义而非民主政治，是两种对现代西方具有决定性作用的力量。工业革命和与之同步出现的国家主义，大约在 1875 年共同造就了西方的“列强”。每一个强国都自夸为宇宙的中心。然而，事实上，没有一个列强可以独步天下，脱离人类社会。另外，每一个强国都热切地期望取代整个人类社会，不仅在政治和经济领域，甚至在精神文化方面都唯我独尊。列强这样的思想状态扩散到规模较小的社会，因而，在现代，无论强弱大小，各个民族国家都提出同样的要求，都想成为独立于世界其余部分之外的自给自足的永恒实体。这种要求顽固地向前推进，并为人们普遍接受。因而，人类把感知生命整体的强烈冲动投入到特定的国家之上，而不是投入到更大规模的社会之上。

在汤因比看来，和其他人相比，历史学家们对这种情感并没有更多的免疫力。对于现代西方的历史学家而言，国家的立场具有特殊的吸引力。这不仅因为国家在历史学家们成长的社会中无孔不入，而且因为他们的原始材料很大程度上是按照国别的形式出现的。这些历史学家所开发的最丰富的资源是各个政府的档案，这种充足的特殊资源是他们成功地加大自己产品厚度的主要原因。因此，部分地由于时代的总的精神，部分地由于心理冲突，部分地由于专业经验，现代西方的历史学家们被吸引到国家这同一个方向，把国家作为历史研究的基本单位。

历史研究的基本单位

汤因比反对西方历史学把国家作为历史研究基本单位的普遍做法，主张历史研究的基本单位应该是文明。他说，通常看来，寻找历史研究的基本单位似乎最好从现代西方历史学家一般的观点入手，也就是说从某个民族国家入手。但是，他的真正计划是从西方的民族国家中选出一个看上去最符合现代历史学家历史研究基本单位标准的理想国家，然后，以这个为例，根据“历史事实”检验现代历史学家们看法的正确与否。

汤因比认定，大不列颠是一个很适宜的选择。因为大不列颠是一个拥有强大实力的民族国家。两百五十年前，没有经过任何中断和特征变化，就形成了大不列颠帝国。

大不列颠始终和外界保持着隔离状态，这首先是由于自然地理特点造成的。海岛的海岸线为它提供了疆界，并且这种疆界无比准确和清晰。另外，该国的政治家们所拟定的某种政策也是造成这种隔离状态的原因。汤因比认为，要想找到一个像大不列颠这样在西方史上长期扮演重要角色但比它还要隔绝的西方国家是十分困难的。如果大不列颠不能构成“可被认识的历史研究领域”，那么便可以断定，没有任何其他现代西方国家能够符合要求了。

汤因比指出，不管是在过去还是现在，英国史都不是一个可以进行孤立研究的可认识的领域，将来也几乎可以肯定不是。最有可能符合要求的英国是这样，那么其他国家就更是如此了。除非把英国看作是范围更广的社会中和其他国家相联系的一员，这个社会的每一个成员尽管以各自不同的方式但都对整个社会的共同体验做出反应，否则就难以清楚理解英国史。同样的道理，必须把威尼斯史看作一个暂时的、准社会的历史，这个社会包括米兰、热那亚、佛罗伦萨以及中世纪北意大利的其他城市国家。雅典的历史也应该看作是包括底比斯、科林斯、斯巴达以及希腊化时代的其他希腊城邦的历史。在每一个场合，都必须根据整体而不是部分来思考，必须从整体上追踪社会的那些成员的命运，将其看作同一主题的变奏，或看作一支交响乐队——它的意义在于各种乐音的和谐而不是众多互不相干的音符。在汤因比看来，为了理解局部，必须将注意力先集中于整体，因为整体本身才是可以说明的研究领域。

从这个观点出发研究历史，杂乱无章将会变得井然有序，并且能够理解那些以前不可理解的东西。

由此，汤因比得出了以下几点结论：(1) 可认识的历史研究领域是比国家或者城邦以及其他政治社团范围更大的社会。可以从当代和自己的国家出发，通过时间向前延伸和空间向外扩展界定这一领域的范围。(2) 和它们从属的各个社会相比，政治社团（民族国家、城市国家以及诸如此类的单位）不仅在空间的扩展和时间的上溯方面很有限，而且它们同这些社会的关系是局部和整体的关系。这些社会，而不是国家，才是历史研究必须处理的对象。(3) 在自成一体的意义上，可以说这些社会是独立的实体，是可认识的历史研究领域。但是，它们又是彼此联系的，都是整个人类社会的不同代表。(4) 这些特定的社会没有一个包括整个人类，没有一个能在空间上涵盖地球上所有人类繁衍生息的地区，也没有一个同整个人类社会共始终。(5) 比起单一社会不同阶段之间的连续性，一个社会的历史和另一个社会的历史之间的连续性要小得多。不过，像西方社会和希腊社会这样处于不同时代的两个特定社会却存在着连续的特征，可以把这种连续关系比喻为血缘关系。

希腊－中国模式

汤因比把希腊－中国模式作为在世界上存在过的众多文明的典型形态。他先找到希腊文明作为历史研究基本单位的典型。在他看来，希腊文明的历史是已经完结的文明的完整样本，因为在当代，已经看不到任何希腊文明的存在，它在很久以前被两个接替者取代，一个是西方文明，另一个则是西方文明的姊妹——拜占庭文明。汤因比认为，希腊文明史是他一直在寻找的文明样本，它有明显的开端和结尾，两端之间有文字记录的完整历史。

在汤因比看来，希腊模式不仅仅是希腊文明自己的历史，还应该包括希腊文明和其他文明的关系，包括和基督教以及后来的东正教、再后来的西方文明的关系。汤因比认为希腊文明包括以下几个要素：

第一个是希腊文明的政治结构。在汤因比看来，从诞生之初起，希腊文明在政治上的分裂就同其文化上的统一形成了鲜明的对比。虽然不同城邦的公民在文化上认识到他们拥有同一文化，然而这并不能阻止他们之间的战争。自相残杀一度把希腊文明推向解体的边缘，后来的罗马帝国虽然为希腊带来暂时的和平和秩序，但这也让希腊付出了昂贵的代价。希腊后来再也无力长久地维持自己的世界性国家，罗马帝国的崩溃导致了希腊文明的彻底解体。

第二个是希腊文明解体之后的社会结构。汤因比认为，在解体之后，为了维持自己的权势，在社会中处于统治地位的少数人越来越仰仗武力而放弃依靠感召力。这既疏远了希腊文明范围内的少数上层依附者，也使过去受其吸引的境外原始民众产生了疏离感。这两个阶级分别转化为内部和外部的无产者。外部无产者（蛮族）通过军事征服，强制性地和内部无产者结成一体。而由于外部无产者和外部文明的代表的加入，希腊的内部无产者也在数量上膨胀起来。

第三个是希腊文明解体之后的宗教结构。在汤因比看来，内部无产者创立了高级的宗教——基督教。基督教从已经融入希腊内部无产者队伍的非希腊文明——犹太文明那里吸取了灵感，并使整个希腊世界及其蛮族入侵者都皈依了它。主要从希腊本土的思想中获取灵感的反宗教的思潮——新柏拉图主义试图组织起来，但失败了。汤因比认为，基督教的社会组织形式——基督教会具有虫茧般的作用，后来的两种新的文明——西方基督教文明和东正教文明从这一虫茧中脱颖而出。

第四个是外部无产者的作用。蛮族人在军事上征服了希腊化世界，建立起一些后继的国家。但是，汤因比强调，和内部无产者相比，外部无产者对新文明创建的贡献微乎其微。新文明的母体是基督教会，而不是继承罗马帝国的蛮族国家。

第五个则是希腊化的基督教文明和东正教文明史上一系列希腊文化的"复兴"。在汤因比看来，这些复兴试图直接通过基督教中的希腊成分，从希腊精神中汲取灵感。

汤因比考察希腊模式的这些要素在多大程度上符合各个文明的历史。他发现，不同要素不能一概而论，不能把它们都当作解释文明结构的法宝。希腊文明的政治结构在至少九种文明的历史中得到了重视。然而，这个要素用在埃及文明的历史上却遭到了彻底的失败。埃及的政治史和希腊完全相反。大一统国家是希腊历史的最后阶段，然而在埃及史上却是最初阶段。另外，当像在希腊文明中那样把高级宗教看作虫茧来考察各文明的产生时，失败也常常多于成功。尽管这个要素在中国和印度的历史中得到了再现，然而并不足以确证我们的假设性解释：中断之后即是新文明的开端。

由于经过检验认定希腊文明并不能提供一个适用于所有其他文明的模式，因此，汤因比决定检验中国文明，看中国模式能在多大程度上替换希腊模式，或者为希腊模式提供补充。在汤因比看来，中国的历史具有明晰的结构。在漫长的时间中，中国历史表现为大一统国家不断由理想变为现实，不过中间又不时被一些分裂和混乱的局面打断。这两种局面在时间长度上有很大差别，二者更替的节奏是没有任何定规的周期性循环。从清朝回溯到明朝和元朝，在连续统一的局面之间出现的分裂状态比较短暂。而元朝以前的分裂大约持续了一百五十年。再往前，宋王朝的统一持续了一百六十七年，在宋朝之前有半个世纪的分裂状态。唐朝和其之前的隋朝的统一超过了三个世纪，不过，此前的分裂和混乱局面却长达四个多世纪。在这之前，汉朝外加秦朝的统一约有四百年，中间被两次短暂的剧烈动乱所打断。在汤因比看来，这段历史明显展现了中国史的结构。

中国从公元前 221 年起实现政治统一是毋庸置疑的。从汉代向前追溯，中国文明的结构和希腊模式相似。在这个时期，中国的地方诸侯政治分裂，秦汉实现的政治统一是各国之间漫长的痛苦战争的结果。然而，另一方面，中国在公元前221年政治统一之前就早已实现了文化上的统一。中国最伟大、最有创造性的思想文化运动发生在政治统一之前的兵祸连连的春秋战国时代，这是包括孔子在内的几乎所有中国哲学学派奠基人生活的时代。孔子是一位保守主义者，他从来没有梦想过中国实现有效的政治统一。汤因比风趣地说，或许，秦始皇的事业会让孔子震惊，而汉高祖刘邦修复统一也不会让孔子有多高兴。和柏拉图、亚里士多德一样，孔子认为政治分立是正常的现象。中国文明早期的状况，包括政治分裂和思想文化成就的同时出现，和希腊文明的早期完全相同，根本不同于中国后来的历史形态。

据此，汤因比批评自汉代起的中国学者把后来的大一统作为整个中国历史的解释模式，违背了中国的早期历史。然而，中国的学者宁愿违背事实，也不愿放弃他们这种先入为主的解释。在汤因比看来，由于正确地观察到后来的大一统政权是对秦汉统一的刻意复原，因此中国学者设想这一定是某个较早的统一的政权的复兴，从而把他们的这种统一的阶段继续向上推，经过周、商和夏，重现由设想的早期圣贤们建立的理想政体。这些圣贤可能是有着人形的神的缩影。汤因比认为，夏代其实是传说的朝代，而商代和周代虽然真实存在，但并没有证据表明商和周政权是和秦汉王朝及之后王朝一样的统一的政治实体。由秦始皇完成并由刘邦拯救的有效的政治统一，必定是史无前例的成就，就像恺撒和奥古斯都之于希腊世界一样。

通过将中国文明的模式及其要素放到其他各种文明中加以检验，汤因比指出，和将希腊模式作为各种文明的典型形态的缺陷一样，中国模式也存在着显著的不足。不过，和希腊模式一样，中国模式也在历史上闪烁着耀眼的光辉。汤因比考虑，如果把这两种模式结合起来考察，那么它的解释力就很强。希腊模式广泛适用于各个文明发展的早期阶段，而中国模式则广泛适用于各个文明发展的晚期阶段。因而，可以把中国模式的晚期阶段和希腊模式的早期阶段结合在一起，构建出一个改良的模式：各个文明在开始时有着文化统一，但没有政治统一。这样的政治局面有利于社会和文化的进步，当然这同时是以各地方国家之间连绵不断的战争为代价的。随着这个文明的发展，战争会变得越来越惨烈，并迟早会引起社会的崩溃。在漫长的麻烦时期过后，一个大一统的国家将建立起来，从而结束这样的状态。然而，这个大一统国家会周期性地陷入无政府状态和分裂状态。不过，无论分裂的时间是长是短，这样的状况终究会被再一次的政治统一所打破。在最初的统一过后，一定会有某种强大的力量维持着这种治乱交替的过程。修复统一的现象会一而再、再而三地发生，甚至在极为漫长、混乱甚至人们认为无法恢复的中间期过去之后，统一仍会再次实现。

汤因比满怀信心地认为，他的这一新的模式无可争辩地适用于大多数文明。埃及文明在其开端便实现了政治统一，这是绝无仅有的。然而，考虑埃及的前文明阶段，那么埃及实际上也先经历过一个政治分立的时期。表面上，中美洲文明、安第斯文明和希腊文明很例外地只经历过一次大一统国家的更换，而不是“正常地”经历一连串治乱分合的交替。然而，在希腊文明中，只是在其最西部的领地而言才是真实的，罗马帝国的中部、东部行省并非如此。这两个地区的演化程序符合中国模式。从公元 711 年到 1922 年，这两个地区出现了一系列重建大一统国家的现象。

据此，汤因比认定，这种希腊－中国的组合模式是一种典范的模式，可以解释人类史的各个阶段。比如，对一个文明的成长时期进行考察，如果发现该时期的这一文明是由一些政治上各行其是但享有共同文化的地方社会组成的，那么这个文明在这个时期处于创造和进步的时期。在小型社会中生活，和具有同样规模与类型的邻居积极并相互竞争地交往，更能刺激创造和进步，因为这种社会结构把亲密无间和比较宽广的视野这两种刺激力结合起来了。在统一的经济和文化内，一个处于分立状态的政权对文化的发展是有利的。不过，这些美好的东西是以各国之间频繁的战争为代价的。当这种代价超过多样化和竞争的刺激所提供的好处，到了彻底失去平衡的时候，这个文明也就分崩离析了。人类是习惯的动物。地方自主政权在其优劣尚不分明的时代，已经获得了人心，以至于它之前的受惠者们只有长久地体验到它所带来的灾难和痛苦、成为它的牺牲品之后，才会抛弃对它的忠心。

汤因比指出，无论如何，一个大一统国家一旦建立起来，也会赢得人心。在汤因比看来，这也不足为怪。因为政治统一带来的和平与秩序同之前已经变得无法忍受的麻烦时期形成了鲜明的对比，人们自然会欢喜。和摆脱灾难所得到的宝贵实惠相比，刺激力的损失似乎微不足道。只要有大一统国家存在，就有了避免恐惧和威胁频频发生的保证。随着时间的推移，大一统国家越来越深入其依附者的心灵了，除非这些帝国的建造者变成了外邦人，并且不断地干着一些恶事。由此很容易理解，大一统国家一旦建立起来之后，能够在灭亡之后一再重建。

不过，汤因比指出，还需要追问，为什么多数臣民通常希望维持大一统国家，但是大一统国家还总会出现相当时间段的分裂状态。他认为，可以从经济的角度解释文明史中盛行着治乱交替的韵律。大一统国家对于一个文明的经济是沉重的负担，为了维持自身，它需要培养一批收入颇丰的专业文职人员和常备军。随着时间的推移，地方自治政府的腐败和蛮族入侵的压力增大，行政和军事人员就越来越多，因而这些公职人员消耗的费用就会膨胀。如果这个大一统国家能够应付日益增加的开支而不致被压垮，那么它就能够想出提高生产率的办法。然而，到了这个时期，大部分文明的经济已经或多或少地处于停滞状态了。

文明表

借助他所提出的希腊－中国模式这一文明的典型形态，汤因比拟定了一个关于各文明的确切名单。他指出，一个社会能否被纳入这个名单，要看它是否符合希腊－中国模式。

汤因比指出，西方文明“附属于”希腊文明，又由于宗教的关系和叙利亚文明有很大的关联，因为基督教植根于“希腊－叙利亚文化复合肥料”的基础之上。与此相反，中国文明却和任何先前的文明没有一丝密切的纠葛，尽管在历史上其曾接受过源自国外的佛教。因此，中国文明和西方文明是完全相互独立的，而西方文明和东正教文明、伊斯兰文明却有着千丝万缕的关系，因为东正教文明和伊斯兰文明也同样植根在“希腊－叙利亚文化复合肥料”之上。

汤因比同样指出，朝鲜文明、日本文明和越南文明同中国文明有着十分紧密的关系。这三个文明受到了中国文明的启发，不过它们沿着自己的路线发展了从中国文明中借来的东西，而这足以将它们列入次一级的分支文明中。汤因比认为，可以把它们称为卫星文明，这种卫星文明是文明系属的分支代表。

汤因比的这张文明表上有以下这些文明：

（一）发展充分的文明

1. 独立的文明

A. 与其他文明没有亲缘关系的文明

中美洲文明

安第斯文明

B. 不从属于其他文明的文明

苏美尔—阿卡德文明

埃及文明

爱琴文明

印度河文明

中国文明

C. 从属于其他文明的文明

叙利亚文明（从属于苏美尔—阿卡德文明、埃及文明、爱琴文明和赫梯文明）

希腊文明（从属于爱琴文明）

印度文明（从属于印度河文明）

非洲文明（先是从属于埃及文明，之后从属于伊斯兰文明，后来又从属于西方文明）

东正教文明、西方文明和伊斯兰文明（这三个文明均从属于叙利亚明和希腊文明）

2. 卫星文明

密西西比文明（中美洲文明的卫星文明）

西南部的文明（中美洲文明的卫星文明）

北安第斯文明（安第斯文明的卫星文明）

南安第斯文明（安第斯文明的卫星文明）

埃兰文明（苏美尔—阿卡德文明的卫星文明）

赫梯文明（苏美尔—阿卡德文明的卫星文明）

乌拉尔图文明（苏美尔—阿卡德文明的卫星文明）

伊朗文明（先是苏美尔—阿卡德文明的卫星文明，后为叙利亚文明的卫星文明）

朝鲜文明、日本文明和越南文明（中国文明的卫星文明）

东南亚文明（先是印度文明的卫星文明，后为在印度尼西亚和马来西亚出现的伊斯兰文明的卫星文明）

俄罗斯文明（先是东正教文明的卫星文明，后为西方文明的卫星文明）

邻近欧亚和亚非大草原地带的各土著游牧文明

（二）失落的文明

最初的叙利亚文明（为埃及文明所取代）

基督教聂斯脱利文明（为伊斯兰文明所取代）

基督教一性论文明（为伊斯兰文明所取代）

斯堪的纳维亚文明（为西方文明所取代）

2. 文明的生命历程

汤因比认为，人类各文明的存在和发展具有基本的一般规律。犹如一个有机体，每个文明都会经历起源、成长、衰落和解体四个阶段。不过，文明的这种周期性变化并不表示文明是停滞不前的，在旧文明中生成起来的新生文明会比旧文明有所进步。

文明的起源

汤因比努力寻找在最近五千年中让人类进入文明阶段的决定性因素。在他看来，在人类史上，最剧烈的一次进步是最初的那一次，即人类的动物祖先转变为人类。因此，寻找对这种新起点的解释就是寻找文明和人类自身的源头。

汤因比认为，文明既不起源于种族，也不起源于环境。无论是关于种族还是环境的解释都难以令人满意，它们以为生机勃勃的生命和死气沉沉的物质一样，都要受无情的自然规律的支配。在汤因比看来，对文明起源的考察需要改变原来的因果关系的固定思维。文明不是起源于单因，而是起源于多因；文明的起因不是一个统一的整体，而是一种关系。由此，汤因比提出了文明起源的挑战和应战假说。

挑战和应战不同于原因和结果。具有生命的一方对另一个遇到的对手所采取的主动行为不是原因，而是挑战；其结局也不是结果，而是应战。挑战和应战同原因和结果的相似之处仅仅在于二者都体现了事件的先后次序。然而，次序的性质却并不相同。和因果关系不同，挑战和应战并不是可以预见的，在所有的场合中也不一定都是均衡对应的，因而它实际上是不可预测的。由此，汤因比把人和人的关系描述成挑战引起的应战，以取代那种原因造成结果的关系。

汤因比指出，不能寻找某种简单的文明起源的原因，不能寻找在任何时间和地点都能产生相同结果的原因。在文明的形成过程中，相同的种族或环境条件，在一个地方硕果累累，在另一个地方却毫无成就，这是很正常的。人们能够在不同的场合对同一种挑战做出多种多样、变化莫测的应战，即使这种挑战是相同条件下的同一种族和同一环境之间的相互作用。由此，汤因比强调，无论条件多么相同，也不能指望它们产生的结果会完全一致。即使正确掌握了所有种族、环境或其他可供科学解释的资料，仍然不能预测出这些资料所代表的各种力量相互作用的结果。之所以不能这样做，是因为在这类活动中的“各个力量”是一个个的人。

通过考察人类各社会已经受过的各种刺激及其结果，汤因比否定了文明易于在利于人类生存的环境中产生的观点，认为这种观点没有看到人类在文明起源时对于环境创造性的改造。正是得益于人类把环境当作自己活动的场所而加以适应性的改造，文明的起源才真正得以开始。汤因比认为，艰苦的环境对于文明非但无害而且有益。无论是自然环境还是人为环境，艰苦环境的挑战都能够产生刺激的效果。

由此，汤因比指出，文明是在异常困难而非十分优越的环境中降生的。通过对各种惩罚引起的效果的考察，似乎挑战越大，刺激就越强。然而，汤因比指出，需要验证这个法则是绝对有效的还是有局限性的。也就是说，如果挑战的困难程度无限增大，刺激是否也会无限加强？或者说，如果挑战的困难程度无限增大，它所引起的应战的能力是否也会无限增大？另一方面，如果挑战的困难程度增大到超出所能应付的地步，是否会使应战的能力减弱？甚至挑战的严峻超过了一定限度，是否会导致成功应战的可能性完全消失？

汤因比举例说明了这一问题。继亚历山大大帝之后，希腊文化入侵了叙利亚和伊朗世界，向这两个社会发起了直接的挑战。面对这一挑战，这两个文明做出了一系列的以宗教为载体的应战尝试。结果，祆教、犹太教、景教和基督一性论派的回应都遭到了失败，而伊斯兰教的回应却成功了。在宗教的意义上，祆教和犹太教分别代表了伊朗文明和叙利亚文明，它们都有过一段漫长的辉煌时期，然而却都被希腊文化冲击得只有招架之功而无还手之力。而景教和基督一性论派缔造新文明的尝试则破产了，汤因比将它们称为流产的文明。

汤因比得出结论，尽管文明的诞生需要强有力的刺激，但是这种挑战不能过于严峻，以至于扼杀人们的创造能力。

文明的成长

汤因比又分析了文明的成长。他指出，无论是过强的挑战还是过弱的挑战都不能引起创造性的应战。刚好介于过分边缘的挑战，表面上看起来好像是所有挑战中最能够起到刺激作用的，但却可能会给它的应战者致命的惩罚，导致其止步不前。在汤因比看来，这里存在着文明成长的秘密。长远地看，最适度的挑战不仅必须激起受到挑战的一方成功的应战，而且还得刺激对方获得把自己推向前进的动力。也就是说，从成功应战到新的斗争，从一个问题的解决到另一个问题的提出，从暂时的歇息到新的运动。为了使这一运动转变为反复再现的节律，就必须有一种把受到挑战的一方由平衡状态推入不平衡状态的冲力，使之暴露在新的挑战面前，因而激励它做出新的应战，以实现平衡。然而又会出现新的不平衡，这实际上是一个潜在的无止境的进程。

汤因比设问道，这种不断反复的成长节律是否有方向或目标可循呢？汤因比强调，把“方向”这个概念用于精神领域的时候必须防止误入歧途。一个目的论的公式或许能够充分表示进步过程中的任何一个单独时期，但如果把它用于整个过程，就会犯误导的错误。由一连串的挑战和应战勾勒出的运动路线的方向可能是极不规则的。在对一次挑战做出应战的时候，连续的进步又使自己处于另一次挑战之下，因此不可能用一种曲线形式全部勾画出来。

尽管把对外部环境的征服作为成长的标准看上去很诱人，但是对外部环境——无论是人为环境还是自然环境的征服——不能作为成长的标准，因为很容易找到同这种观点相矛盾的例子。例如，在战国时期，中国文明冲出了它的政治版图。按照地理扩张的说法，它正处于成长的时期，然而当时的中国社会却处于剧烈的解体过程中。在技术领域，情况同样如此。掌握新技术和文明的进步之间没有必然的联系。比如，技术能够在停滞的社会中依然进步。而且，汤因比强调，单纯的专门技术虽然能让人类征服和控制外部环境，但人类如果不能战胜对他的心灵的挑战的话，技术就会导致人类的毁灭。在个人的微观领域，对挑战的成功应战不会以克服外在障碍的形式出现，而是以不断内省的形式表现出来。当考察单个人或单个社会对持续不断的挑战的一系列应战是否可以作为成长的体现的时候，应该观察这一系列的行动是否从上述宏观领域转移到微观领域，是否存在或缺乏成长的性质。成长的进程意味着在决定成败与否的问题上，外在世界的成败是微不足道的，内在世界的行动才是至关重要的。

汤因比得出结论，当挑战和应战反复运行时，如果应战的举动从外部环境向正在成长中的人格或文明的内部转移，那这一系列对连续挑战所做的成功应战就可以看作是成长的体现。只要这种成长继续，由外部对手提出并要求在外部战场应战的挑战便会越来越少，而自己向自己提出并要求在内部竞技场上应战的挑战则会越来越多。成长的意思是，正在发展着的人格或文明趋向于成为它们自身的环境、自身的挑战和自身的战场。也就是说，成长是一种趋向自决的进程，而这种趋向自决的进程则表示生命走进自身王国。

在汤因比看来，社会并不是人的集合体，而是一个关系的网络，是两种或更多的力量相互作用的地方。它不是社会行为的来源，而是交流的中介。人们通过它互相作用，正是许多的个人而不是社会创造着历史。在一个社会中，存在着领导社会前进并促进社会成长的个人，而这些个人也在这一过程中崛起。精确地说，他们是超人，因为他们获得了卓越的自制能力，并以极为少见的自决力把它展现出来。汤因比用柏格森①的话说，这些人是感觉到生命冲动方向的人，渴望把冲动的印记留在整个人类的身上。这种创造性的人物试图按照他个人的看法改造他的同胞。无论是像基督和佛陀那样的宗教神秘主义者，还是像列宁和甘地那样的政治领袖，这类天才的出现都会不可避免地引起社会的冲突。如果这些人的观点变为社会实践，如果这种微观领域里的创造性突变得到宏观领域适当修正的回应，那么社会就会恢复平衡。如果这种运动是在整体的不断分化和统一的连续交替的动态系列中进行的，那么文明的成长就有了保障。

文明的衰落

有些过去的文明衰落了，但是汤因比断然不相信各文明注定衰落的决定论的宿命观点。他强调，文明的衰落并不是由于人类不可控制的力量作用的结果，必须寻找导致灾难的真正原因。在他看来，关于文明成长的结论为考察文明的衰落提供了可靠的指南。既然文明的成长是伴随自

① 柏格林（1859—1941），著名法国哲学家，提出“绵延”、“生命冲动”等思想，代表作为《创造进化论》。

决而来的，那么文明的衰落可能就是由这种自决能力的丧失造成的。

在汤因比看来，文明衰落和灭亡的危险是经常和剧烈的，在文明成长所必须经过的道路上始终存在。尽管具有创造力的少数人把文明推向前进，然而他们不能把各种负担丢在一边。因为他们是“社会的动物”，不能自行前进，除非他们能设法带领其同胞一同前行。在每个社会中，那些没有创造力的群众在人数上始终处于压倒性的优势，并且不可能在短暂时间里被改变。当个人仍然孤立的时候，完美是不可能实现的。个人向完美行进的过程中，必须带领其他人一道前进。这种创造性的个人的同胞是社会上的普通成员，他们的任务是使其同胞成为他们的追随者。发动广大群众朝一个远大目标前进的唯一办法是调动他们模仿的本能。这种模仿是一种社会性的训练。汤因比论证说，虽然听不懂俄耳甫斯竖琴奏出的天堂般的美妙音乐，但迟钝的耳朵能够听清一位军训教官发出的沙哑口令。普通人只能靠抄近道紧跟上他们的领袖。如果说模仿是一种训练的话，那么训练就是一种对人类行动和生活的机械化。结果，多数成员被训练成为少数人机械的追随者。

汤因比说，创造性的人物是文明的先锋。然而，在求助于机械模仿的同时，他们也使自己面临两种失败的风险。一种是消极的，另一种是积极的。可能出现的消极失败是，这些领袖事先没有想到，他们可能受到他们自己向追随者们精心施展的催眠术的感染。要得到普通群众的顺从，需要付出沉重的代价，甚至失去长官的主动性。如果连少数具有创造性的人都变成了机械性的，文明的成长就会停滞下来。权力是一种力量，很少不被滥用。如果握有权力的人失去了领导的能力，那么维持和行使这些权力就是一种滥用。这是积极的失败，是一个成长中的文明乞求于模仿应得的报应。这是衰落文明的“解体”现象，表明无产者脱离了那些已经退化为少数统治者的从前的领袖。由先知变为教官，由严守规矩的人变为恐怖分子的角色转换，从领导层的角度说明了文明的衰落。

一个具有创造性的人容易消极犯错。在取得成就之后，他就想在他梦寐以求的愚者的天堂里“偎依着他的桨叶休息”。由于先前竭尽全力发挥自己的能力，因此他赢得了“从此以后幸福地生活”的资格。除了这种愚蠢之外，这位昔日战场的胜利者还经常梦想：只要机械地重复过去那些卓有成效的行动就可以克服任何新的挑战。显然，领袖们有了这种消极情绪，就会造成社会停滞的心态。在一个停滞的社会中，只要环境不发生改变，那么这种状态就可以维持下去。然而，只要环境开始变化，灾难也就将随时到来了。这对于那些沉湎于自身事务不能自拔的创造性的个人也是适用的。在叙利亚人关于创世纪的传说中，在自然创造出来之后，宇宙形成了一个静止不动的天国，于是需要蛇来进行一次出乎意料的、有效的干预，促使上帝释放出能量，展开一场新的创造行动。

在下一阶段努力恢复自己创造力的过程中，某一阶段上的创造者恰好由于自己原来的成功而失败。汤因比指出，在此蕴含着文明衰落的基本原因。在社会生活的舞台上，创造行为的“死对头”以两种不同的方式引起社会的衰亡。其一，在面对任何特定的挑战时，大量削减可能成为创造者的人的数量，它希望排除成功应战了上次挑战的人，因为先前的成功是这些人创造力的腐蚀剂。其二，对先前创造者的这种不断的腐蚀，将使该社会在下一次考验中处于不利地位。一小撮过时的领袖完全不能满足对创造的大量需求。以往的成就把他们推到了关键的职位上，然而，他们衰老虚弱，无力创造，而他们的职权又成了创造的障碍。由此，汤因比得出结论：自决能力的丧失是判断文明衰落的最终标准，这正好和文明成长的标准相反。

文明的解体

如果衰落状态不断持续下去，衰落的文明最终将会解体。在解体过程中，原先作为一个整体的各社会组成部分失去和谐，不可避免地会引起社会的倾轧。于是，这个分崩离析的社会同时按照两个不同的向度分裂开来。一种分裂是在地理上将各社会隔离开来的纵向分裂，另一种则是在地理上合住在一地，然而却在社会方面由阶级差别隔离开来的横向分裂。在纵向分裂中，社会分裂为一些狭小的国家，并出现了日益激烈的战争。在该社会受到致命一击而寿终正寝之前，这种战争已经让它元气大伤，最后只剩下了一个幸免于难的国家在其战友的尸首丛中步履蹒跚地独自行走。不过，这种纵向的分裂还不是导致衰落的文明走向解体最典型的倾轧。一个社会按照阶级划分出现的横向分裂不仅是文明所特有的，而且也是文明在衰落的时候才首次出现的。它是文明的衰落和解体阶段的一个显著标志，和成长阶段的没有阶级分裂形成了鲜明对比。当然这不是说，前文明社会或成长的文明社会没有横向的社会划分，而是说，在这两种社会中，即使等级的鸿沟很难跨越，等级的差别也不会在道义上造成破坏性的分裂，因为不同等级能够被一种具有互惠功能的共识团结在一起。与此不同，在文明的衰落阶段，各阶级的分裂是社会团结风气消解的产物。

解体的文明中主要有这样三个阶级：少数统治阶级、内部无产者阶级和外部无产者阶级。少数当权的统治者是由具有创造力的少数人转换而来的。他们继承了前人的领导地位，但实行社会压迫政策，以便用武力树立不再和其功业相一致的权威。内部的无产者构成社会的大多数。先前，他们曾自愿遵从少数创造者的领导。但由于领导的腐败和专制，他们日益和自己的社会形同陌路。外部的无产者则由处于文明的边界之外的蛮族组成。他们被吸引到文明之中，然而他们发现自己和这个社会格格不入。另外，这三个阶级都建立了自己的组织。少数当权的统治者建立起庞然大物——大一统国家；内部的无产者却和社会疏离，采纳了外来的思想精神，发展到顶点就是创造出一个大一统的教会；外部的无产者摆脱了对于占统治地位的文明的依附状态，成为好战的蛮族军队。

少数创造者对无创造能力的群众进行社会训练，这是使他们就范的捷径，但也是文明处于成长阶段上的少数人和多数人的关系的缺陷。少数人和多数人之间关系的疏远最终导致无产者采取了脱离行为。领袖们不能继续利用一般民众的这种模仿能力，是他们不能对一种特定的挑战进行有创造性的应战的必然结果。在领导者创造力枯竭时，这一环节不可避免地会断裂。

汤因比指出，两种否定运动造成了分裂。先是少数统治者不顾正义和理性，企图用武力维持他们已经没有资格享有的特权地位。之后，无产者展开了脱离的行动。他们用愤怒回击不义，用敌视回击恐惧，用暴力回击暴力。然而矛盾的是，这一爆炸性的解体过程必然会以创造性的成就结束，这就是大一统国家、大一统教会和蛮族军队的创建。就其自身的价值而言，这三项成果是很不一样的。唯有大一统教会既有过去的根基又有发展的前景，而大一统国家和蛮族军队只属于过去。而在这二者中，蛮族军队又比大一统国家要逊色许多。少数统治者创建大一统国家，也是做了一件有价值的事，暂时止住由于他们的行为而引起的解体过程，使文明在最终解体之前出现回光返照。而蛮族军队的创建，只是外部无产者破坏性地打击这个垂死文明的准备。不过，即使在这里，也还是可以在破坏性和精神风貌上隐约地看到一丝创造性的亮光。因此，作为衰落社会解体的外在标准的社会分裂，并不纯粹只是分裂。

汤因比强调，必须把它看作是分裂和再生的运动。而且，再生具有重大的意义。再生的美好之处不仅体现在它是先前分裂的痛苦的补偿，而且也是分裂的结果。不仅是分裂的正常结果，而且也是分裂的美好幸福的结果。

汤因比认为，在痛苦的解体过程当中，创造精神，或者说对挑战进行应战的能力，并没有被完全压垮。但是，为了在解体社会中把创造性的工作推向前进，必须找到某些可以选择的渠道。少数的统治者已经注定和这种创造性的工作无缘，因为他们已经退化为封闭的集体，观念和理想一成不变，实际上丧失了成长阶段具有创造力的领袖特征的灵活的应战能力。即使少数统治者可能通过允许新人加入他们的行列而使统治集团得到改良，但也于事无补。因为，新人之所以被允许加入他们的行列，仅仅是因为新人们接受了他们为这个团体制定的老旧传统。在这种僵化的状态下，少数统治者已经无力面对反复提出的挑战。他们在接连不断的失败中遭受了严重的挫折，他们的代替了创造行为的守成行为，可能既懒散拖拉又顽固不化。

然而，无论是疯狂地拒斥光明，还是死气沉沉地“依偎在自己的桨叶上休息”，都表明少数统治者拒绝把他们已经无力扮演的主要角色让给其他雄心勃勃的人。但是，少数统治者的这种态度伤害的只是他们自己。虽然他们已经没有资格作为创造的工具，但创造活动并没有因此结束，因为在这个文明衰落的同时，另一个文明正在兴起，创造活动仍在进行之中。当一个文明的成长衰落终结的时候，已经僵化为少数统治者的那些自诩为创造者的人，便开始反复做出毫无新意的效尤动作，以应付由于没有真正受到应战从而不断出现的挑战。在文明的解体期间，情节不同的两出戏剧分头上演：一方面是以不变应万变的少数统治者不断重复着自己的失败，另一方面则是新的挑战不断激起新的少数人的创造性的应战。这些人以在每一次适当场合的崛起显现出他们的创造力。挑战和应战的戏剧继续上演，不过，演出的背景是新的，演员也是新的。

3. 解体文明的三部分

汤因比认为，一个文明解体的时候，会分裂为三个阶级：少数的当权者、内部无产者、外部无产者。而这三个阶级又会创立各自的组织：大一统国家、大一统教会和蛮族军队。

大一统国家

由于文明的解体而建立起来的大一统国家基本上是消极的组织。其一，它们是在文明崩溃之后，而不是在文明崩溃之前兴起的，然后才带给这种文明政治的统一。它们的建立已经预示了严冬的到来。其二，它们是少数当权者的产物，是那些曾经具有创造力但现在已经失去了创造力的少数人的产物。不过，大一统国家具有双重性：虽然是社会解体的征兆，但它们也体现了人们遏制解体的努力。

大一统国家都几乎着了魔似的追求不朽，它们的国民不仅希望而且热切地相信这种组织会永远存在下去。然而，和统治阶级一样，大一统国家是文明衰落的副产品。它们的出生证书已经明白无误地表明，它们没有创造力，只是昙花一现。认为大一统国家会永远存在的想法，不过是严重的幻觉。不过，这种幻觉可能也会广泛传播，并长期传承下去。

当权的少数人会有意无意地继续把影子认作实体。对于他们而言，奄奄一息的大一统国家是他们最近的成就和最后的希望。而对于对这个大一统国家的建立没有多大贡献的内部无产者和外部无产者来说，这种组织也是敬畏和效忠的对象。这证明了这种组织的吸引力。由于这种情况，在大一统国家里，无论是合法的当权者还是外来的篡权者，都会强调他们拥有这种权力的真正的或伪造的历史根据，从而在丧失了对帝国的真正统治权之后，仍然能够维持作为唯一合法性中心的重要地位。事实上，这种政治上的垄断太重要了，以至于即使蛮族征服者征服了某个帝国的省份之后，也很少敢吹嘘他是以武力夺取这个地区的，或仅凭征服权就占有了这个地区。

然而，无论这种大一统国家的寿命多么长久，它最终会被证明是灭亡前的社会的最后阶段。然而它的目标是不朽。但是，无论是盲目的还是有意识的，在这个世界中追求不朽都是徒劳无用的，是对大自然的安排的冒犯。汤因比指出，必须拒绝把大一统国家当作目的的观念。创建和管理大一统国家，少数当权者并不是抱着利他的目的，相反，他们的主观动机是自私的，是想维护他们自己，把大一统国家作为手段来达到这种自私的目的。然而，虽然这种意图绝不可能实现，不过这种工作却可能有利于第三者，从而大一统国家有可能间接参与一种新的创造活动，其受惠者必然是这个大一统国家所接触的三个群体中的一个，即内部无产者、外部无产者或当时某个外部文明的人群这三个群体中的一个。

在大一统国家中，制止冲突是普遍的要求，这会让不同的受惠者得到不同的益处。少数当权者能够借这个机会休养生息，然而，能从中获得更大益处的是无产者。动乱时期的苦难不仅没有压垮无产者，反而激励了他们，而休养生息又能让无产者发芽和茁壮成长。因此，在随着大一统国家建立而开始的休战时期，无产者会日益兴旺起来，而少数当权者则会日益衰退下去。少数当权者保存能量的做法将会变成为僵化的复古主义，然而，他们不得不实行的宽容会让内部无产者始料不及地趁机建立一个大一统教会，以此展现他们的创造力。与此同时，由于当局垄断了军人职业，并且教导人民被动服从，大一统国家的臣民日渐失去了尚武精神，这让外部无产者能够趁机闯入并统治这个苟安的国家。

少数当权者自上而下地宣传自身的某种哲学或者“花哨的宗教”，但几乎总是失败。使用政治权力机器可以成功地控制臣民的世俗生活，然而这种政治机器反而成为推行官方哲学或者宗教的障碍。与之相反，政治上软弱的内部无产者却能够有效地利用大一统国家的太平环境，自下而上地宣传一种高级宗教，最终建立起一个大一统教会。那些高级宗教的传道者有时也会意识到这种局面所提供的特殊便利，他们将其归功于自己所宣扬的那种唯一真神的恩宠。

汤因比指出，作为高级宗教的创造者，内部无产者是大一统国家这种虽然并不持久但却十分重要的成就的主要精神受惠者。不过，政治方面的好处往往落入他人之手。这样的利益分配是由当时的局势造成的。少数当权者禁止内部无产者分享政治权力，免除他们服兵役的责任。由此，内部无产者有了发挥精神创造力的机会。而少数当权者们却在平定天下的过程中耗尽了精力，很容易失去他们的祖先当年那种争雄逐鹿的热情。原来被认为是荣誉和施展抱负的途径的从军打仗，现在成了让人不情愿的负担。因此，当权者不得不指望桀骜不驯的外部无产者来充实军队。就这样，在大一统国家庇护下产生的安于太平的心理，导致统治者本身无法承担维持政治遗产的任务，而这种松懈心理却让跨越帝国边境的入侵者受益了。他们或者是这个濒临瓦解的文明的外部无产者，或者代表了某个外来的文明。

蛮族入侵者或外来入侵者获得的好处是显而易见的。但是，汤因比强调，占领被崩溃中的大一统国家遗弃的土地的蛮族入侵者是没有前途的英雄。除了他们自己的文学给他们罩上传奇和悲剧的外衣之外，在后人看来，他们只不过是厚颜无耻的冒险家。虽然很少像蛮族的胜利那样短命，但是和内部无产者的历史成就相比，外来文明的军事代表的业绩也同蛮族的胜利一样虚幻并令人失望。并且，如果大一统国家被外来的征服者过早扼杀的话，那么这种大一统国家的文明就会钻进泥土之中，经过几个世纪的冬眠，直到最终找到机会，驱逐入侵者，重新开始其大一统国家的历史。总之，大一统国家提供服务的唯一长远受益者是内部无产者，外部无产者获得的好处是虚幻的，而外来文明所获得的好处往往不能持久。

大一统教会

在汤因比看来，内部无产者建立起了大一统教会。高级宗教的兴起极其重要，标志着人类历史的新起点。它们既不是垂死文明身上的寄生虫，也不简单地是新文明诞生前的虫茧。尽管一个教会的兴起往往是和一个文明暂时的或永久的衰落同时出现，但教会并不是造成文明崩溃的原因。另一方面，虽然在某些情况下教会好像孕育出一个新文明，但是这并不是教会存在的理由。事实上，当教会允许自己转向这种外在目的的时候，它们往往会变质，结果妨碍自己履行正当的功能。汤因比认为，高级宗教本身就是一些新型的特殊社会，它们的目标是使个人找到和超验现实之间的直接关系。虽然至今也还没有能够实现这种抱负，但是大多数宗教都已经走出了最基本的一步，从它们藉以诞生的特定文明的襁褓中脱离出来，面向全人类。

大一统国家的主要受益者是大一统教会。当大一统国家衰落的时候，大一统国家提供的好处被处于它怀抱中的大一统教会所获得，而它自己却无法获得好处。由此，教会乍看起来好像是社会毒瘤。因为在这种形势和心理状态下，大一统国家的拥护者们往往不仅不喜欢看到国家衰落而教会兴旺，并且还会断定，教会一定是个寄生虫。它显然从它的寄主身上谋取了好处，而这也就是寄主患病的原因。人们很容易接受这种看法，也很容易由此恼怒，因为无论在理智上还是在道义上，人们很容易把自己的弊病归咎于外来的东西而不是自己。汤因比强调，高级宗教绝不是社会的毒瘤，而是精神生活乃至社会生活的必需品。

在汤因比看来，高级宗教臣服于国家或者其他世俗组织，是古代体制的复辟。在古代体制下，宗教是前文明社会或早期文明的整体文化的一部分，在精神和地域上都受到限制。然而，高级宗教总是要竭力摆脱世俗的社会与文化的束缚，因为这是它们实现自己使命的不可缺少的条件。这种使命不是直接关注人和人之间的社会与文化关系，而是关注每个人同超越人的精神存在之间的关系。高级宗教提供了一种关于这种关系的新视野。

和早期宗教不同，高级宗教的真正使命在于使人类个体和存在于宇宙内外的超人类存在发生直接的关系，而不是通过作为个人社会背景的文明或前文明社会，间接同这种终极的精神实在相接触。在汤因比看来，宗教调节着人和人、人和自然的关系。它们的兴起是对人性二重性的肯定。人不仅是社会性动物，而且也是追求和终极的精神实在发生直接关系的人格个性。高级宗教的突出特征，亦即它们和早期宗教的不同之处就在于此。高级宗教直接面向个人，而不通过这些个人所在的社会的中介。

至今依然存在的主要高级宗教包括印度教、犹太教、祆教、佛教、基督教和伊斯兰教。这些高级宗教有以下几个共同特点：它们都起源在某种文明的框架中，都在相当程度上脱离出这种社会母体，然而又没有彻底脱离出来。在汤因比看来，印度教、犹太教和祆教是三种早期的高级宗教，后来新兴的高级宗教和它们分裂了。分裂的原因在于早期的高级宗教不能脱离它们祖先的社会母体。虽然印度教、犹太教和祆教发现了普遍有效的真理和普遍适用的救世之道，然而却把真理和救世之道限定在特定的人群中，即印度文明和伊朗文明的继承者，以及叙利亚社会的两个继承者以色列和犹太。与此不同，新兴的高级宗教则要把这些东西传播给全人类。在汤因比看来，之所以高级宗教的信徒会陷入极权主义，不仅因为他们把极权主义作为集体自卫的手段，而且因为他们相信自己是无比宝贵的真理和救世良方的保护者，他们觉得自己有责任把这些精神财富传播给还没有觉醒的世人。

教会是高级宗教的制度化身。教会是在文明的框架中产生出来的，因此应该把教会看作一种独立又独特的社会。教会的独特性源于它所代表的宗教的独特性。高级宗教致力于让个人同终极的精神实在发生直接关系，然而，由于个人不仅有内心的精神生活，而且也是社会性的动物，由此产生的一个无法避免的后果就是高级宗教也被制度化。当然，人的内心精神生活不是这种社会性的反映，也不受这种社会性支配。高级宗教的制度化带来了一种精神紧张的恶果。高级宗教制度化的程度越高，这种紧张状态也就越尖锐。在高度制度化的教会里，个人的良知往往会同教会权力机构发生冲突。

蛮　族

汤因比指出，当一个文明濒临崩溃的时候，通常就会遭到军事边界之外的蛮族的入侵和占领，从而最终灭亡。作为文明濒临崩溃时特有的一种现象，大一统国家边界的形成是一个关键性的事件。边界把蛮族拦在外边，直到他们毁灭性的入侵降临。可以把衰亡中的文明的边界比喻为一个不再开放的水域的堤坝，虽然雄伟壮观，然而却岌岌可危，因为这是对自然法则的挑战，难免要受到惩罚。正如堤坝的阻挡反而使堤坝外的水具有强大的能量和冲击力一样，蛮族受军事边界的阻遏而不断获得新的动力。蛮族入侵者的洪流势不可挡地冲破这种军事堤坝，这似乎是所有大一统国家边界的共同命运。

衰败的文明和蛮族的主要联系是贸易和战争。本来，设立边界是要把双方隔绝开，但实际上总是导致双方的交往。不过，汤因比指出，最常见的交往方式不是贸易，而是战争。虽然战争会在心理上导致疏远，但却会在技术上相互启发。大一统国家要想遏制住蛮族就免不了战争，然而，战争反而以自己先进的战争技术训练了蛮族。战争的技术比其他领域的技术传播得更快，也更深入，武器也比其他工具传播得更早、更远。另外，由于本地蛮族市场的需求，蛮族工匠的技术不断提高，逐渐能够复制从邻近文明社会输入的武器。

一旦蛮族侵占了衰败的文明，那么主要的受害者就不再是大一统国家的臣民，而是表面上获得胜利的蛮族人自己。他们期待已久的胜利是导致失败的条件，这是他们自己和他们的手下败将都没有料到的。对于这种奇怪的结果，汤因比解释道，根本原因在于原先由于边界及其背后的文明的压力而被压制住的蛮族自我毁灭的魔鬼力量，由于蛮族的胜利反而释放出来了。当蛮族靠近边界时会产生不适的反应，因为他们原始的经济和制度受到了衰败文明的影响而出现了动摇。然而，蛮族在很大程度上适应了这种影响，甚至激发出创造性的活动。这种适应和创造能力表明，这种不适感可以产生出某种程度的建设性后果，而不全是令人沮丧的后果。

边界的存在造成了这种有益的遏制。只要边界岿然不动，就可以起到替代纪律的作用，而当传统习俗被衰败文明的破坏性影响打破时，蛮族人就丧失了必不可少的纪律。这种纪律是经年累月的边境战争加诸蛮族社会的。一方面，这种战争使蛮族人在严格的军事学校中接受了训练；另一方面，这种战争也使蛮族人在完成任务的过程中养成了遵守纪律的习惯。但是，现在由于边界的崩溃，由边界带来的各种益处也就荡然无存了。蛮族突然要面对一大堆新问题，必须完成新的任务，而这对于创造力不成熟的蛮族来说是无法完成的。在这样的困惑时刻，蛮族稚嫩的创造力就被深藏于其原有文化中的凶残冲动给窒息了。一旦蛮族人丢下身后的空旷原野，踏入他们认为是人间乐园的那个满目疮痍的世界，他们的不适心理就会演变成道德败坏。在陌生的环境中，蛮族很容易沉溺于不劳而获的寄生生活中。虽然这种寄生习气早在边界生活时就开始滋生了，不过那时这种败坏蛮族心灵的影响受到了遏制，因为他们必须充当雇佣兵或者打家劫舍才有可能享受懒散，只是在紧张的军事活动之余才能奢侈享乐。但是现在，蛮族头子们可以完全沉溺于醉生梦死的生活中，直到被另一个更强大的蛮族取而代之，或者把文明社会留下的财富挥霍一空。

汤因比认为，蛮族道德堕落的原因可以归结为：他们对于突然从边界施加的束缚中解放出来、突然从受害者变为受益者毫无思想准备。另外，入主文明社会的蛮族国家的命运显示，他们完全不能承担突然加给他们的重担，无力解决所面临的问题。对于继承了文明全部政治经验的大一统政权来说，这些负担和问题都太难以应付了。而在这种挑战前败下阵来，又怎能期望半道闯进来的蛮族能够成功回应这种挑战呢？一个政权完全建立在团伙对首领的效忠上，这对于强盗组织或者边疆国家的行政和防御也许足够，然而完全不适合于管理文明社会。

由此，汤因比总结道，和高级宗教不同，蛮族没有开辟文明的新篇章。蛮族就像一把大扫帚，扫除历史舞台上僵死文明的碎片，这种破坏工作就是他们的历史任务。然而，他们的神话和诗歌竟然热情地赞颂他们的业绩，以至于后人几乎无法认清他们的真相。

4. 文明在时空中的接触

文明并不是孤立存在、不和其他文明发生联系的，而是同其他文明相互接触的。文明的相互接触包括同时代文明在空间中的接触和不同时代文明在时间上的接触。

同时代文明的相互接触

汤因比认为，可以按照地理分布把文明分为两组。一组起源于旧世界，另一组则起源于新世界。在近代之前，这两组文明是彼此隔离的。还可以按照时间顺序把旧世界的各种文明划分为几代——最多为三代。这种空间和时间上的隔离限制了同时代文明在地理上相遇的次数。不过，相遇的次数还是多于文明的数目。同时代文明在历史过程中可能不只相遇一次，属于不同代的两个文明也可能在时间上有所重叠，已经死亡的文明残存的顽固分子或流散分子也可能在另一个文明中保持着它的特性。

导致文明接触和碰撞大大增加的最后一个因素，就是新世界文明同旧世界文明的融合，这是现代西方文明于15

世纪征服大西洋的一个后果。西方文明的这项成就是历史的一个里程碑。但是，汤因比强调，认为整个世界以西欧为起点不断扩大的看法，在某种程度上是一种错觉，这是由于近代以来西方观察者的错误视角造成的。这种观点没有考虑到中世纪西方社会之外的世界其他地区发生的探险和人口迁移。实际上，非西方人的活动早已让许多非西方社会彼此接触。如早在西方侵略者到达之前，中国人、印度人和阿拉伯人的探险活动就已经在东南亚造成了一个完整的联系网络和一系列的附庸国；早在西方探险者"发现"非洲大陆许多世纪前，非洲就已经是当时多种文化汇聚的地方。

不过，尽管如此，汤因比也认为，在过去的五个世纪中，西方文明在向同时代的社会进行政治和文化的侵略与渗透方面遥遥领先。15 世纪，西欧航海家们掌握了远洋航行技术，从而有可能抵达地球上任何有人居住的地方。按照西方的说法，从那时起，这种征服海洋的活动使得西方建立起了同其他社会的联系。西方的冲击逐渐变成了其他社会生存的最主要压力。随着西方压力的加大，它们的生存状态完全被打乱了。不仅残存的前文明社会脆弱的结构被毁灭了，而且现存的非西方文明也为西方产生的这一真正的世界性革命所震撼，并遭到了破坏。在汤因比看来，奥斯曼人 1583 年第二次进攻维也纳的失败标志着非西方文明对西方文明最后一次进军的终结。从那个时候起直到第二次世界大战结束，西方具有极其强大的力量，任何单个或结群的对手都不能威胁到西方。这一时期，像俄国和日本这样的非西方强国只有被某种程度地西方化，才能在西方的强权政治中有所作为。在整整两个半世纪中，西方列强根本不顾及它们之外的任何势力，在物质方面，整个人类的命运也都取决于西方列强相互关系的变化。

然而，西方的世界霸权已经于1945年以后宣告结束。原因在于日本、苏联和中国等在意识形态和政治上处于前列的强国先后进入了世界舞台。这些现代化的国家不再片面地西方化，而是独立地创造出特有的成就。从1945年到1972年，西方国家或部分西方化国家争夺欧洲以至世界霸权的斗争不再是强权政治的主旋律，而变成了由苏联、美国、中国和日本分别代表的不同社会之间的竞争。在表面上，这种变化好像只是国际政治变动中的最新进展，然而，如果跳出这种强权政治的范围，就会发现1945年以后政治力量的组合已经不再类似于奥斯曼人1683年退出竞争后的任何一次组合了。在1945年以后，非西方强国自1683年以来第一次重新在强权政治的舞台上成为重要角色。在过去的约两百五十年间，国际政治舞台上只有现代西方文化的天然成员或者皈依者彼此争吵不休；而现在，由于恢复了正常状态，文化冲突也就重新进入了国际政治舞台。另外，由于这三个具有各自独特文化的非西方强国的崛起，世界上的其他地区也沿着同一方向发生了重大变化。在西方社会扩张气焰嚣张的时候，这些地区的本土文明遭受压制且黯淡无光。然而现在，东南亚、印度和非洲的非西方社会也重新开始申告它们独立的政治和文化地位。再加上伊斯兰世界核心地区的民族国家，1945 年以后的国际关系已经提出了一个被搁置了两百五十年的文明的接触问题。

汤因比强调，人类的选择实际上只有两个——要么共有一个世界，要么毁灭。他猜测道：在将来通过自愿协商而联合起来的世界里，由于其他的文化价值体系会提出相反的有力主张，因此西方社会必定会消除它由某些具有破坏倾向的态度和目标造成的文化侵略力量。

相互接触的社会后果

如果一个文明进攻另一个文明取得了胜利，那么这个进攻胜利的文明付出的代价是：受害方的文化渗透进它自己的内部无产者的血脉里，而离心离德的内部无产者同自以为大权在握的少数人之间的道德鸿沟也会扩大。胜利的进攻对于被侵略社会的影响更为复杂，不过危害并非更少。在本土无害甚或有益的文化因素，如果被分离出来而闯入异国的社会环境，往往会具有危险性和破坏性；另一方面，一旦在新环境中站稳脚跟，孤立的文化因素也往往会把自己原有文化的其他因素吸引过来。

如果一个社会引进了一种新的力量，那么就会提出一种不可忽视的挑战。只有调整原来的生活方式，适应新的因素，才能维持社会的健康发展。这种调整相当于以一种新模式代替旧模式，也就是说，是这个社会的彻底改造。而如果无视调整的必要性或者逃避这种调整，那么就会受到惩罚。要么是革命（新生的活跃力量将破坏僵化而又没有适应能力的传统文化模式），要么是暴虐横行（顽固的文化模式抵抗新生力量的巨大压力）。在这两种形式中，进入的新因素迫使旧模式发生结构变化或者功能变化。除非文化模式的结构经过逐步调整满足对新生命的强烈呼唤，否则这个在另一种文明中无害甚至有益的新因素将在异质文明中造成毁灭性的破坏。汤因比以西方的民主体制引入非洲世界的结果说明了这一点。

在汤因比看来，进攻文明的完整文化模式往往会集中和重组在传播过程中分离开来的文化构成因素，以求在被侵略的社会中再次确立自己的地位。而被侵略的社会则往往抵制外来文化的渗透，即使在不得已的情况下也尽可能少和慢地接受这种渗透。从而，重新组合的努力就不得不同这种抵制作斗争。于是，当某个入侵的外来因素为原来的伙伴开辟出一条道路的时候，这个侵略先锋的持续冲力同被侵略社会的不断抵抗形成了紧张关系，而这就会迫使文化因素脱离原来的文化背景，一个又一个地破门而入。被侵略社会理所当然地抵抗外来文化那种制造痛苦和分裂的入侵，然而几乎不可避免地会走向最终的失败。

入侵的外来文化因素总能够把它在原来文化模式中的伙伴因素吸引在一起。这种危险的能力不容易被清除掉。某个外来因素站稳脚跟之后，只有接受并消化它，使之为本土文化添彩，而不是破坏原有的和谐，这个外来因素才会失去它的那种吸引力。而如果被侵略方做不到这一点，那么要想继续延续下去，唯一的希望只在于完成一次心理上的“大转变”。放弃狂信派拼命反对入侵者的态度，不以自己的武器同占优势的敌人对阵，而是采取相反的希律式策略，张开双臂欢迎对方，赢取对方的亲善，还有可能拯救自己。

在非西方世界的欠发达国家，西方化曾经意味着工业化，采用西方的技术促进经济发展。不过，早就有人指出，欠发达国家不可能只是“简单地从国外输入工业革命，好像是从包装箱里取出一台机器，然后把它启动起来”[①]，“工业化是一个总体的进程，……需要总体格局实现某些特殊的改造”[②]。在采用西方工业体系时，南美、非洲和亚洲国家不得不默许几乎全部社会生活和私人生活领域都进行某种程度的西化。如为了给工业体系提供健康、熟练的劳动力，这些国家都输入和移植了西方的公共卫生标准、教育标准、城市构建标准。另外，逐渐以西方模式为准绳打造政治管理和公共生活的结构和标准。这样，在经济生产领域采用了西方标准之后，这些欠发达国家就在相当大程度上融进了西方化的潮流。

在殖民时代，西方文明是一个比较坚固的混合整体，不过到了现代，就不再完整统一了。西方文化的价值和目标不再确定无疑，起源于西方的马克思主义的救世主义理论也经历了非西方的过滤与改造。对于由西方自己引起但

① 梅森：《发展的规划》，载《美国科学》，1963（9），第235页。
② 布朗：《帝国主义之后》，1963，第467页。

又无法解决的社会和道德公正问题，好像有了一种非西方的解决途径。现在，西方文明同第三世界代表的非西方文明相碰撞的环境和过去不同了。由于帝国主义的侵略，前殖民地国家对西方文明的态度是含糊的，因为它们刚刚摆脱了西方的控制，然而西方的文化价值观似乎仍然支配着这个世界。曾经让西方获取这种支配权的技术现在转而不利于西方自己。西方工业一个世纪以来的迅猛扩张造成了社会不公、精神痛苦和自然资源的浪费，这让越来越多原来崇拜西方工业的人怀疑，为了从西方物质财富中分一小杯羹，却付出和西方同样痛苦的代价是否值得？比如说，坦桑尼亚已经把资本积累和工业化的目标降到了第二位，集中全力于推行以农民合作社为基础的农业改造政策。在汤因比看来，这项运动有很重大的意义：它表明可以用不同于西方的方法和手段实现经济发展。可见，非西方社会就可以有选择地取舍西方文化的各种因素。这种自觉区分西方文明的积极价值和破坏性价值的能力，将是人类努力控制自身命运的一个历史转折点。

相互接触的心理后果

当一个进攻的文明成功渗透进其他社会之后，它的代表往往会变得狂妄自大，自以为自己与众不同、鹤立鸡群。这种狂妄自大将受到具有讽刺意味的惩罚。自命的“优胜者”在把人类同胞看作“劣等的失败者”时，无意之间重申了所有人都有人性，因此在精神上是平等的这个真理。

如果有人敢否定其他人的人性，那么他就会遭到报应，丧失自己的人性。

在汤因比看来，在各种不同程度的非人道的形式中，最人道的形式往往是由进攻文明的代表体现的。在他们的文化中，人们感到并承认，宗教是支配性和指导性的因素。在还没有世俗化的社会中，对“劣等的失败者”人性的否认往往会采取宗教蔑视的形式。基督教斥之为没有受过洗礼的异教徒，而伊斯兰教则斥之为没有受过割礼的异教徒。这确实是狂妄自大的表现。不过，既然承认“劣等的失败者”也有哪怕是异端邪说的宗教，“优胜者”实际上也承认了“劣等的失败者”也是人。这就意味着，既然是按照宗教信仰区分绵羊和山羊，那么这种划分就不是不可逾越的。随着生活在“错误”中的人们逐渐皈依占支配地位的宗教，那种把人类大家庭分成优和劣两部分的可恶的分界线可能最终消失。根据大多数高级宗教的教义，这不仅在理论上说得通，而且也是真正的信徒必须尽力帮助教会实现的现实目标。

“优胜者”否认“劣等的失败者”人性的一种更坏方式是抹杀“劣等的失败者”的文化的价值。希腊社会成员把“希腊人”同“野蛮人”区分开来，中国汉族的社会成员把开化的自已同“其他人”区分开来，用意都是如此。在近现代，西方各国维护文化侵略的人也进行类似的区分。一方是他们的大写的“文明”，另一方则是他们在全球扩张中碰到的“野蛮人”。在西方强国的海外殖民地国家，这种态度导致了政治和文化上的家长作风，不让其附属民族的人们拥有公民权，从而建立起一道文化屏障。这道屏障并不能通过把异教徒转变为皈依者而逾越，不过，“教化野蛮人”还是有可能的。各殖民帝国考察野蛮人考生是否具备将自身提高到由西方人规定好的教育水平和文雅程度的能力。不管他的祖国和帝国主义大国的政治关系如何，通过检测的考生就有可能跻身文明人之列。然而这还不够，要想成为“文雅人”的野蛮人，必须在所有方面都遵守蛮横贬低自己祖先文化的外来文明的准则。甚至尽管为了成为异族社会的光荣成员，享有那值得怀疑的好处，准备接受这种丧失人格的改造的他，到头来可能还会发现自己遭到“优胜者”的其他侮辱。

帝国主义征服者的另一种倾向是把当地居民划归为“土著”。本来这个词没有道德含义，但现在一说起来就几乎只能引起人们最轻蔑的联想。“优胜者”把其他社会的成员贬为“土著”，也就是断定他们在政治和经济上微不足道，从而否定他们的人格——尽管“优胜者”承认当自己出现时，他们已经在舞台上了。但是“优胜者”认为，“土著”并不能仅凭优先占有就可以拥有某种在法律或者道义上排斥他们的权利。然而，当同样的入侵者想从他手中夺走这个战利品时，他却以优先占有权作为受侵犯的理由。在汤因比看来，把当地居民称作“土著”的时候，“优胜者”实际上是把他们归入“新世界”处女地的野生生物之列。所谓的“新世界”是指，这是一片一直等待着这批强取豪夺的发现者到来并依据“征用权”占有的地方。不论“优胜者”对这片土地采取什么政策，他们都是出于这样一种自大的假设：他们可以随心所欲地追求自己认定的最佳利益，而“土著”不过是必须消灭的豺狼或者可以获取羊毛的羔羊。

汤因比认为，把异族居民看做“土著”，就很容易把他们说成低等种族，断定他们是绝对低劣的。这是“优胜者”给“劣等的失败者”打上的最坏的烙印。其一，这等于断定“劣等的失败者”没有做人的资格。其二，不同于宗教、文化和政治－经济的划分，这种种族的划分实际上划定一种永远不能逾越的鸿沟。其三，在各种区分人的假设中，种族的标志是为了达到这种恶劣的目的而唯一可以从人性的方面选出来作为标准的最表面而肤浅的东西。

在现代，文化的、政治－经济的和种族的优劣标准已经在实践中纠缠在一起了。种族理由和文化理由暗中相互支持。为了证明自己的正确，种族主义者会以某种文化的原始性来论证该种族的低劣，或者把这种原始性说成是由种族差异造成的“明显事实”的例子。显然，种族主义的污蔑很容易同其他方面的污蔑结合起来。这种由道义上最丑恶的罪行造成的恶果是极其明显的。种族主义造成了西方社会中数以百万计的种族“低劣者”的灭绝，人们对此还记忆犹新，而种族主义还继续在世界各地造成白人对黑人身心的迫害。

面对文化侵略的挑战，狂信派和希律派的回应都是无效的，因为这二者实际上都是没有希望的防御性努力，试图无视或者阻止活跃的新因素进入社会生活造成的新局面。狂信主义和希律主义错误地把侵略的表面现象看作文化冲突的基本内容，因此注定会竹篮打水一场空。因此，这两种回应方式实际上都是在加速自我灭亡。当然，汤因比也指出，尽管受害方的前景黯淡，但是，在维持自己的支配地位时，占优势的一方也消耗了自己的力量。因此，支配地位本身就包含着弱点，从而使这种优势注定是昙花一现。与此相反，表面上看受害方是退缩的，但他们始终悄悄地深入进攻方背后的广大领域。用黑格尔的术语来说，正题和反题的冲突往往会造成一个合题，合题是由从两个对立面中抽取出来的因素构成的。

在当代，地球上所有有人居住的地方都笼罩在西方技术的大网之中。这种由西方实现的人类表面上的统一，包括了诸多生活方式不同的各类社会。事实上，西方社会、西方化的社会和部分西方化的社会加起来只不过是人类的四分之一，人类的四分之三仍然是新石器时代的农民，他们在过去的五千年中一代又一代地生活在基本上是寄生的“权力机制”之下。

在汤因比看来，超工业化的西方国家和中国就代表着这鲜明的两极，而这两种生活方式都潜伏着自我灭亡的因素。西方的生活方式是爆炸的，而传统中国的生活方式是僵化的。不过，这两种生活方式也都提供了人们安居乐业不可缺少的东西。爆炸的西方生活方式是充满活力的，而僵化的中国生活方式是稳定的。从历史上相似的情况看，当前西方的优势很有可能被一种混合而统一的文化取代。如果这样，西方的活力就很有可能和中国的稳定适当地结合起来，从而产生一种适用于全人类的生活方式。这种方式将不仅能让人类继续存在下去，还能保证人类幸福安宁。

汤因比指出，西方在过去五百年中表明它有能力震撼世界上的其他地区，使他们从昏睡中觉醒起来。在受到西方冲击之前，中国是所有非西方文明中最僵滞的，然而西方也唤醒了中国。但是，另一方面，虽然能够激发活力或者造成破坏，但是西方文明并不能形成稳定和统一，甚至西方文明自身也经常是不稳定和分裂的。从西罗马帝国崩溃之日起，在十五个世纪的漫长时间里，西方在政治上是四分五裂的，没有其他任何一个文明这么长时间地处于政治分裂状态。并且，西方的政治分裂还由于宗教分裂而加剧。另外，工业革命以后，西方的阶级冲突比前工业社会的阶级冲突更为激烈。

由此，汤因比推断，人类将来的政治和精神统一不会由任何西方力量来完成。但是，汤因比强调，由于西方技术制造出了核武器，并且造成不可替代性资源的消耗、自然环境的污染以及人口爆炸，所以人类会通过某种力量实现政治统一，并且可能在不久的将来就会实现这种政治统一，因为这是人类避免自我毁灭的唯一选择。汤因比指出，有两点是很明确的：一方面，西方的活力使非西方的大多数人不可能一成不变地维持前工业社会的传统生活方式；另一方面，如果西方文明的爆炸性没有受到坚决的遏制，现代西方的生活方式也不可能维持下去。

自从葡萄牙人和西班牙人15世纪征服海洋起，尤其是18世纪英国工业革命之后，现代西方生活方式的实质就一直是经济增长和领土扩张。少数非西方国家成功地实现了这种西方的生活方式。俄国把自己的核心地区工业化了，并且还向相对空旷的边远地区大量移民。而日本比俄国在工业化方面更加成功，虽然在领土扩张方面望尘莫及。但是，汤因比强调，其他国家不可能重复俄国和日本走过的西方化道路，因为人类可用的自然资源不允许这样。范围越来越大、速度越来越快的经济增长和领土扩张是以损害“落后的”大多数人和浪费不可替代性的自然资源为代价的。在这条充满灾难、通向毁灭的路上，西方和西方化国家走火入魔地你追我赶。因此，它们都不可能有眼光和智力解救它们自己和全人类，西方会越来越深地陷入自己制造出来的各种国内的社会与经济问题中。由于越来越难以找到装备线所需的后备人员，传送带会最终停止运转。

因此，要让被西方搅乱的人类生活重新安定下来，要让西方的活力成为人类生活的活跃而不造成破坏的力量，就必须在西方之外寻找这种新运动的发起者。而中国很有可能在将来产生出这样的发起者。汤因比说，中国拥有约占世界四分之一的人口，并且这个比例可能还会加大。从公元前221年起，养活着如此庞大人口的广袤土地就保持着政治上的统一，虽然中间有过短暂的分裂和混乱的“间断时代”。中国的皇帝自认为并也被臣民们看作“中国”——

中央王国唯一合法的统治者，而中国则是“天下”的合法宗主国。通过从公元前221年到公元1839年长达两千零六十年的历史经验，中国所承担的天命观念及其在维护中国政治统一上的实际作用，给中国人的意识打下了深刻的烙印。经历了西方和日本一个世纪蹂躏的屈辱，20世纪后期的中国人民仍然具有典型的帝国意识。他们的“世界观”既反映了他们的历史成就，又给他们指定了促成统一和安定的角色。人类要想顺利进入21世纪，就需要一部分人承担这样的角色。

在汤因比看来，自从中国共产党于1949年在除台湾外的整个中国建立起政权，北京政府就和华盛顿政府处处发生冲突。双方都致力于阻止人类的其他四分之三了解占人类四分之一的中国人在做些什么。毛泽东发动“文化大革命”的意图对于外国人来说始终是高深莫测的。观察中国事务而又莫名其妙的外国人认为，新政权似乎有两个目标。一个是不让中国倒退回传统的政治和社会格局，彻底打碎前工业的传统农业文明的社会结构。这意味着新政权不想让中国农民像历史上那样受到上层“权力体制”的沉重压迫。新政权发现，如果马克思列宁主义变成新一代官僚的辩护哲学，那么，农民的命运就永远不能得到改善。毛泽东和他的同事们意识到，必须彻底废除官僚制度，让它永远不能东山再起。不过，另一方面，中国共产党的领导人也决心不采取俄国和日本在工业化和城市化方面所采取的极端的西方化做法。中国在探索一条中间道路，想把前工业社会的传统生活方式同近代以来的工业方式的优点结合起来，而又避免二者的缺点。传统农业的方式把生产力限制在较低的水平，并且使农民受部分地脱离生产的政治和文化精英阶层的压迫。而工业的方式并没有消除特权阶级和被剥削阶级的社会分裂，同时又导致了人的心理同自然环境日益严重的紧张状态。如果不能得到缓解，那么这种紧张状态迟早会导致崩溃。如果能在社会和经济的战略选择上开辟出一条新路，那么中国将会证明自己有能力给全世界提供需要的礼物。

制度、法律和哲学的复兴

汤因比又分析了不同时代文明在时间上的接触。他用“复兴”这个概念来表述。在他看来，“复兴”这个概念不应该只限于希腊文化在意大利的“复兴”。事实上，复兴是许多社会中相当普遍的现象。在汤因比看来，用复兴这个词描述中世纪晚期意大利的文学艺术运动至少在三个方面与事实不符。其一，这个词往往只用于中世纪晚期意大利文艺复兴的文化状况，通常不用于政治领域。其二，这种用法忽视了一个事实：在西方的其他历史时期，在基督教世界的其他地区也发生过希腊文化的复兴运动，这些复兴运动不仅限于文学、艺术和政治领域，而且广泛地涉及希腊文化的其他领域。其三，这种用法还忽视了一个更重要的事实：在西方基督教世界之外，至少还有另外一种希腊化文明，在这种文明的历史上也出现过希腊文明的复兴；

在其他非西方文明的历史上，也有“逝去的”文化或者现存文化以往阶段的复兴。汤因比还认为，召唤出“复兴”这个幽灵是有风险的，最好的结果只是把一种刺激因素引进不同的社会环境。然而也可能产生别的后果，即扼杀这个社会所造就的天才。如果一个社会只是接受旧事物的复兴，而不去寻求新的创造，那么这个文明本身产生的天才就会被扼杀。

历史研究的视野不仅应当超出中世纪晚期意大利文艺复兴这个例子，而且还应当超出意大利文艺复兴所关注的领域，扩展到政治、法律、哲学、语言、文学、视觉艺术和宗教领域。汤因比首先考察了制度、法律和哲学的复兴。

在汤因比看来，中世纪晚期意大利文艺复兴的政治表现一直没有引起太多的关注，然而它实际上早于人们所熟知的文化上的表现。从美学角度看，意大利文艺复兴是从但丁、乔托和彼特拉克这些人开始的[①]，然而，政治上的复兴早在 11 世纪就开始了。当时，伦巴底的城邦政府摆脱了当地主教的控制，落入世俗的行政官之手。这些行政官是由市民任命的，并对市民负责。希腊政治理想的复活不仅冲击了 11 世纪意大利北部的基督教城市社会，而且也冲击了阿尔卑斯山另一侧的封建君主制国家。无论在初期比较狭窄的范围还是在后来更大的范围内，这种复活的希腊因

① 但丁、乔托和彼特拉克都是西方文艺复兴时期的重要代表人物。但丁（1265 ~ 1321 年），诗人，生于意大利佛罗伦萨，最重要的代表作是《神曲》。乔托（1267 ~ 1337 年），画家，生于意大利佛罗伦萨，最重要的代表作是《哀悼基督》。彼特拉克（1304 ~ 1374 年），诗人，生于阿雷佐城。

素对西方政治的影响都是很大的。这种政治上的复兴传播了对宪政自治政府的崇拜。在激发了英国、法国和美国的革命之后，这种信念最终获得了受推崇的希腊文名称——民主。到19世纪末，西欧的民主政治似乎最终战胜了绝对君主政体，然而这种政治伦理所蕴含的国际主义却在现实中失败了：在后基督教的现代西方，民主越来越“民族主义化”并丧失人道的精神。在这个意义上，民主完全是古代希腊地区性国家所体现的集体人格崇拜的翻版。这个幽灵在中世纪意大利的出现比希腊文学艺术的幽灵在意大利出现早三四百年，而它的原版在公元前4、5世纪就被希腊的地方主义者推到极致。

然而，汤因比强调，在西方历史上，希腊地方主义在意大利的复兴，既不是希腊政治唯一的也不是最早的复兴。在希腊世界的历史上，国家崇拜早就在对“罗马女神”和“神圣的奥古斯都”的崇拜中成为一种普遍化的宗教。在戴克里先的专制统治之后，后来又出现了类似的对基督教世界大一统世俗权力的崇拜。公元800年，经教皇利奥三世加冕，查理曼成为罗马帝国皇帝。在这第一次建立“神圣罗马帝国”的尝试失败后，人们还多次试图把大一统的政治权威加在四分五裂的基督教世界的政治体制上。萨克森、霍亨斯陶芬和哈布斯堡的君主先后试图占据这个皇帝的宝座。汤因比认为，它的吸引力到20世纪依然不减，当短命的德意志帝国吞并奥地利之后，神圣罗马帝国的权杖又放到了希特勒的面前。汤因比指出，在非西方世界也可以看到相应的政治方面的复兴。和西方基督教社会一样，东正教世界也召唤希腊大一统国家的幽灵。而且，东正教世界的这种招魂工作完成得极其辉煌，以至整个社会不堪重负。

在法律领域同样出现了复兴的幽灵。在政治上表现为统一的罗马帝国实际上分裂为许多小国。后来，两种新的希腊化基督教文明竭力使罗马帝国起死回生。到查士丁尼时代，罗马法在十个世纪中缓慢而艰苦地发展着，试图满足复杂的希腊大一统社会的需要。然而，由于它所对应的生活方式迅速落伍，它也被搁置一边。在新兴的东正教世界和西方基督教世界，为现有社会提供有效法律的要求，一开始并没有导致罗马法精致体系的复活。这两个基督教社会的最初行动不是召唤幽灵，而是创造。它们都表现出对其宗教信仰的真诚，努力为基督教民众创造出一种基督教法律。然而，在这种尝试之后，却出现了一场复兴运动。复兴的内容先是基督教从犹太人那里继承的圣经中包含的以色列法律，后来则是随着新文明的成熟而越来越不适用的查士丁尼法律。

在哲学方面，汤因比认为儒家文士在由隋朝复兴并由唐朝维护的汉代文官制度中重新取得了垄断地位。除了在行政领域大举收复失地，他们还战胜了道教和大乘佛教这两个竞争对手。以儒家经典为内容的科举制度于公元 622 年重新实行，这意味着道家信徒和佛教徒丧失了一度已落入他们之手的取代儒家文士的机会。新儒家韩愈和李翱最早根据科举考试的内容重建哲学的事业。到了 11 世纪，新儒家分成了两派，由程颐和程颖两兄弟分掌门户。弟弟的“理学”被朱熹发扬光大，而哥哥的“心学”则在王守仁的思想中达到极致。新儒学始终宣布同道教和大乘佛教分道扬镳，然而在汤因比看来，它实际上采纳了这两个宗教的一些最基本的信条。新儒学不仅吸收了道家的阴阳宇宙论，而且还深受佛教禅宗的影响。新儒学从大乘佛教中吸收了儒学自身缺少的思辨因素，大乘佛教始终如一地渗透进本来旨在恢复佛教传入前的意识形态的儒学。新儒学的复兴反倒成了大乘佛教精神的俘虏，这就使王朝的士大夫们摧毁外来佛教的努力变得毫无意义了。

在汤因比看来，儒家在汉朝重新统一、以儒家经典为内容的科举考试重新确立之前，就开始了反对佛教的斗争。一控制复兴的王朝政府，儒家信徒就开始滥用权力，镇压他们痛恨的佛教对手。从公元 626 年起，唐朝的佛教寺院受到了儒家官员越来越严厉的控制。从公元 624 年到 819 年，一系列的奏折呈报给朝廷，造成了后来官方于公元 842 至 845 年的系统迫害。虽然同基督教所遭受以及施加的迫害相比，这次迫害还比较温和，然而，对于国家和寺院关系总体上不太紧张的中国，这次算是极其严重的流血事件了。从最后的结果看，儒家压制甚至根除大乘佛教的这一尝试并没有成功，大乘佛教仍然是中国一股活跃的力量。即使能够根除大乘佛教，由于新儒学在思辨方面屈服于大乘佛教，吸收了大乘佛教的思辨因素，儒家的这一政治上的胜利也会完全没有价值。在汤因比看来，新儒家对大乘佛教的哲学敌意和马其顿立法者对叙利亚基督教立法者的神学敌意都是搬起石头砸自己的脚。这两种召唤亡灵以取代活生生的思想和制度的做法都遭到了失败。

汤因比认为，可以由此得出一个教训：虽然召唤亡灵并不就是不好，然而，如果招魂者把自身融入亡灵之中，那么只能导致失败。因为一个血肉之躯躲在完全透明的幽灵背后，会被一眼看穿。透过新儒学闪光的外衣，大乘佛教的形体清晰可见。同样，透过附加在马其顿王朝上的查士丁尼的破烂衣衫，也可以看见叙利亚王朝基督教立法的实际内容。

文学和视觉艺术的复兴

文学复兴这项艰苦而又严格的工作分为三步。第一步是抢救过去文献的残片，第二步是了解这些残片的意义，第三步则是仿造赝品。人们之所以如此费力地制作这些赝品，完全是出于对真品的盲目崇拜。

文学复兴初期，学术上的准备工作通常必须依靠集体的努力，个人无法完成。而文学复兴在第一或第二阶段上典型的成就是，某个君主邀请一批学者编辑选集、汇编、全集、字典或百科全书。这样的君主往往是复兴的大一统国家的统治者，而这个大一统国家则是政治领域复兴的产物。中国大一统国家复兴时期的皇帝十分热衷于收集、编辑、注释和出版过去的典籍，世界上没有别的皇帝能够超过他们。永乐皇帝、康熙皇帝和乾隆皇帝主持完成了规模宏大的典籍集，有的多达几千卷，甚至国家也无力把它们全部付印出版。

汤因比认为，中国学者也在诠释、注解汇编成集的文献方面领先。唐朝把中国人的知识至少汇编成三部著名的百科全书，宋朝则至少汇编成四部百科全书。明朝和清朝在这些书的基础上做了更为浩大的词典编辑工程。尽管也做了类似工作，然而无论是在规模上还是在学术性上，拜占庭的学者们都无法同中国学者的成就相比。

在文学复兴第三阶段，即仿造经典文献方面，桂冠则属于拜占庭历史学家。他们从 11 世纪开始复兴被废弃的古希腊文，并由此找到了自己的文学表达手段。15 世纪东正教的一些历史学家将这种以假乱真的做法推到了极其荒谬的程度。他们企图模仿最辉煌和最难以把握的修昔底德和希罗多德的文笔。然而，比比皆是的词汇和语法错误表明了他们的失败。

中国和东正教地区的复兴情况很相似，并在两个方面不同于西方。其一，这两个非西方地区的复兴运动都很顺利，没有遭受过严重的挫折；而在 14 和 15 世纪从意大利开始的那次西方文化复兴之前，早在公元 8 世纪英国诺森伯里亚王国就开始了尝试，然而却半途而废了。在汤因比看来，在西方基督教文明诞生的同一时期，西方基督教世界就发了第一次希腊文化的复兴。其二，这两个非西方地区的复兴运动最终都没有成功，不过是由于外在的力量造成的。中国和东正教世界都没有想过抛弃过去的幽灵，过去的幽灵是被西方文明的幽灵所驱逐的。西方文明的幽灵于17世纪侵入东正教世界，又于19世纪和20世纪之交侵入中国。与此不同，西方的希腊文化复兴是由于其自身文化的振兴而结束的：西方文化于17世纪末的振兴促成反希腊文化的“反革命”取得了决定性的胜利。

在汤因比看来，视觉艺术领域的复兴情况基本上大同小异。西方基督教世界的希腊视觉艺术的复兴，无论在范围上还是在取代以前的艺术风格的彻底性上，都是首屈一指的。希腊视觉艺术的幽灵出现在建筑、雕刻和绘画三个领域，并且都牢牢站稳了脚跟，以至于从它的奴役中摆脱出来之后，西方艺术家不知道如何利用自己恢复的自由。在这三个领域中，希腊文化复兴在雕刻领域的扫荡最为严重。相比之下，西方艺术家在绘画领域中受到东正教社会的早熟艺术的束缚，而在建筑领域，罗马式风格被侵入的“哥特式”风格所取代，其实所谓的“哥特式”来自叙利亚世界。

希腊文化复兴的一个长期的恶果是，西方艺术家在绘画和雕刻领域的才华受到了严重的阉割。自乔托起的五百多年，现代西方绘画接受了希腊后期视觉艺术自然主义的观念，而希腊文化的复兴使西方人在建筑领域的才华受阉割得更为严重。西方难以从工业革命中收获应有的丰硕成果是一个显著的例子。本来，大工业提供了从来没有的万能的新型钢铁建筑材料，然而，19世纪的建筑师大多只是满足于把钢铁作为补充手段应用于当时流行的却毫无创意的古典式或哥特式建筑，只是在很久以后，建筑师们才摆脱了古典模式和哥特模式，充分发挥钢铁结构的各种潜能。

宗教的复兴

汤因比指出，犹太教不断展示它在基督教中既受到谴责又无法抹杀的存在，是宗教复兴的典型例子。在犹太人心中，犹太教和基督教的关系是十分清楚的。然而，这个问题对于基督徒却是难堪的暧昧。在犹太人看来，基督教是犹太教的一个叛逆的派别，采纳了一个怀有理想然而误入歧途的加利利法利赛人宣扬的错误教义。基督教征服希腊世界，并不是上帝所创造的奇迹，而是异端的成功。因为这一征服是依靠背叛耶和华的两个最高启示取得的，这两个犹太教的基本原则就是一神论和反对偶像崇拜。如果背叛上帝同希腊人的多神论和偶像崇拜妥协的话，那么他们也能让希腊人接受犹太教。犹太人的使命自从基督教向希腊文化做出这种显而易见的妥协之后，就变成了坚守上帝的永恒启示和戒律。

由于基督徒和犹太人一样地认为一神论和反对偶像崇拜是上帝的命令，必须毫无保留地服从，从而重新把犹太教的《圣经》作为《旧约》加以供奉，这是基督教的一个致命弱点——因为这可以让犹太教的批评直捣基督教的要害。汤因比说，作为《旧约》核心的十戒是《新约》一再援引和敬奉的权威教义，并且基督降临人间就是为了实现这些戒律。因此，《旧约》是基督教大厦得以建立的一块基石。然而，三位一体、圣徒崇拜、圣徒视觉形象和三位一体的三个形象也都是基督教大厦的基石。抽走上述任何一块基石，这座大厦都会倾倒。在汤因比看来，对于犹太人说基督教的希腊式做法和其所信奉的犹太教基本原则相矛盾的指责，基督教辩护士难以自圆其说。然而，为了让基督教徒们相信犹太人的指责是没有道理的，这些辩护士们又必须做出某种回答。因为，犹太人对于基督教言行不一的揭露，导致基督教徒们心里出现了负罪感。对于基督教教会而言，虽然反对不肯归化的犹太人的斗争是艰巨的，然而基督徒们心灵深处展开的内心战争更为可怕。

在新教改革运动中，和反对偶像崇拜一样，犹太教严格遵守安息日的规矩也得到了脱离罗马天主教的新教教派的推崇。严守安息日是散居各地的犹太人为了在极端敌对的环境下维持身份和群体认同而做出的有效反应。为了证明自己和犹太人脱离关系，原始基督教会把每周的礼拜日由安息日（星期六）改到每周第一天。而新教教派则竭尽全力消除原始基督教变革造成的结果，把犹太教“安息日”的名称和相关的戒律应用于“主日”。犹太教幽灵在同基督教幽灵为支配新教徒心灵而展开的较量中占了上风。犹太教严守安息日规矩的复兴更为有力地证明了从诞生起就一直困扰基督教的犹太教幽灵的顽强力量。

在汤因比看来，宗教复兴的另一个典型例子发生在日本。日本在第二次世界大战遭到惨败后，涌现出了大量的新教派，它们大多数是为了适应人们的需要而通过改造传统的神道或佛教的某些因素形成的。由于天皇丧失了神格，官方的神道教也一蹶不振，日本人试图通过复兴某种信仰以鼓舞士气。

5. 研究历史的原因

汤因比说，在研究了人类历史的进程之后，如果没有追问历史是什么、为什么要写历史，那么他的历史研究是不完整的。历史不是一连串的事实，历史著述也不是对这些事实的叙述。历史学家必须不断地通过分类，判断什么是真实的、有意义的。而且，在研究事实时必须抓住要点，并加以比较。和对历史的决定论的解释不同，人类可以在一定的范围内自由地选择，可以学会如何做出选择。只要学会同超越人类的现实达成和谐关系，人类的这种选择就不仅是自由的而且是切实可行的。理解和解释世界的好奇心刺激着历史学家们去研究历史，这是促使历史学家们发现和解释的动力。

历史思想的性质

无论是研究人类世界还是研究非人类的自然界，人类都要受自身思想的局限。思想在理解现实时会不可避免地歪曲现实，这是最主要的局限。现实是一个混沌的整体，如果不把思想中对于现实的印象变为或者表现为主体和对象，就无法知道现实是怎样的。区分主体和对象，是通过连续的思考锻造出的环节清晰的链条的首要环节。在产生了分节表达和联结的作用之后，意识就会进一步把现实分解为意识与潜意识、灵魂与肉体、精神与物质、生命与环境、自由与必然、造物主与被造物、上帝与魔鬼、好与坏、对与错、爱与恨、新与旧、原因与结果。在汤因比看来，这样的二元结构是思想不可缺少的分类，是理解现实的工具。然而，汤因比也指出，它们也是标明人类理解能力限度的界碑，因为它们打破了现实的整体性，歪曲地反映现实。它们既有揭示的作用，也有阻碍的作用。因此，既不能完全弃之不用，也不能完全信以为真。如果不把宇宙认为是环节清晰的，就无法思考它；同时，人类又无法捍卫自身发现或创造的这些环节，无法反驳说它们人为、武断的指责。汤因比承认，这样会割裂不可分割的东西，漏掉重要的东西。然而，如果不在思想上对宇宙进行条分缕析，就无法思考、表达和行动。因此，必须分解地甚至部分歪曲地呈现现实，只有这样，人们才能在所能发现的真理的指引下行动和生活。人类不可能彻底理解现实，这并不奇怪。奇怪的倒是，作为宇宙整体的一部分，人类竟然能把自己同其他部分区分开来，获得对包括人类自己的整体的哪怕片面的理解。虽然并不完美，但这种成就毕竟是一种奇迹。

汤因比认为，只要思想一启动就会把现实打碎，不过很快又会把现实重新组合起来。思想在分解之后就做分类工作，把一些不同的对象确定为同一类型的东西，发现这些对象的相似点，把它们归到某个标题之下。然而，这些对象其实只是复杂现象的某一侧面。任何现象都有众多侧面，人类能够把同一现象按照它所显示的各个侧面进行多种分类。因而，任何一种分类所把握的都只不过是它所拼凑的现象的一个片断。而且，当按照一种现象的不同侧面把它归类到不同标题下时，还会有一些不能归于任何分类范畴的残余。在汤因比看来，这就是每一现象都有的"独特性"。"独特性"是一个消极概念，指的是那种难以理解的东西。在严格的意义上，绝对的独特性是难以描述出来的。

和在自然科学中的情况不同，在人性领域中，由于独特性被高度评价，它成为研究人类世界的一个重要标准。或许也可以由此解释为什么在研究人类世界的众多种类的学者中，只有历史学家不仅把研究独特性而且把捍卫独特性作为自己的事业。因此，历史学最常见的定义就是，历史学是对在时空中运动的人类现象的研究。历史学应当维护每个事件的复杂性，但同时也应当把它们建构成一个具有某种连贯意义的序列。任何对于个别对象或者事件的描述都不能不涉及抽象的、可重复的性质；任何对于过去的陈述都不可避免地具有抽象概括的性质。汤因比援引他人的论述："如果宇宙中真的有新奇的事物，如果发生的事件是以前没有过的，那么历史就必然是一种对现在的不完全的解释。在漫长的过去以及在过去和现在之间，必须有重复和相似的地方，人们才能从过去吸取经验教训。正是因为有诸多重复和相似的地方，历史才能给予我们对于过去的说明和对于现在的解释。这样，我们的选择至少能够部分得到指引。”[①] 在汤因比看来，人类世界中的变迁、异常和创造都是独特性的表现，因此，历史学家的一个最重要的目标就是用他们的智力捕捉这些变迁、异常和创造。

和其他学术工作一样，历史解释也建立在这样一个假定的基础之上：现实具有某种意义，而人类能够在解释活动中把握它。历史学家们假定，尽管可能无法完全理解，但现实还是能够理解的。换句话说，历史学家们假定，在人的意识中，对于现实的印象是由千变万化的现象构成的，而在这些现象中存在着某些秩序或者规律。人类的各种思想都相信统一性和因果关系，对于人类事务的思考也不例外。汤因比引证道：“历史学家……假定：历史不是绝对混乱或偶然的，人的行为中有着可以观察到的某种程度的秩序和模式，可以部分预见的规律性。”[②] 否认自然界的统一性和因果关系，就意味着把宇宙变成了一堆彼此之间毫无联系的碎片。“在这个意义上，决定论是人类探索知识的认识论基础。人甚至不能想象一个不确定的宇宙。”[③]

汤因比认为，对人类事务的研究具有某种意义，因而，历史学家应该解释这种意义或者“制造”这种“意义”。只要历史学家在两个事件之间建立起某种因果联系，他就开

① 科亨：《人类历史的意义》，1947，第 289、290 页。
② 社会科学研究学会：《历史研究中的社会科学》，1954，第 95 页。
③ 迈西斯：《理记与历史》，1958，第 74 页。

始“制造”过去的“意义”。也就是说，把过去整理成一个秩序井然的体系，以使人们能够理解。所有的历史学家都致力于这个目标。然而，这对于许多历史学家来说还不是终点。他们有走得更远的冲动，要对整个历史而非部分历史做出系统的概括和解释。汤因比认为，可以把这两种研究分别称作“历史学”和“元历史学”。“元历史学关注的是历史的性质和意义以及历史变迁的原因和意义。”① 元历史学超越了历史学研究，而和形而上学与神学更接近。元历史学家把人类事务看作是现象，力求在更高的层面上总结自己对现实的研究。在汤因比看来，奥古斯丁的《上帝之城》② 是元历史学的经典著作，它同修昔底德和李维等人的著作形成了对照。修昔底德和李维都致力于描述和解释某一在他们看来很重要的事件系列。修昔底德的主题是公元前431至前404年那次震撼了希腊社会的大战的原因和过程，李维的主题则是他所生活其中并感受到衰落的帝国的辉煌崛起与盛世。③ 和他们不同，奥古斯丁用基督教的原则提供了对于一个普遍历史的综合。

在理论上，似乎每一位历史学家都应该在某种程度上

① 道森：《世界历史的动力》，1957，第287页。

② 中世纪著名基督教哲学家奥古斯丁的代表作，区分了上帝之城和地上之城，上帝之城以神爱为本，兴旺发展而永存，地上之城不信上帝因而不断衰落。该书为基督教作了辩护，反驳了异教。

③ 修昔底德为古希腊著名历史学家，其代表作《伯罗奔尼撒战争史》详细描述了古希腊伯罗奔尼撒战争的整个过程。李维为古罗马著名历史学家，其代表作《罗马自建城以来的历史》生动描写了自传说中的埃涅阿斯到达意大利至公元前9年的罗马历史。

成为一个元历史学家，因为“真正的历史只能由那些在历史中发现和接受了某种方向感的人撰写”。[①] 然而，在实际中，历史学家内部就对历史学家的职业性质有不同的观点。有些人致力于元历史的研究，有些人则认为不陷入元历史大视野的综述性写作恰恰是自己的主要优点。汤因比认为，虽然人的智力试图发现历史过程中和自然界相似的秩序或规律确实充满了困难，但是这种努力不应该被斥责为徒劳无功。如果一个历史学家力求理解过去、现在和未来之间的更广阔联系，那么他就至少迈出了追求终极目的的第一步。不过，他不能期望自己能达到这个目标。

不由自主地强调因果关系的决定论因素，进而简单否定自由意志的可能性，这可能是元历史学家的主要陷阱。虽然决定论信念是人类获得知识的一个认识论前提，但是不能由此得出结论说人的行动是由某种非人的或者超人的力量预先规定了的，是不自由的。这种决定论信念一直对许多人产生了不可抗拒的诱惑。尤其在社会极度动荡，人们对社会的衰败进程无能为力的时候，这种信念的吸引力是十分巨大的，决定论和宿命论会变成为思想的避难所。

决定论来源于对明显影响人生活的“自然规律”的观察，如季节的永恒交替、白昼与黑夜的永恒交替、生物的世代交替。这种观察也向人们提示了关于人类历史的循环论。循环论支配了印度人的思想，也得到了希腊人的赞同。把“轮回说”应用于人类世界，这是出于对人类绝望的一

① 卡尔：《历史是什么》，1961，第 126 页。

种劝解，因为这种学说否定人类有能力改变自己的状况，教导人们忍受无意义的生存轮回。汤因比批判了轮回说。他认为，在人的活动和经验中确实存在着不仅次数繁多而且有时还影响重大的重复现象。这是不能一笔带过、轻描淡写的，而且反而会让人认为，人类生活的某些方面将来还可能发生同样的事情。但是，如果以这些观察为依据，断言必然而永恒的轮回说完全适用于人类历史，就大错特错了。虽然某些事情会重复发生，甚至多次重复发生，但是并不能就由此得出结论说，这是注定要重复发生的，将来也注定会重复发生。

这种错误的决定论不仅暗含于历史循环论中，而且也发生在另一种历史“线性”或直线发展观上。如果相信历史是一个不断进步的过程，那么就必然会引发出这样一个问题：这种进程是否有一个目标？如果认为有这样一个目标，那就又会引起一个问题：无论自觉与否，人类是否都会被迫走向这个目标？在相信这个目标对一切的先定作用和相信人类在走向这个必然目标过程中有某种程度的自由这二者间存在着矛盾。决定论中所包含的这种矛盾在基督教历史哲学中十分明显。虽然让晚期希腊摆脱了人生无常的命运观，但是奥古斯丁也让人屈从于不可知的神意的任意支配。在汤因比看来，这种矛盾也体现在伊斯兰教里——这种宗教的名称就是服从上帝的意思。由于自然科学的革命性进展，决定论在世俗化的现代西方世界获得了新的力量，它还出现在马克思主义的唯物辩证法中。

但是，无论是基督教哲学还是基督教之后的马克思主义哲学，都不认为人只能消极听命于必然性。只要正确理解了辩证过程，也就肯定了人摆脱这种奴役之后的自由。人并没有注定成为命运的玩物或者神秘甚至武断的上帝的工具。人们只要了解了上帝和自然的法则，并按照它们做事，就能自由地进行选择以实现自己的目标。恩格斯曾把这种辩证过程描述为“从必然王国走向自由王国”。按照恩格斯的说法，这在实践中意味着：“自由是对必然的认识。必然只是在它没有被了解的时候才是盲目的。自由并不在于幻想摆脱自然规律而独立，而在于认识这些规律，有计划地使自然规律为一定的目的服务。……自由在于根据对自然界必然性的认识来支配我们自己和外部自然界。”① 当人自愿地遵循基督教所说的上帝的法律或马克思主义所说的自然规律时，他会越来越自觉，从而也越来越能够做出决定，亦即能够越来越自由地进行有效的选择。

汤因比还强调，历史学家们经常说的“事实明摆在那让人使用”的说法是错误的。实际上，事实并不是像鹅卵石那样纯粹由于自然力的作用而分离出来，由于冲刷磨损而成型起来，并堆积在那里，等待着历史学家们捡起来使用。另外，历史学家也不是在散步的时候发现这些沿着道路堆积的事实。其实，事实就像是经过打磨的燧石，人的活动对事实的形成产生相当的程度作用。如果没有人的活动，事实也就不会是像人们看到的那种样子。历史的事实

① 恩格斯：《反杜林论》，1934，第128—129页。

决非存在于人头脑之外的原始事物或者事件。

英语中的“事实”这个词是从拉丁语产生出来的。其实，事实就是拉丁词所说的被制造出来的东西，也就是说，它不是真实的东西，而是虚构的东西。即使将事实称为资料也无法掩盖这一真相。无论是把这些现象称作资料还是事实，人们都承认它们是由某个人制造或者馈赠的。尽管把它们的出现归诸于非人力的自然或者上帝，但我们仍逃脱不了我们的责任。因为，无论我们如何贬低自己的作用，实际上我们都插了手进去。汤因比睿智地指出，一方面人们基于事实是客观的虚假观念而把某些所谓的“事实”说成是真的，另一方面人们又基于事实是人的头脑的创造这一观念而把其他一些事实说成是假的。如果承认在某种程度上所有的事实都是人的头脑的产物，那么是否在事实中表现出人为的因素，就不能成为区分其真假的标准了。

汤因比指出，不仅就事实本身而言这是真理，而且就我们对事实的认识而言这也是真理。他援引别人的话说，“历史学家决定哪些事实可以发言，并且在什么情况下和按照什么顺序发言。……认为历史事实是独立于历史学家的解释之外的客观存在的想法是十分荒谬的。”[①] 因此在汤因比看来，不能把历史看作是一连串的事实，也不能把历史学家的工作看作只是积累事实。“那些想根据事实创造出理论的人从来都没有明白，只有先有理论才能够建构起事实。”[②]

---

① 卡尔：《历史是什么》，1961，第 59 页。

② 琼斯：《英国历史学家》，载《新左派评论》，1967，第 42 页。

事实上，"'历史'赋予事件以意义。"[①] 历史是研究问题的框架，而问题是由处于特定时空背景中的人提出来的。提出问题的人之后又使用证据来支持自己的观点。在这两种情况中，人实际上都是在运用假说"发现"事实，甚至连声称"秉笔直书"的客观主义的历史学派实际上都是如此。汤因比强调，要是没有假说的帮忙，事实就不可能存在。

在汤因比看来，这一结论并不会不可避免地陷入相对主义。如果没有观察者和对象的互动，那么就不会有观察。而在这种互动中，观察者和对象必定会相互影响。历史研究也是这样一种互动，是历史学家和他所研究的历史事实的互动。不管在什么时候、什么地方，对历史的观察都会伴随历史学家观察的立足点的改变而改变。在这种意义上，相对性是所有关于人类事务的研究的一个局限，这是由人的思想活动的环境造成的。

好奇心

汤因比特别强调了好奇心对于历史研究的意义。在他看来，好奇心是一种人类特有的冲动。人类有了意识，就会思考各种现象。这些现象只是现实的片断，并且是很表面的东西，而且这些现象很可能是骗人的。好奇心就是驱使人们通过现象探求为现象所掩盖的现实的冲动。好奇心在达到目的之前是永远不能满足的。虽然它开始时可能只是出于好玩，然而一旦变成一种执著的追求时，它就会最

① 琼斯：《英国历史学家》，载《新左派评论》，1967，第 42 页。

终变成一种宗教经验。深入到现象背后的现实，这不只是一种智力活动，而且也是人类的一种必要的追求。通过让意志和终极的实在一致，人的自我和终极的实在才能达成和谐。

引起人的好奇心的现象出现在多个不同的领域中。一个是自然界，另一个是人类社会，还有一个是人内心精神活动的领域。当人把探索活动推进到最后阶段时，就会深入到第三个领域中的终极实在。人们推进这种探索的深度是不同的。这种程度的差异不仅取决于个人性格的差异，而且也取决于人们的文化环境。印度的文化环境激发人们对内心精神生活的好奇，而现代西方的文化环境则往往把人们的好奇心引向自然界。有些历史学家在从人类世俗事务这个领域起步后，发现有必要超出这个领域而探索人类和隐藏在现象背后的真实的关系。突尼斯的两个历史学家——赫勒敦和奥古斯丁就都把他们的研究推进到这样一个地步，把历史学变为神学。虽然在许多现代西方人看来，这是一种闹剧，但是对于中世纪的西方思想家们而言，这是很容易理解的。

在智力领域中，由于疏于行动而犯错误的危险比在实践领域更为隐秘，因为它造成的恶果通常不会很快显现出来。由于好奇心是智力行动的动力，因而一个脑力工作者首先必须要有无法遏制和永不消退的好奇心。如果有了强烈的好奇心，那么他就能无坚不摧。好奇心战胜各种巨大障碍所取得的成就，证明了这种心理动力的威力。在好奇心进入对人类事务的研究时，研究者就必须打破他所受到的局限性和自我中心的个性，深入他人的情感、思想和生活中——不只是和他在同一个文明或者宗教中的伙伴，也不只是属于不同文明或者宗教的同时代人，而且包括那些曾经生活在人类各遥远栖息地的各个古老时代的人。

汤因比深有感触地说，好奇心会让人产生撰写历史的冲动。好奇心有时是被事件激发起来的，这种激发历史学家好奇心的事件可能是公众事件，也可能只是个人的遭遇，有时也可能二者都有。一个名城的陷落、一场毁灭性大战的爆发、一个帝国的建立，都是可以激发好奇心的事件——这可能让历史学家撰写自己时代和地区的历史，也可能让他们到达遥远的时空。

二、人类和大地母亲

《人类和大地母亲》是汤因比于逝世前两年创作的叙事体世界历史著作。在这部妙趣横生的人类文明通史中，汤因比试图根据《历史研究》的基本观点和方法，以叙述形式宏观描述整个人类的历史。他叙述了苏美尔－阿卡德文明、埃及文明、中国文明、印度文明、希腊文明和西方基督教文明等几大文明，并在最后论述了逐渐联结起来的人类文明。

1. 苏美尔—阿卡德文明

苏美尔文明的创立

苏美尔人在开发底格里斯－幼发拉底两河下游冲积盆地的过程中最早创造出了地区文明。在汤因比看来，苏美尔文明直接起源于一个或几个前文明，而不是任何一个已经存在的同类型文明的翻版，甚至没有受到一点点其他同类型文明的启迪。苏美尔文明是唯一一个这样的文明。

在底格里斯－幼发拉底河下游的丛林沼泽地带，有一块充满希望的土地。在这里，肥沃的冲积层土地和肥力充足的水源奇妙地结合成一体，具有巨大的农业潜力。一旦利用人工排灌系统开发这一地区，人们将得到丰富的收获。住在西南亚小块绿洲上的农耕者们找到了办法，征服了这块土地，改善了大自然赋予的灌溉条件。在开发过程中，人们在广大的范围内运用人工灌溉技术，因而需要远多于以往任何合作性事业的人的合作。这种合作不仅大大超过以往的规模，而且合作的性质也不同。因此，这不只是一场技术革命，而是一场社会革命。

汤因比断定，有一些领袖人物参加了征服两河流域冲积盆地的行动。这些领袖具有远见卓识，能够自觉地工作。不过，如果不能劝导他们的大批同胞也追求他们的目标的话，那么这些领袖们的宏伟规划只能是南柯一梦。因为，对于大多数人来说，这些领袖们奋斗的目标是不可思议的。人们必须信任他们的领袖，而这种信任的基础是对神祇的信奉。因为在群众看来，只有神祇的智慧和力量才是现实存在的。

书面语言这种新工具在组织工作过程中应运而生。在组织工作的过程中，领袖们需要这种新工具。因为需要开发的土地面积广大，参与的人员众多，只凭记忆中的口头协议和指令很难开展有效的工作。发明文字是创造性天才的杰作。它既为全社会的需要服务，也保证了识字的领袖们对目不识丁的群众的支配地位。不过，这个人类最早的文字系统既复杂又粗陋，很古奥且难于识读。

汤因比指出，在开发冲积盆地使之适于农耕的过程中，苏美尔文明第一个生产出了剩余产品。然而，剩余产品并没有在全部劳动者中平均分配，尽管这些劳动者以不同方式不同程度地为社会生产作出了贡献。那时候，每一个身强力壮的劳动者都必须把能用于劳动的时间都用于粮食生产。如果平均分配剩余产品，每个人所能分配到的份额微不足道，因为剩余量和生存所需的总量相比微乎其微。不过，即使如此，剩余产品毕竟是个革命性的起点。剩余产品被享有特权的少数人占有，他们的时间与精力均没有用于生产粮食，而这却是大多数人终生所从事的劳动。在汤因比看来，把剩余产品分配给少数人是阶级分化的经济基础。不过，尽管这是统治阶级享受特权的一个必要条件，然而如果群众不相信统治阶级是为整个社会服务而享有这一特权的话，那么他们就会痛恨这种特权。汤因比认为，统治阶级提供的服务是货真价实的。如果想在人为创造的、造福于大家的环境中生存，那么这种服务的确是不可缺少的。总之，占有了剩余产品的少数统治者，不仅为公众提供服务，而且也在奢侈的私生活中打发因此而获得的闲暇时光。

在汤因比看来，统治者的头等任务就是管理以一个城市为核心的整个社会。整个社会生存的必要条件是保护好灌溉系统。因此，和耕作农田一样，保证堤坝与水渠的完好无损也成了农民的一种义务。农民的所有行动都必须在公共权威的指导下进行，因为在特殊季节分配特定量的灌溉用水生死攸关，必须由拥有至高无上权力的权威决定。

统治者的权力受到超自然力量的赞许。对于在冲积盆地上劳作和生活的人们而言，管理灌溉系统是统治者最重要的功能。此外，统治者还是民众和神祇的中间人。对神祇的智慧与力量的共同信仰，是推动人口众多且分化成不同阶级的苏美尔全体民众协调行动的精神力量。统治者还把部分财富和闲暇用于个人享受，如让仆人伺候、玩赏工艺品等。随着金属工具的出现，金属的工艺品也不断问世。

汤因比认为，苏美尔文明有两个显著的特征。一个是文字，另一个是依靠多数人生产农业剩余产品供养的少数人集中生活于城市。可能在刚开始的时候，这些城市只是举行仪式的祭祀中心。所有人定期在这里集中，举行宗教仪式或进行公益工程的组织工作。这样的祭祀中心在开始的时候可能只有少数人长期居住。随着非农业人口的增多，特别是出现了祭司与世俗管理人员的分工之后，这些人再加上他们的文书抄写员、仆人和工匠，都居住在祭坛四周的房子里，祭祀中心也就逐渐发展为城市。在汤因比看来，阶级分化是第一个社会性的恶果，也是人类为苏美尔文明的诞生而付出的代价。随之而来的第二个恶果就是战争。而产生这两个恶果的前提条件都是剩余产品。

苏美尔文明最基本的特征是神祇的性质和作用的转变。苏美尔人留下的文件提供了大量关于苏美尔宗教的情况，文件中记载了苏美尔众神的神殿。这些神祇已经进入了其历史发展的第二阶段。苏美尔文明刚诞生的时候，神祇仍代表着自然的力量。起初的时候，这可能是神祇的唯一作用。然而，在第二阶段，已经有一部分神祇扮演起双重角色，他们代表某个特定的苏美尔城邦人的集体力量。汤因比认为，苏美尔神祇的这种双重作用反映出了人与自然关系的变化。起初，人类要对大自然俯首帖耳。后来，当人类征服和开发了冲积盆地之后，人类与自然力量对比的天平倒向了人类这边。人这种社会性的动物证明了他能够将自己的意志加在自然身上。

除了继续崇拜过去被看作是全能的非人力量，人类也开始顶礼膜拜自己的集体力量。这也表明他们认识到了自己的这个振奋人心的胜利。征服冲积盆地的苏美尔人把祖先的神祇变成人类主权国家的神圣保护者或神圣服务者，并记录下这种变化。作为自然力量的代表，神祇仍然是苏美尔文化遗产的一个组成部分。作为各个城邦的代表，他们分别体现了利益相互冲突的各个苏美尔城邦的意志。四分五裂的神祇们不再浑然一体。对于苏美尔文明来说，神祇的这种新功用是个不祥之兆。把强大的集体力量用于组织严密、装备精良的各地人类精壮力量之间自相残杀的战争，人类战胜自然的成果就会毁于一旦。

苏美尔－阿卡德文明（约公元前 3000～前 2230 年）

苏美尔在文明的黎明时期是由众多地区性主权城邦国家组成的。苏美尔的文化统一体并不是政治统一体。众多分散的苏美尔城邦在政治上彼此独立，各自从不同的方向进攻荒原，共同完成拓荒任务。在文明的头五六个世纪，苏美尔各城邦国家相安无事地共存着。由各城邦支配的、围绕在各城邦周围的处女地显得广袤无垠。因此，各个城邦还可以在不和其他城邦竞争的情况下在各自领域内管理水利工程。然而，各城邦国家可耕地的扩张最终使把它们分隔开来的沼泽地消失了，它们开始相互紧邻，因而，政治上的关键时期就到来了。当人类以技术力量战胜大自然时，苏美尔人却遇到人际关系中的政治问题。即使相互紧邻，苏美尔的这些城邦国家仍然保持着它们的独立和主权。

在这个阶段，冲积盆地的生产率相当高，以至于一部分产品可以作为统治集团奢华的生活资料，甚至还包括这些统治者死后的花费。君主们还拥有为他们的后妃制作精美首饰的技术工匠。在下葬的时候，君主们不仅要带上他们牛拉的御辇，而且还要让大群男女佣人在他们死后继续侍奉他们。在葬礼到高潮时，这些佣人要么被处死，要么以自杀方式殉葬。

汤因比认为，大约在公元前第三千纪的中叶，苏美尔文明开始了下一阶段的历史。在这一阶段，突出特点已经不再是统治集团在各自国家中尽力保持自己的特权地位，而是各城邦国家之间的相互冲突。到这时，苏美尔城邦国家之间的战争已经十分组织严密和残酷无情了。不仅装备着昂贵的头盔、充足的盾牌，莱加什国王安纳吐姆的部队还组成作战方阵。他们肩并肩，一行接一行，前排盾牌墙上方显露出后排的矛尖。而到这个时期，苏美尔城邦的国王们也已经不再需要殉葬人了，因为他们在彼此之间的战争得到了人类牺牲的贡品。战争的牺牲品都是好战城邦年轻人的精华。苏美尔农民对统治集团的特权的宽容态度，是以他们继续相信享有特权的这些统治者将有效地为社会服务为条件的。莱加什国王乌鲁卡吉那向祭司的权威提出了挑战，这一信念就动摇了。不过，乌鲁卡吉那革命并没有能够成功，因为他的王国被卢伽尔扎吉西用武力征服了。

卢伽尔扎吉西不仅把莱加什纳入他的统治之下，而且还吞并了所有苏美尔城邦国家。之后，他还把苏美尔帝国扩张到边界之外，使自己的疆土“从大海到大海”。在汤因比看来，比起苏美尔人之间连年不断的城邦战争，卢伽尔扎吉西的帝国战争要好一些。以武力实现政治统一确实是治疗这场社会动乱的唯一良方。如果两河流域下游盆地的水网不掌握在一个强有力的权威手中，那么，对水系的管理就既不会有效也不会平安无事。对水系的管理总是会不可避免地成为各个国家相互宣战的理由。为了争夺对水网的最大控制权，这些国家必然相互斗争。卢伽尔扎吉西统一苏美尔并向西北拓展边界的功绩就在于，他第一次使统一管理底格里斯－幼发拉底两河流域的水系成为可能。

卢伽尔扎吉西的帝国后来被一个阿卡德官员萨尔贡攫取了。萨尔贡在后来的巴比伦城附近的阿加德建立了自己的城邦。在汤因比看来，这个城址选择得很恰当，因为一旦雄踞冲积盆地的西北端，便可以控制直到两河河口的整个冲积盆地的水网。而两河的河床在阿加德相距最近。萨尔贡的王朝一直维持到约公元前2230年。然而，苏美尔文明已经征服了征服者的心。征服者几乎全盘接受了苏美尔文明，包括它的文字和宗教。大多数阿卡德神其实就是苏美尔神，只不过披上了一层薄薄的闪米特文名字的外衣。

在阿卡德人接受苏美尔文明的时候，苏美尔文明已经形成了两个鲜明的特征：一是对宗教的虔诚，二是经商能力。苏美尔－阿卡德视觉艺术品的拜神者小像生动表现出了这种虔诚。做祷告的人谦卑地双手合十，紧张而又凝聚的目光表现出了祷告词的热烈。成千上万块泥板文书则是苏美尔和阿卡德人经商能力的纪念碑，上面记录了各种类型的商业往来。

苏美尔－阿卡德文明（约公元前2230～前950年）

来自东北高原的古蒂蛮族入侵者于公元前2230年推翻萨尔贡王朝取而代之。一直到约公元前2120年，苏美尔和阿卡德都处于古蒂人的统治之下。苏美尔乌鲁克城邦的乌图赫伽尔大约在古蒂人统治一个世纪之后领导本地人起义，解放了苏美尔和阿卡德。不过，乌图赫伽尔还没有享受到胜利果实，君主的节杖就落入另一个苏美尔城邦——乌尔城邦的统治者之手。不过，后来乌尔第三王朝被它的埃兰臣民的起义推翻，乌尔城遭到洗劫。在汤因比看来，那是一场巨大的灾难，从那之后乌尔王朝再也没有复苏过，国家也被分割为众多相互争斗的地区性城邦。绝大多数乌尔王朝的后继城邦最后都被巴比伦的汉穆拉比重新统一起来。汉穆拉比在连续九年中发动了一系列战争，最终完成了统一。

然而，汉穆拉比帝国也受到了古蒂蛮族的威胁。汉穆拉比试图以进攻排除古蒂人的威胁，然而这一策略是无效的。汉穆拉比的征服刚刚结束十年，喀西特蛮族就冲下古蒂高地，侵犯了巴比伦。公元前 1595 年，巴比伦也遭到了乌尔的命运。喀西特人占领了巴比伦，重新统一了大部分苏美尔－阿卡德地区。蛮族的统治大约持续到公元前 1169 年。

苏美尔－阿卡德文明（约公元前 950～前 745 年）

乌拉尔图是苏美尔－阿卡德世界在公元前 950 年以后得到的新领地。土著的乌拉尔图的胡里人于公元前 9 世纪联合起来建立了一个王国，定都于凡湖东岸的图施帕。汤因比猜测，促成这个政治统一的原因是对于亚述人入侵的惧怕。比起乌拉尔图军队，亚述军队的组织更严密，装备更精良。不过，亚述从来没有征服过乌拉尔图。到公元前 612 年，乌拉尔图仍然在西南亚的政治版图上存在着。

另一方面，公元前 9 世纪，当开始入侵乌拉尔图的时候，亚述人却自觉地接受了苏美尔－阿卡德文化。亚述是苏美尔－阿卡德文化的继承人。这笔古老而丰富的遗产令亚述在文化上富有魅力，尽管亚述本身令人厌恶。

2. 埃及文明

埃及文明的创立

法老时代的埃及人在开发尼罗河下游河谷及三角洲的丛林沼泽的过程中，创立了第二个最古老的地区文明。埃及人也生产出了多于基本生存需求的剩余农产品。和苏美尔一样，伴随这一经济成就而来的是阶级分化、文字、不朽的建筑、城市定居点、战争和宗教领域的关键变化。在埃及文明诞生的过程中，可以清晰地看到苏美尔的影响。不过，尽管如此，苏美尔对埃及文明的作用只是转瞬即逝的影响而已。在埃及广为传播的并不是原装的、现成的苏美尔文明。例如，虽然在结构上来源于苏美尔，但埃及文字的风格是埃及自身的，而象形文字则是埃及人自己的发明。在视觉艺术领域，埃及人迥然不同于苏美尔人，他们把纪念碑由泥砖建筑变成了石头建筑。气势恢宏、规模巨大的石头建筑也是埃及人自己的发明。单从规模上看，苏美尔人的砖制砂石碑就无法同埃及人的金字塔相比——埃及金字塔设计的完美和施工的精确都无与伦比。

在包括三角洲在内的整个埃及，建立并且保存一种文明不可缺少的原料唾手可得。埃及有丰富的用于建筑及雕塑的优质石料，而且从采石场到河岸的距离很近。如果走水路，连运送方尖碑也不是难事。苏伊士湾东岸附近的矿藏也很容易从海路上运到上埃及，海路也可以把木材和铜运到埃及的国门之下。尼罗河又是一条贯穿埃及全国的内河水路，这条水路能同时进行上下行两种运输——因为埃及常年刮北风，而尼罗河则是从南方流向北方的。

上埃及和三角洲地区在埃及文明还处于黎明的时候，就实现了政治统一。上埃及吞并三角洲的战争十分残暴。不过，汤因比指出，付出了这一代价后，埃及才实现了政治统一和随之而来的和平与秩序。这一硕果让长达三千多年的法老埃及的历史受益颇多。在此期间，统一与和平的状态只在一些偶然而短暂的时期中断过。

汤因比指出，和苏美尔一样，埃及的经济和政治的历史也反映在它的宗教的历史之中。在埃及，神祇也代表了完全掌握人类的自然力量。而且对自然的崇拜也有另一种补充：对人类集体力量的崇拜。埃及的某些自然神也被用来既代表人的力量，又代表自然的力量。尽管和大自然一样，自然神也是整个社会所共有的，然而它们同样要和特殊的地域相联系，而该地方的地方性神坛则拥有了一种无所不包的特权。

孪生城市内肯－内科布的统治者占有了各种宗教都信奉的植物之神俄赛里斯的鹰子何露斯。在埃及文明发祥之初，内肯－内科布的统治者统一了埃及，据说他们是在何露斯的保护下征服三角洲的。这个奇特的历史事件赋予了何露斯战争神话一种历史意义。植物之神俄赛里斯邪恶的兄弟塞特把兄长杀害之后，将尸体切成碎块，抛撒四方。

俄赛里斯忠贞的姐妹兼妻子伊希斯找到了这些碎块，把它们拼合起来。俄赛里斯复活了，将王国交给了他忠诚的儿子何露斯。而在此之前，何露斯已经打败了凶手塞特，为父亲报了价。崇拜塞特的中心正好位于与内肯－内科布遥遥相对的三角洲的东北角。因此，何露斯战胜塞特可以代表上埃及战胜下埃及以及随之而来两个王国的合二为一。

埃及的政治统一开创了法老埃及的文明时代。在此后的三千年中，这一文明一直在埃及处于统治地位。它空前地体现出人类的集体力量，而对人类集体力量的崇拜也因此有了新的形式。统一埃及的人以及他之后的历代统治者都被当成万能力量的化身得到崇拜。因为本来这一力量在两顶王冠上，现在这两顶王冠却为法老一人所有。“法老”一词是统一王国时期最后的国都孟菲斯王宫埃及名称的希伯来语音译。法老是活生生的人间主宰，和那些栩栩如生的木石偶像们并肩而立。然而，那些古老的诸神只是虚假地活在人们的想象之中，而法老却活在人们的现实之中。

埃及文明（约公元前 3000～前 2181 年）

在各地区性文明的第一阶段，即约公元前 3100 至前 2181 年的古王国时期，法老埃及以其稳定而独具特色。在近一千年的时间里，古王国要比埃及本土和其他地区后来的制度稳定得多。古王国灭亡后，它的一些成就仍然存在下去。埃及人在古王国建立之初创造了富有特色的视觉艺术风格和文字书写体系，而由他们继承下来的宗教则一直将其特色保留到公元3世纪，直到公元5世纪才彻底消失。在漫长的时期里，埃及文化传统的连续性从没有中断过。埃及人管理、调节第一瀑布以下的尼罗河下游水系，并由此把过去荒凉的丛林沼泽变成肥沃的农田和牧场，这一水系管理的传统一直保留至今。

在法老时代，埃及人的主要成果是组织了一个颇有效率的、中央集权的政府。在法老时代的很长时期内，只有一些短暂的时期出现了政治分裂。埃及学学者将这种间隔时期称为“中间期”。这是因为他们相信自最早统一埃及的法老即位起，埃及正式的政治体制就是有效的统一。就其时间的久远而言，这个经久不衰的政治成果独一无二。当集体的力量集中于十分干练的全埃及的统治者一人之手，而这种力量又被系统而巧妙地运用于开发冲积盆地农业生产力的时候，就生产出了空前丰富的剩余产品。由于人们已经能够一定程度地从最繁重的粮食生产中脱身，因而法老的一个愿望便得以在规模巨大的纪念性建筑工程中得到满足，这也是整个法老埃及时代每一个埃及人关心的头等大事。

埃及人热衷于死后的永垂不朽，他们甚至比追求任何在世时可以得到的东西都更为狂热追求这一目标。埃及人很重物质，尽情地享受今生可以得到的物质产品。以永远享受这种愉快生活为前提，埃及人设计了死后的永生。在世之年是短暂的，然而死后的生活却可能是无穷的。因此，埃及人不是把更多的财富和精力用于建造房屋而是修建陵墓，不是打扮活人的身体而是用于把尸体做成木乃伊。对于死亡，他们非但毫不退缩，而且反而把它看作人生的一个更为长久和重要的阶段，在为迎接它的到来而做的准备工作中憧憬它，并从中得到乐趣。他们相信，只要事先采取了必要的措施，那么死亡只是一种新生活的开端。

汤因比指出，埃及人对于死后生活的信念其实并不一致。在宏大的陵墓中保存一具制成木乃伊的尸体的行为表达了这样的信念：可以使法老的一部分灵魂继续和尸体为伴。他们还认为，法老的另一部分灵魂会同其他神祇相会合。他们甚至还有一个拙朴而原始的信念，认为法老会吃掉其他神祇，并获得他们的力量。他们的第三个信念是，死而复生的植物之神俄赛里斯同样可以使崇拜他的人起死回生。俄赛里斯将在绿色天国中接待他们，并和他们一起永远居住在这个极乐世界。在漫长的历史进程中，对俄赛里斯的崇拜逐渐普及，并最终成为正统。因此，人们也逐渐相信，在死后会有审判，只有生前善行多于恶行的灵魂才能在这一死后的审判中获准进入俄赛里斯的天国。

封闭在一个纪念碑式的陵墓中便可以得到永生的信仰使规模宏大的石制建筑得以问世。最早的石头金字塔是为左塞王建造的，这一金字塔的作者是他的大臣兼建筑师伊姆霍特普。石头被凿得像砖头一样整齐，之后像砖头一样被砌起来。在半个世纪多中，第四王朝的创建人斯诺夫鲁国王用巨大的石块修建了一座金字塔。在这之后，修建金字塔变得一发而不可收：胡夫在吉萨修建了大金字塔；海夫拉在吉萨修建了第二座，门卡乌拉又修建了第三座金字塔。雕刻艺术也繁荣起来。雕刻家们擅长用石头雕出让人物个性永存的肖像。在胡夫和海夫拉的血肉之躯离开世界四十五个世纪后，他们仍活在我们面前的壮丽雕像之中。

汤因比说，第五、第六王朝的法老们不再以建造巨大的金字塔而同他们的先辈们竞争，而是为万神庙的众神之首——太阳神拉建造庙宇。法老一直被尊为诸神中的一员。不过，从第五王朝起，人们开始认为法老之所以神圣是由于他是拉的儿子，法老的母亲不是同他父亲发生性关系而是与太阳神发生非肉体的关系而生了他。

在汤因比看来，在各个领域，第四王朝都把埃及文明推到了顶点。第五王朝标志着神学理论的转变，第六王朝出现了衰落并最终以瓦解告终。古王国的衰亡有三个原因。直接的政治原因是以前向王室负责的官吏逐渐变成了各霸一方的君主，他们不再受任命书的制约，而实际上以继承权世袭自己的官位。而且他们还赢得了对军队中的埃及土著部队的控制权。而法老政府采用的征募努比亚雇佣军的对抗手段并没有夺回最高军事指挥权。第二个原因是法老连年不断的丧葬费用和由于建造各种神庙而造成的逐渐加重的经济负担。年复一年地为每一位被永恒化的法老举行的仪式加重了经济负担，因为这需要维持日渐增多的祭司的生活，并且毫无经济效益。和修建纪念碑的季节性工人不同，他们只是埃及生产力的寄生虫。衰亡的第三个原因是民众中日益增长的怀疑情绪和随之而来的骚动。在埃及，没有特权的大多数人和享有特权的统治集团之间的阶级分化十分剧烈。汤因比认为，如果只是强行征募劳动力，法老们的大型工程很可能不能实现。应募的工人们应该是曾经相信他们是在为具有伟大的社会和宗教意义与价值的事情而工作，而不只是为了夸耀法老的权势。而基于这个前提的信心一旦丧失，感情的反作用力会和当初的动力同样强烈。这个“第一中间期”好像经历了一场社会革命。一切都被颠倒了，穷人抢劫富人，过去的主人变成了仆人，侍奉着他们过去的仆人。以前法老的葬仪被废弃了，古王国一切使人不堪重负的法老的机构——礼仪、法老、金字塔和庙宇都声名狼藉了，受到指责和讽刺。这是人类有史以来最早的彻底的社会革命。

埃及文明（约公元前 2140～前 950 年）

埃及王国分散为一大群地方公国的混乱状态显然不利于为了整个埃及的利益而管理尼罗河。埃及人的生活都依赖于取水灌溉，因此地方集团便相互攻击，争夺对水的控制权。邦国的混乱对于埃及是不可容忍的，以底比斯为中心的第十一王朝最终重新统一了埃及。在一个人民生活依赖于对水的控制的地方，建立在上游的政权比它的下游对手拥有更大的优势。底比斯的门图荷太普二世在公元前 2040 年前后成为埃及的重新统一者，他建立的中王国大约持续了三个世纪。

和第一“中间期”的争斗和匮乏相比，中王国的生活显得相当和平而繁荣。中王国的法老们必须让地方的王公臣服，而这是一个漫长而艰巨的任务，因而他们不得不持续不断地斗争，以维护他们的权力。和古王国时代的先辈们不一样，他们还致力于拓展帝国疆界。在公元前18世纪到前13世纪这五个世纪中，埃及人是地中海东部军事和政治方面的领导力量。正是主要得益于埃及人的行动，地中海东部诸区域文明之间的隔绝状态才宣告结束。当第一次遭到蛮族的入侵并丢失了大片领土之后，埃及的内向性便生出了仇外心理。在这一心理的激励下，埃及人驱逐了侵略者，并紧追不舍，一直反击到巴勒斯坦和叙利亚的战争策源地。

喜克索人于约公元前1730年或前1720年开始入侵埃及。他们的扩张到公元前1674年达到顶峰，占领了孟菲斯。埃及再次分裂为南、北两个王国。喜克索人很快吸收了埃及的高级文明，但埃及人并没有屈服。底比斯的南部王国通过对北部王国的武力征服重新实现了埃及的政治统一。喜克索人大约于公元前1567年被赶出埃及的国土。完成统一大业的英雄是底比斯的解放者阿莫西斯。由阿莫西斯建立的第十八王朝存在了两个多世纪。从第十八王朝到第二十王朝，埃及的新王国持续了近五个世纪。新王国成了一个世界性帝国。阿莫西斯的第二位继任者图特摩斯一世把埃及的南部边界扩展到了纳帕塔。这样，整个尼罗河谷都纳入了埃及文明的控制范围。

图特摩斯一世在巴勒斯坦和叙利亚建立起了殖民统治。

在哈特谢普苏特女王当权的时候好像中止了战争，因为这位女王一直竭力阻挠她的共同统治者图特摩斯三世掌握权力。不过，在女王去世之后不久，图特摩斯三世就开始了武力征服。在当政的第二十二至三十三年，图特摩斯三世连续进行了十二次远征。在最后几次远征中，他到了幼发拉底河流域，看到了耸立在此的图特摩斯一世纪念碑。他在旁边又树了一块自己的纪念碑，然后强渡该河，迫使美索不达米亚的米坦尼王国承认他的宗主权。

在汤因比看来，后继的法老阿肯那顿面临的主要问题是和政权内部的宗教集团之间的矛盾。此时的祭司阶层已经发展到十分难以对付的地步。图特摩斯三世把埃及所有地方神的祭司联合为一个全埃及的宗教组织，由阿蒙－拉神的高级祭司统辖。阿肯那顿挑战了埃及社会这个最主要的权力中心，然而，这也让法老的法定绝对权威受到了实际考验。如果获得民众的支持，那么阿肯那顿或许会击败祭司集团。而如果挑战阿蒙－拉神的高级祭司时注意维护俄赛里斯神的地位，阿肯那顿也或许会赢得成功。因为，俄赛里斯神可以让人永生不灭，而永生不灭是埃及人梦寐以求的目标。然而，阿肯那顿斗争的目的是一神教，这不仅威胁到祭司们的既得利益，而且也让不少民众心灰意冷。阿肯那顿心目中的唯一真神——太阳神只是一个人的神，尽管这个人就是法老。然而，即使法老拥有强大的权力，也不足以战胜庞大的宗教势力，因为他们所侍奉的众神得到了广泛而又深入骨髓的尊崇。因而，阿肯那顿以阿吞取代阿蒙－拉和其他诸神的尝试最终失败。

阿肯那顿的革命性影响还表现在文学、造型艺术等领域。阿肯那顿提倡用一种新兴的文字写作，放弃了过时的繁复的旧文字。这一变革的寿命要比他本人长得多。在艺术上，他崇尚自然主义，强调真实地反映生活——包括对他本人不加修饰的描写。阿肯那顿统治下的埃及帝国是一个文化意义上的世界性帝国，它构成了一个富于多样性的人类文化典型。汤因比认为，在这个意义上，埃及成为历史上第一个世界性帝国，与此同时，阿肯那顿也以第一个一神论者的身份被载入史册。这并不是巧合，因为阿肯那顿的一神论是以宗教形式表达出来的世界主义思想。他奉阿吞为整个宇宙之主，而不是某个地方的神。

大约在公元前1220年，在五个“海上民族”的援助下，利比亚人联合美舍韦舍以及其他柏柏尔民族，从西面袭击了埃及并抵达了三角洲的西北角，后来被法老迈尔奈普塔击溃。在公元前1194年和公元前1188年，法老拉美西斯三世又两次挫败西方对埃及的侵袭。汤因比指出，埃及人为了让自己的祖国免于武力征服和占领付出了高昂的代价，整个国家被拖得精疲力竭。结果，埃及又在公元前1087年分裂为两个国家，一个仍以底比斯为都，另一个则以三角洲东北部的塔尼斯为首府。

埃及文明（约公元前950～前745年）

尽管埃及挫败利比亚人的军事入侵，然而利比亚人还是以“和平渗透”的渐进方式统治了埃及。约于公元前945年，新王朝的法老加冕了两顶王冠，称他自己为“美舍韦舍之王”。可见，美舍韦舍人和平接管了法老政权。利比亚人的军队同埃及祭司集团达成默契，利比亚人尊重埃及四个神庙直辖州的自治权。尽管武力征服至少曾经三次被埃及人重创，但利比亚人却在埃及祭司集团的配合下确立了对埃及的统治。

从公元前932年到前745年，埃及文明已经不再是文化创造的主要源泉，甚至不再构成文化交流的主要部分。当然，在这个时候，这个古老的文明还没有完全失去它的文化创造力，仍以诱人的魅力吸引着文化皈依者。

3. 中国文明

中国文明的创立

作为一个西方人，汤因比对中国的历史和文化充满真情。他对中国历史和文化的掌握相当深入。尽管有一些说法和中国的历史有出入，但总体来说已经相当出色了。在汤因比看来，中国最古老的新石器时代文化是黄河流域的仰韶文化。仰韶文化是根据今天河南的一个村落的名字命名的，这个村落被认为是仰韶文化的最具代表性的遗址。不过，汤因比猜测，以彩陶为特征的仰韶文化的起源可能会更早，在甘肃持续的时间可能会更久。仰韶新石器时代文化也许是于公元前3千纪后半期在今天中国的西北部形成的。汤因比认为，公元前2千纪的前两百五十年，黄河流域的地区性新石器时代文化由仰韶文化时期进入龙山文化时期。龙山文化不仅把陶器风格从彩陶变为黑陶，而且驯化动物的范围更广，并且修筑了土坯城墙用于防卫。在汤因比看来，中国的新石器文化产生于地势相对较高的风化黄土地带，包括甘肃、黄河的支流渭河流域以及东部的黄河与汉水、淮河间的广大地区。

汤因比认为，中国的区域文明——商朝大约诞生于公元前1500年。商文明的某些特征源于这一地区新石器时代文化的晚期，即龙山黑陶阶段。在从新石器时代向文明时代过渡的过程中，出现了统治集团和臣民在财富和权利上的严重分化。安阳商陵建构宏大，拥有奢侈的殉葬品，甚至还包括人殉。

在中国文明破晓之初，出现了一系列创新。这些创新萌芽的突发性，或许表明这种文明受到了域外文明的刺激而产生发展起来。一项突发性的创新是马拉战车的使用。汤因比认为，这是公元前18世纪左右从欧亚大平原传入商朝的。第二项创新是一种文字符号的应用。中国文字很有自己的独特风格。第三项创新是青铜工具的使用，包括投掷器、武器和祭器等。商代青铜器也具有鲜明的中国特色，这些青铜器皿设计精巧，显示出了高超的工艺。汤因比说，中国商代主要种植小麦和水稻，水牛和水稻最早是在一些热带沼泽地区进化出来的。除了普通的家畜外，饲养的畜类还包括水牛和一种南方品种的猪。对商文明的考古发掘还发掘出了名为甲骨文的文献。

汤因比对中国古代的传说持批评态度。中国古代传说认为，今天地处中国境内黄河以南的地区，都是由于被汉人同化的方式而接受文明的。在汤因比看来，这一传说只是中国文化偏见的反映。他指出，事实上，19 世纪在长江流域南部人迹罕至的高原地区发现了一些幸存下来但在文化上并没有被同化的原始部落。另外，中国南疆和东南亚邻国的交界地区也发现了幸存下来的原始民族。

商王朝被它的一个诸侯国——周取而代之。一般认为，周代替商于公元前 1122 年；另一种比较慎重的估计认为是在公元前 1027 年。在汤因比看来，这一估计可能更接近实际。周从黄河流域的渭河支流侵入了中国北部平原。汤因比认为周代替商的政治变化并没有导致文化发展链条的中断。周似乎也是中国人。而且，他们推翻商王朝之前也完全属于中国文化。在周代，文字和青铜器制造技术保存了下来并得到发展。并且，政权的更迭没有引起中国社会政治结构的重大变化。和商王朝一样，周也没有建立起一套利于中央政府有效控制的地方行政管理机构。汤因比指出，中国传统的关于周王朝政权组织的描述带有追溯的性质。

周政权直接统治的领地很狭小。汤因比认为，很大程度上，周政权只是七八十个享有高度自治权的地方诸侯的盟主。和中国后来的中央集权政体相比，周政权比较脆弱，即使开国初期也是如此。另一方面，如果以商朝政权作为标准衡量，周朝政权还强大一些。周人确实控制了中国社会，尽管没有采取直接控制的方式。

中国文明（公元前 1027～前 506 年）

周的统治延续了近千年。在周朝统治的前两百五十年中，中国比商代的时候要稳定得多，也比之后的五个世纪稳定得多。周对诸侯国的控制是松散的，但却是有效的。有三分之二的诸侯是周的同族男系亲属，而且周族的所有分支都感觉到团结的必要性，以维持他们对于商族和其他被征服的非周族部族的支配地位。不过，随着时间的推移，这些效忠周天子的想法便逐渐减弱了。在周王朝受到公元前 771 年的重大灾难的打击之后，诸侯们很快摆脱了周朝的控制。由于再分封的缘故，诸侯的数目增加到了约三百个。而周天子权力和威望的丧失，使得他们实际上跟国王一样，还相互争战。

在公元前 506 年之前的两个世纪中，诸侯战争连绵不断。由于战胜国兼并战败国，诸侯国的数目从约三百个减少到不足二十个。这时的周天子，只是形式上的天下共主。在这一阶段，武士们是使用战车进行战斗的贵族，他们的职业使他们面临着机遇。然而，战争又使他们难以利用这些机遇。农民是除贵族外的唯一社会等级，还没有征募他们去服兵役。他们被牢牢固定在自己的封地上，为自己的生存，也为他们的武士领主而耕种。到这时，中国的社会结构是建立在传统身份制之上的，唯一的竞争只是贵族之间的军事争斗，没有任何经济竞争。

公元前5世纪至前4世纪，中国人的生活发生了变化。不只是贵族们的生活，全体人民的生活都变得没有保障了。孔子目睹了这一变迁的开端，他的哲学是中国社会变迁的最早的思想反映。

战国时代和百家争鸣（公元前506～前221年）

公元前506年的中国，有七个大国围绕在中央地区一群小国的外围。周天子在洛阳附近直接统治的那块小领地是这些小国中的一个。于公元前771年从渭河流域东迁后，洛阳一直就是周朝的避难所。四个外围大国燕、楚、吴和越处在周朝公元前11世纪所统辖的领土之外，秦占据了周在渭河流域的原有领土。不过，那时的秦还只是一个文化落后的国家。在七个外围大国中，只有晋和齐坐落在中国文明的原有领域内，也就是周从商那里接管过来的领土中。这七个外围大国的相互威胁强烈地刺激了各国政府，使它们成为军事上、行政上和经济上都富有效率的政府。高效率的关键是政治上的专制主义。一个大国希望在竞争中生存下来，统治者就必须竭尽全力避免无能。因此，诸侯国君们总是尽可能地谋取对臣民和资源的有效控制，这就要求中国社会结构发生根本的变革。

汤因比指出，这些互相对抗的大国的统治者增加本国军事实力的一种方式是以有实际才干的人取代那些世袭官职的人，即使这些有实际才干的人不具有王族或者贵族的血统。第二步是以郡县取代世袭的采邑。国君委派官员管理这些地区性机构，国君也可以随时撤除他们。在汤因比看来，秦国的改革是所有这些行政改革中进行得最彻底的。商鞅是秦国的实际改革者。在秦国扫除了世袭等级制的社会结构，商鞅为有军事才能的人打开了入仕为官的道路，鼓励农耕并宣布土地私有和自由买卖。商鞅的改革给了秦国农民获取国家最高爵位的机会。不过，他们也必须纳税和服兵役，并且如果陷入经济困境还不得不卖掉自己的土地。因此，对于秦国农民来说，有了两种截然不同的可能的结果——或者获得大量财产，或者变得赤贫。

伴随着根本性的政体变革，公元前5世纪到前4世纪的中国还出现了经济和社会的变革以及军事技术和民用技术的变革。这些变革一些是由行政改革者们发起的，另一些则是他们改革的副产品，还有一些是碰巧同时发生的。由于这些同时进行的变革以及它们的作用的共同积聚，传统的中国社会结构解体了。公元前506年以前的两个世纪中的第一轮诸侯战争，已经削弱了中国传统社会的结构，而结束于公元前221年的第二轮诸侯战争则将它彻底打破。

尽管目的是提高农业生产力，但土地的转让和买卖也拉开了贫富差距，造成了一个没有土地的赤贫阶级。向才学之士打开入仕和获取军功的大门，造就了一个新的专职文官阶层、武官阶层和教育家阶层。做官遭到失败后，孔子成了一个成功的教育家。在汤因比看来，新的专制统治者们默认教育家和哲学家的存在，并在总体上很尊敬他们。

统治者们倾向于歧视商人。但是，尽管如此，商人们却设法生存下来并获得了成功。显然，商人们通过满足社会的需求获得了自己的成功。一个社会扩张到生产各种农产品和手工产品的地区时，就需要贸易。在这样的社会里，从事战争的各国政府的供给需求也日益增长。尽管战争使国际贸易极其危险，但有能力的诸侯国尤其是大诸侯国，仍为国内贸易提供了保障。

汤因比说，开挖运河和发行金属货币是最重要的民用技术革新。这两项创新都产生于公元前 5 世纪，而且都产生在诸侯国。由于长江下游和淮河下游横贯吴国境内，所以吴国是挖掘运河的先驱。虽然直接目的是便于军事运输，但是通过对具有生产潜力的沼泽地进行排灌，运河也附带地促进了农业生产的发展。汤因比认为，最重要的军事技术革新是赵国于公元前 307 年采用骑射。在与欧亚大平原接壤的赵国，骑兵采用了游牧民族的武器和服装。中国主要甚至唯一的兵种曾经是战车搭载的士兵。到公元前 4 世纪末，由于更愿意使用征募来的大规模步兵，战车的地位便下降了。这一兵种变化快速扩展开来。

第二轮诸侯战争开始于公元前 333 年。在这一年，楚国攻破越国，并合并了于公元前 473 年就被越国吞并的吴国。同年，秦之外的其他六国签订反秦联盟的协约。商鞅变法的成功让秦在公元前 354 至前 340 年的几次战争中一鸣惊人。公元前 316 年，秦国以一己之力打败了六国联军，又穿越黄河的支流渭河流域与长江流域的分水岭，进入四川省，从西边进攻楚国。公元前278年，秦攻破了楚国的首都。到公元前272年，秦完成了对楚国剩余国土的包围。在公元前230至前221年的十年中，秦国接二连三地攻克了所有六个对手。

“战国”时代也是中国哲学上的“百家”时代。争鸣的各派哲学或感性地或理智地反映了那个时代人们的共同痛苦。那个时候，对于所有阶级来说，各大国之间日益紧张而残酷的政治斗争和军事斗争，地方统治者们通过摆脱传统限制加强自己权力的努力，以及随之而来的机会和不安全都增长了。这些社会因素刺激了各种不同的哲学思想的生发。

从产生伊始，在关于实际生存和科学、形而上学上，中国哲学都和希腊哲学截然不同。相当于希腊的苏格拉底的孔子，并不是改变中国哲学的方向，而是开创了中国哲学。孔子关心的是参与活动的人，而非理智的人或精神的人。思考人类的本质和人类的生活必然会提出形而上学的问题。比起印度人，中国人不倾向于思辨。不过，中国的道家却陷入了形而上学。静态的阴和动态的阳有节奏地相互交替的思想，物质世界结构中的五行思想，都是形而上学的思辨和科学的思辨。然而，即使道家的形而上学也附属于道家对当时中国的社会状况和政治状况的反思。

汤因比指出，大多数中国哲学流派的思考都集中在人类事务的社会政治。所有派别都认为，贵族血统不能而且也不应成为做官的条件。儒家和法家争论的焦点是，选择官员的条件是什么。墨家和道家没有参加这一争论，因为他们质疑中国当时的两种主要社会制度——国家和家族的价值，对以政府权威和家长权威的名义提出的各种要求的合法性发起了挑战。

法家学派认为，取代贵族出身而担任官职的那种能力应该以为君主服务为目的的，即为君主扩大自己权力的目的服务的行政能力和军事能力。对于法家而言，君主的命令等于“法”，君主可以最大限度地使用他们的权力，强制对臣民和贵族推行他们的命令。法家认为，受害者不得有任何不满。法家还认为，人的本性是恶的，因此，专制政体应当改进这种状态。法家思想成为所有战国政府实际推行的哲学，尽管遵行的程度与残暴的程度不同。只要中国继续在政治上分裂，法家就会垄断政治权力。君主们乐意任用有实用头脑的法家哲学家组织、管理自己的国家。在危难时刻任用两位著名法家商鞅和李斯掌管行政机关，这是秦国历史甚至整个中国历史上的转折点。

法家的理论和实践引发了不同的观点。虽然一些思想家赞同法家认为贵族血统不是做官条件的观点，但他们反对法家用为统治者权力欲服务的才能作为做官条件的观点。这些思想家寻求一种“道”。和奉承专制君主自私自利的法令相比，这种道在道德上更有价值，在形而上学上也构造得更好。如果道还没出现，就既不能识别它，也不能遵循它。孔子在“天道”中找到了预先存在的道。孔子看到，因为“天道”是久远的，从而在某种程度上同中国传统的社会习惯与政治生活方式一致。这种社会习惯和生活方式在孔子的时代被破坏了。孔子努力阻止中国社会的崩溃，号召恢复传统的礼。礼是义的保障。孔子认为，真正的义不是追随不道德的国家，而是发掘仁。只有当君主和他的臣民相待以仁，各自尽自己的本分，才是正确地遵循了天道。

孔子重新解释了“君子”一词。君子的传统含义是“贵族子弟”，也就是“君主的儿子”。但孔子却从道德的意义上将其解释为“高尚的人”。孔子的弟子们逐步以君子的新含义代替了它的旧含义。孟子强调儒家仁的美德，而荀子则强调儒家对遵守传统礼仪的重视。荀子生活在战国最后和最为痛苦的时期，他赞同法家人的本性是恶的观点。因此，他认为一定种类和程度的外部控制是不可缺少的。然而，对于君子这一关键术语的使用表明荀子是一个真正的儒家，在他的著作中，君子一词一般用于表明道德观念，极少表示原始的家系观念。

在汤因比看来，道家发展起来了比儒家的道的观念更为形而上学的道的观念。这一概念出现在被认为是老子所写的《道德经》和以庄子之名命名的著作中，这两部著作都很著名。道家认为，道是现象世界之内、之后和之外的终极实在。道是无为、不可抗拒和仁慈的。并且，按照这三个特征，它和人之道是相对立的。按照人之道，人类摧残自己，恰恰是由于人的聪明才智而导致的暴力行为。在人类生存的任何地方，道家都是最早的哲学。它断定在获得文明的同时，人类已经打乱了自己和终极实在的和谐相处。人类应当依照终极实在的精神生活和行动。

道家还反对技术的进步和专制政府管理社会方法的进步。道家形而上学在实践中的必然结果是彻底的放任主义政策。道家肤浅地忽视了社会道德的理想，而这正是儒家为社会弊病开出的药方。道家为治愈时代创伤开出的药方是遗弃文明、恢复人类在新石器时代小国寡民的生活方式。道家可能没有对公元前 4 世纪的中国人产生什么实际影响。它批评了争鸣的其他哲学派别的论点，但它自己对社会则是不负责任的。然而，正是由于这种不切实际，道家学说才会在中国影响久远。作为与在中国思想中占主导地位的实用倾向相对抗的力量，道家学说有着自身的天地和社会对它的需要。

在汤因比看来，墨子的哲学是空想的，没有长久发展的余地。墨子认为，对于人类同胞的爱应该是平等的、没有等级差别的。孟子反驳墨子道，普遍的爱是不切实际的。墨子坚持除非兼爱不能达到道德的满足，等于废弃了社会上实际可行的孝顺和忠诚的美德。实际上，墨子和道家一起以拒绝权威的方式、与法家一起以拒绝传统的方式反对儒家的学说。与法家不同，墨子希望以理智取代传统，而不是以强权取代传统；与道家不同，墨子认为应当关心自己的同类，对他们负责。在这两点上，和其他两个非儒家学派相比，墨子具有更多的儒家精神。

秦帝国和汉帝国（公元前221～公元220年）

公元前221年对于中国是划时代的一年。在这一年，中国实现了政治统一。统一的完成标志着中国历史的分界。公元前221年以前，中国只是一个文化统一体，并不是一个政治统一体。而从这个时候起，尽管有时也陷入政治上的分裂，但是在或长或短的分裂和混乱之后，中国总是再次实现政治上的统一。中国的这次政治统一是由军事力量强制实现的，但统一却是长久的。在将近二十二个世纪中，第一位统一者的功业不时被败坏。这一功业的第一次被败坏就是在这位最初的统一者死后的那年。但是，中国政治上暂时的分裂，总是不断地被纠正。强制实现中国政治上的统一之所以可能，是因为在秦国的军事征服之前，自发的文化统一已经成为既定事实，这也就是为什么秦的成就要比迅速灭亡的秦本身长久得多的原因。

秦国的功业荡涤了昔日中国的其他一些方面，但是秦始皇也宣判了自己祖传的家国的灭亡。他的功业的结果和其意愿截然相背。秦的灭亡恰恰在于秦帝国的建立。军事伤亡和向外移居驻防导致秦本地的人口空虚，这一空虚却由来自六国的被驱逐者填补了。公元前221年之后，被征服的六个诸侯国的所有贵族都被放逐到关中地区。然而，秦国最致命的自杀政策是对它的国民进行他们无法忍受的残暴统治。残忍的统一者于公元前210年死后，秦朝三年之内就被推翻和瓦解了。

汤因比认为，秦始皇不仅通过放逐贵族的方式破坏被征服诸侯国的社会结构，而且还以把整个中国重新划分为郡的方式抹去了各国的界线。秦始皇的官员以法家的精神治理这些郡，农民受到徭役和赋税的沉重压迫。秦始皇的法家大臣李斯还压制非法家的哲学派别。李斯于公元前213年煽动了焚书，又于第二年建议坑杀了约四百名讨厌的学者。与此同时，秦始皇也满足了中国社会中一些最紧迫的需求，如最大的政治统一的需求之外的另一个最大的需求——标准化。秦始皇统一了文字和车子的轮距，使整个中国都和秦的模式一致。秦始皇的最大功绩是把分属于秦国、赵国和燕国抵御游牧民族的长城连成一片，使之成为万里长城。

公元前209年发生了一次大起义，起义者成功瓦解了秦王朝，但起义者们却因为分赃而相互征战。最有影响的一位觊觎王位者是前楚国的贵族项羽。项羽试图扶植楚国王室的一位后裔为皇帝，而他作为皇帝背后的实际掌权者。然而，在公元前205至前202年的国内战争中，胜利者却是一名幸运的军人——汉高祖刘邦。

刘邦不得不分封他的同盟者以报答他们，也不得不恢复一些已经灭亡的王国以安抚民众的情绪。但他把秦国原有的领地置于自己的直接统治之下。在汤因比看来，刘邦既吸取了秦始皇的教训，也吸取了项羽的教训。他和他的后继者们认为，必须比项羽有力但又比秦始皇温和地统一中国。因此，他们在恢复秦始皇强有力的统一过程中并没有很仓促。他们先是采取措施变换和罢黜受封者，使他们的封国变得无害；然后又于公元前 144 年颁布法令，把各封国变成小碎块。法令规定，封国国君死后，由他的所有儿子们分割封地，而不是只由长子继承整个封国。将所有的地方政治单位划成小块的措施是汉王朝加强对它们的控制的措施。汉朝在开国时共有十五个由官员管理的郡和十个自治王国。到了公元元年或 2 年，增加至八十三个郡和二十个诸侯国。两类地方单位的规模都极大地缩小了，所有新征服的领土都划为郡。公元前 154 年七个地方诸侯国的叛乱，促使汉王朝完成了削弱诸侯国的进程。

对广袤领土上的地方行政单位的直接控制，使得补充政府人员成为问题。公元前 196 年，刘邦下诏给各郡和王国，要求为王朝输送优秀的官职候选人，通过非正式的考试后由长安的宫廷进行选择。汉武帝下诏，做官的条件是能够熟练地写作儒家经典式的文章，熟练地解说儒家的哲学。在理论上，汉武帝为有才干的儒生打开了进仕之路。但在这一时期，中国的文官考试制度还不完备，学术声誉还没有也不可能成为当官和升迁的唯一途径，权势仍然被看重，因为一个贫穷家庭长期支付孩子学习的费用让他学习艰深的科目很难实现。另外，他们研习的儒学已经被严格规定好了，而且和孔子时代的儒学很不相同。孔子本质上属于无神论的理性主义被虚伪的宗教信仰和迷信冲淡了。在中华帝国的大熔炉中，儒学包含了一些落后文化的成分，因此，结果是令人啼笑皆非的。由于具有儒家所说的君子的美德，官员获得了职位也就获得了职位所赋予的机会，并经常利用这一机会，让自己成为原始意义上的君子。他可以使自己成为土地所有者，也可以把自己的财产传给儿子，还可以供养儿子受教育，使他也成为文职官员。家庭和阶级对于官员要比皇帝和一般民众对于他亲近得多。在一个重新宣告它对民众有直接统治权的王朝里，官员对于皇帝的义务就是实施严厉的法家体制。在重新集权化了的汉朝政体中，儒家外表之下是坚实的法家内核。

一个儒家官员，在政治上是他所统治的臣民的主人，在经济上是他所拥有的土地上的农民的主人，甚至还是潜在的统治王朝的人。汉武帝的儒家顾问董仲舒提出了这样的学说：王朝的统治来自于天命，并且这一天命可以被收回。天命的收回由一系列的社会动乱和自然灾害表明。儒家文职官员是审判者，评判这些征兆是否已经表明一个王朝天命已尽，在汤因比看来，这是这一学说的必然推论。随着儒家学者－官僚－地主不断地兼并土地，广大无特权的民众越来越多地感觉到汉朝的政体和秦朝的政体没有什么不同。中国的农民从来都是处在忍无可忍的状态之中的。对于农民来说，握有权力的新私有地主阶级，是一系列重压和打击中最后的致命一击。

汤因比强调，无论哪种政体，帝国的维持都必定把沉重的负担强加在人民的头上。他们是绝大多数，但不是该政权的特权享有者。一个汉代的中国农民每年必须服一个月的徭役，还要被征募到军队中服役两年。他们的祖先也曾在被诸侯政府征募时离开过家乡。但是，比起他们的祖先，在统一了的中国的广袤土地上，他们服兵役时要更远地离开家乡。这时的兵役意味着沿万里长城戍守，而不是进行与死亡相连的战争。死亡的危险的确减少了，然而，经济危险更大了。在汉王朝与匈奴长达百年的战争中，应征的汉朝农民兵士远远地深入长城以外的大漠，地主的机会也就与日俱增了。强迫徭役有多种形式：在铁矿和盐矿上做工，修筑道路，开挖运河，修补道路和运河，以及沿着运河或其他河流逆流而上漕运谷物，以供给设在汉代首都长安的宫廷和政府，或者供给沿长城一线驻防的军队。

中国的疆域是一整片紧密相连的土地，解决好运输问题，就十分有利于文化和政治的持久统一。中国的通讯联络依赖于水路。中国河流很多，不过没有一条横贯南北或东西的大河。而且汉王朝的粮食生产区在长城以南和首都的东南，因此，需要以运河补充河流。对于私人而言，托运粮食供给品无利可图，从而必须征募服徭役者完成这一必不可少的任务。因而，汉王朝使用了后备的经济能量。为了保证自己的存在，汉王朝不得不超越自己经济力量的极限。在这种情况下，对于王朝的经济来说，由儒家官僚转化而来的新地主阶级就成了难以承受的沉重负担。在制止私人大地主数量和规模的增长问题上，汉朝失败了。董仲舒就感到了这一问题对于汉王朝的危险。公元前6年，汉王朝颁布了一项诏令，确定了私人可以占有土地的限额。但是，诏令的实施取决于官僚地主，而他们的私人利益又与他们的政府职责相冲突。因而，这一诏令成了一纸空文，西汉王朝也于公元9年崩溃。

从中国文明产生伊始，华夏世界就在地理上不断扩张。到公元前221年，中国从黄河下游及黄河支流的渭河流域的中心地区向南扩张到了长江流域。在去世之前，秦始皇将现在的广东、广西和越南北部的土地并入了他的帝国。公元前111年，汉武帝再次征服了这块南方的领土。中国的北部是一块边缘地区，既可以作为贫瘠的耕地，也可以作为肥美的草场。游牧民族的经济、制度和战争方式形成并适应了这种自然环境。对于定居的邻人而言，游牧民族很难敌对。匈奴于公元前200年打败了汉高祖刘邦，中华帝国政府只得向匈奴割让土地，交纳贡品。匈奴又于公元前177年、公元前158年两度侵入中国。汉族的反击开始于公元前128年。然而，匈奴人既没有被灭亡，也没有被有效地征服或逐出草原。作为反击的序曲，汉武帝于公元前139年派遣使者张骞联络月氏。月氏是一支游牧部族，公元前174年被匈奴逐出甘肃向西迁徙。张骞的使命是说服月氏和汉人合作，形成钳击之势共同攻击匈奴。公元前128年，张骞在河间地带找到了月氏，可惜他没能说服月氏再度和匈奴决一胜负，只得于公元前126或前125年回到中国。张骞又于公元前115年第二次出使西域，这次到了乌浒河流域的大宛和乌浒河与药杀水之间的粟特。汉王朝于公元前104年、前102年和前42年占领了大宛。张骞的出使使中国人得以了解中国以西的文明的存在。

西汉王朝最终被王莽取代。王莽后来死于公元23年。不过，公元18年山东爆发的农民起义，实际上就已经宣告了王莽为农民主持公道和缓解他们痛苦的企图的破产。汉室的一个分支于公元25年建立了东汉王朝，以洛阳为首都。东汉王朝的建立者光武帝又于公元36年镇压了农民起义，恢复了西汉王朝的儒家官僚政体。汤因比指出，无论是西汉王朝还是农民，都成了儒家官僚地主的牺牲品。这个新的社会阶级是王朝的粘合剂，然而也是“中国的悲哀”。官员们是真正的罪犯，“天命”早该从他们的身上收回。在精神上，当官的儒生们实际上已经成了法家。他们以法家的残忍而尽职尽责的是他们自己的利益而不是皇帝的利益。这一新的特权阶级使自己处于牢固的地位。在公元9年至36年的灾难中，它成为中华帝国幸免于天谴的一个因素，然而上天的惩罚恰恰是由这个统治阶级招来的。

在汤因比看来，东汉王朝是西汉王朝的翻版。虽然有过一个相对动乱的时期，但东汉王朝并没有因此出现具有进步意义的体制变革。暂时的分崩离析过后，过去的政权又重新建立起来。然而，重新建立的政权并没有焕发出新的活力，反而大为削弱。尽管是中央集权的国家，但汉朝却存在着权力高度分散的问题。王朝的很大一部分领土掌握在自治的地方总督或小国君的手中。他们只是表面承认帝国政府的宗主权，实际上仍是我行我素。另外，王朝政府及其附属国的权力，受到了贵族权力的制约。后者也直接控制农民，亦即直接掌握一切租税的来源。

虽然从理论上说东汉王朝是中央集权和官僚式的，然而实际上，东汉王朝的官僚们同时也是土地所有者。在这些官僚身上，作为文官的职责和作为财产私有者的利益相冲突，而他们让职责从属于自己的利益。为了使中国社会不至于崩溃，就必须改革农村土地制度。可是西汉和王莽都无法进行这种改革，原因在于唯一能按照皇帝的旨意实行改革的人，是官僚－土地所有者，他们的强烈私利只会让这种土地改革化为泡影。在公元 36 年镇压农民起义后，东汉王朝的官僚－土地所有者势力达到了鼎盛时期，他们滥用职权的行为也更为露骨，任人唯亲而不是任人唯贤到了惊人的地步。文官考试也不那么公正可靠了。地主纳的税和佃农交给他们的地租根本不成比例。由于华北的纳税者数量下降，因此人头税、劳役和兵役增加了。结果，北方的自由农民大量潜逃。有些跑到大地主的庄园里寻求庇护，因为作为地主依附者的经济负担要比作为政府的自耕农轻。另一些则迁徙到南方，因为王朝在南方的控制要松一些，那里还有许多处女地等待开垦。

公元 2 世纪中叶之后，官僚地主的权力受到宦官的挑战。公元 184 年后，道教领导的几次农民起义也打击了官僚地主的势力。然而，胜利者既不是宦官也不是农民，而是军阀。但是，军阀也多为大地主。公元 2 世纪后半叶的中国出现了从贫民中招募职业军队的情况，这些职业军队成为将军们的私人军队，因为士兵门依赖将军付给的报酬为生。公元 220 至 222 年，东汉王朝公开分裂为三个王国，三个事实上早已瓜分王朝的将军成为三个国王。

政治分裂和容纳佛教（公元 220 ~ 589 年）

汤因比认为，东汉分裂为三个国家让中国社会的弊病更加严重。连年的战争，使得一直都没有得到解决的土地所有制问题更加难以解决。在公元 265 至 280 年，中国重新统一。然而，新建立的晋王朝也没有能够解决土地所有制问题，并且又于 290 年陷于分裂。304 年以后，中国北方被来自欧亚大平原东端的游牧蛮族征服。

在汤因比看来，公元 3 世纪的中国人出现了精神上的真空。由于儒家官僚滥用权力，儒家学说信誉扫地。这些官僚追逐个人私利，两度毁灭了帝国。在 2 世纪末年，东汉王朝处于垂死的痛苦的时候，对儒家学说感到厌恶的少数智者转向了与之竞争的道家哲学，而普通民众为了寻求解脱则转向一种名义上属于道家的宗教，即道教。然而，由道教所激起和引导的农民起义被握有私人职业军队的军阀粉碎了。这些军阀成了“三国”的建立者。由于逃避应该承担的权力责任，道家哲学的信徒们也使自己信誉扫地。他们退至享受琐碎的私人生活，因此，这一消极哲学一直没能满足中国知识分子的精神需求。在 3 世纪之后，大乘佛教填补了中国的精神真空。

汤因比指出，从公元 2 世纪起，大乘佛教从乌浒河－药杀水流域经塔里木盆地渗入进中国西北部。佛教传教士们很热情，他们的汉族皈依者在精神上也如饥似渴，因此佛教很易于被接受。不过，由于中国人和印度人的思想、语言与文字截然不同，因此大乘佛教经文的最早翻译者们不得不竭尽全力进行翻译。可惜，把梵文经文变成汉文词语，其结果不仅使佛经变了样，而且也使中国读者无法理解。一位最优秀的翻译者是鸠摩罗什，他在专业助手的帮助下，翻译了大量经文。另一些译经者是中国人。在5世纪、6世纪和7世纪，一些中国取经僧侣从陆路和海路到达印度，在那里学习梵文，取得大乘经文的原稿，回国后又把它们译为汉语。法显和玄奘是两位著名的取经者和译经者。

得益于这些译经家的努力，中国的佛教徒逐渐获得了大乘佛教经文的汉文版本。汉文版本对原有的梵文含义进行了再加工。然而，在中国扎下根并流传于民间的大乘佛教，实际上是重新创造的具有鲜明中国特色的佛教形态。其中一个宗派是净土宗，宣扬可以通过相信菩萨和阿弥陀佛而得到解脱。另一个宗派则是禅宗，宣扬通过修行顿悟。和鸠摩罗什同时代的中国人创建了这两个宗派，将大乘佛教中国化的人比诚实谨慎的译经者获得了更大的成就。

佛教思想和修行对于中国人来说都是外来品。佛教传入以前，中国人不知道寺院，更不知道僧侣为何物。佛陀指示人们进行精神修行。菩萨，就是精神修行的能手，他已经到了涅槃的门口，只要愿意，他可以立即涅槃。但是为了帮助他的同伴，菩萨自愿推迟进入涅槃状态。从“原始偶像”的意义上说，菩萨就是救世主。一位阿婆卢吉低舍婆罗菩萨在中国改变了性别，摇身变成大慈大悲的女性神灵观音菩萨。东汉政权垮台之后，中国出现了对母亲女神的迫切需要，观音菩萨很适合时候地担任了这个角色。菩萨无私的同情心唤起了大乘佛教徒的忠心，促使他们努力追循菩萨的榜样。

大乘佛教是混乱时代应运而生的虔诚宗教，道家则是中国自有的最接近于佛教的思想。道家不赞成文明的兴起，主张远离公众事务，不过他们的观念并不是来世的，他们所描绘的只是从复杂的工商社会退回远古村社、小国寡民的那种简朴生活中去。然而，将佛经译成汉语的第一批译经者却大量引用了道家术语，因为汉语缺乏其他能比较相近地表述佛教思想的词汇。无论是道家的哲学还是民间的道教，为了保存自己，都借用佛教的概念和教会形式，因为佛教已经在中国立足。两种宗教或两种哲学的关系既互相排斥又相互联系。它们的信徒相互竞争，因为他们也觉察到了两者之间的密切关系。

汤因比强调，对于中国社会和政府而言，土地所有制问题至关重要。如果不是因为那时中国的土地问题长期没能得到解决，那么佛教就没有多少传入中国的可能。无法解决土地所有制问题还导致了政治分裂和蛮族入侵。从公元 185 年开始，在三百年中，中国的各个阶层都深陷一种受惩戒的情绪之中，从而更容易寻求外来宗教的帮助以获得解脱。但在中国北方，民间道教和儒生时常会联合起来，发起遏制佛教的运动。应他们的要求，政府通过一个仿效儒家世俗行政机关的宗教官僚机构对佛教组织实行监督。

另外，438 年、446 至 452 年和 574 至 578 年都发生了灭佛运动。

4 世纪的中国北方，政治的分裂，战争的厮杀，经济的崩溃和社会的混乱，都十分剧烈。继西晋建立的一些蛮族国家，只有当征服者成功吸收了他们臣民的文化时才会繁荣起来。无论是汉族农民还是汉族大土地所有者都很顽强。尽管被草原游牧民族征服，但他们抓住可耕地不放，并坚持耕种土地。另一方面，尽管因被废黜的儒生官僚地主滥用而声誉扫地，但即使在佛教的冲击下，儒学也生存了下来。

汤因比认为，可能是蒙古人种的鲜卑拓跋氏于公元 338 年重新统一了中国北方，建立起了一个地方性国家。386 年，拓跋皇族将该王朝命名为北魏。到 439 年，拓跋魏消灭了中国北部的所有其他蛮族国家。493 至 494 年，北魏孝文帝把首都从发源地山西北部迁到了洛阳。与此同时，他有计划地汉化他的部族成员，并使部族首领的地位和北魏境内汉族大土地所有者相当。强制的汉化并没有让北魏王朝实现征服中国南部的愿望，反而导致了王朝的灭亡和分裂。尽管北魏王朝没能统一中国，但是它却把解决土地所有制问题的方法传给了后来的隋和唐。485 年，杰出的孝文帝给每一个体格健壮的成年农民提供了最低的土地占有数额，还建立了农民共同负责缴纳租税的组织。虽然没有进一步冒险限定大土地所有者地产的最高数额，但孝文帝至少阻止了有碍于农民占有土地和帝国政府收入的大地产所有者的扩张。

蛮族对北方的侵扰，启动了中国人移居南方和开发南方经济的规模空前的运动。从 304 年到 589 年，大批移民从北方迁徙到南方。317 年，一位逃难的晋朝宗室公子在南方重建了晋王朝。东晋王朝处于淮河下游和长江下游沼泽地和水网的保护之下。中国南方降雨丰富，人们不会因干旱而受饥荒的威胁，这和中国北方即使是肥沃的黄土地区的处境形成鲜明对比。另外，绝大多数的南方本地人容易屈服和同化，这也和北方人形成了鲜明对比。从 317 年到 589 年，中国南方为五个相继的王朝所统治。它们抵挡了北方蛮族的入侵，并维持了对于整个南方（甚至包括今天的越南）的统治。重新统一的中国，人口和农业的重心都出现了向南转移的倾向。南方的稻米开始取代北方的粟和小麦，成为主要的食物，并供给王朝的首都。

中国文明（公元 589 ~ 763 年）

汤因比说，公元 589 年，北方和南方重新统一，中国享有了至少一个半世纪的统一、强大和繁荣。汤因比强调，这些成就的取得得益于北魏孝文帝为每一户农民提供了生存所需的最低限额的土地，他的后继者则通过组织农民民兵扩大了这个改革的效果。隋文帝正是运用这个手段征服了中国南方，实现了南北方的合并。农民民兵也使得唐朝的第二位皇帝太宗得以征服中亚。北魏没有冒险限制大土地所有者的地产，但隋朝这样做了，规定了土地占有的最高限额。显然，限制大地产的规模，保证农民占有最低限额的土地，是一个从来没有能够在实践中完全实现的理想。

隋朝几乎和第一次统一中国的秦王朝一样短命。隋朝的第二个皇帝隋炀帝和秦始皇一样肆无忌惮，对于臣民的勒索极其繁重，令臣民难以容忍，结果激起了埋葬隋王朝的大起义。中国由此陷入了十二年的内战和无政府状态，直到唐朝重新统一和确立秩序。隋朝最繁重而不得人心的工程就是强制征用大量壮丁开凿大运河。大运河起于长江以南东部沿海的杭州，最初修成的一段使得长江与洛阳附近的黄河相连。后来，隋炀帝又加修了一条流向北方的支流。正是沿着后来修成的大运河北段，军队和物资被运往隋炀帝在朝鲜北部的战场。但是，隋炀帝向北开挖大运河支流，并没能让他征服朝鲜三国中最北部的高句丽。而在新罗的帮助下，唐朝则于 660 年成功地攻克百济，又于 668 年攻克高句丽。随后新罗将唐朝军队逐出朝鲜，统一了整个朝鲜。统一的朝鲜名义上接受中国为宗主国。

和汉朝一样，唐朝受益于被推翻的前朝取得的成就。他们实际上恢复了被推翻的体制，不过采取了比较温和、圆滑的方式，因而不至于引起强烈的反作用，正是这种反作用使隋朝皇权落地。

突厥草原帝国于 581 年分裂，唐太宗于 630 年征服了东突厥。637 年，汉族和畏兀儿人协力彻底摧毁了西突厥。不过，此时的中国却不得不认真对付吐蕃，吐蕃和中国争夺对于塔里木盆地的控制。由于阿拉伯人于 661 至 671 年吞并了吐火罗，因此，和西汉一样，唐朝在陆地上向印度和西南亚的推进受到了挑战和限制。然而，中国的佛教徒仍然通过陆地或海洋和印度的佛教徒发生了联系。琐罗亚斯德教约于525年在中国取得了立脚点，聂斯脱利派基督教传教士于635年在长安传教，而摩尼教也在7世纪末传进了中国。隋代和唐代的皇帝们都醉心于佛教，并容忍了其他的外来宗教。然而，由于儒家经典的复兴和重建王朝行政机构的目标，儒家掀起了一场反对包括佛教在内的所有外来宗教的运动。

在唐代初期，长安是旧大陆文明中心所有城市中最具有世界意义的城市。在这方面，长安比同时代的君士坦丁堡更胜一筹。不过，最有中国特色的是初唐的中国视觉艺术和诗歌。彩陶图案生动地反映了日常生活，而诗人李白、杜甫则与倒霉的玄宗皇帝是同代人。

初唐岁入的五分之四仍来自于征收农民的人头税，而8世纪几乎使唐朝灭亡的灾难正是由于帝国政府在8世纪上半叶不能够继续提供给农民最低限度的土地造成的。这种情形的出现有几个原因。一个原因是由于628年重新确立了国内的法律和秩序，人口迅速增长，从而无法为他们提供最低限额的土地。第二个原因是隋朝恢复了通过考试选拔文职官员的制度。新的儒家官僚集团同样为了获得土地而利用他们的官职，这也使得可供给农民的最低限额土地的数量大为减少，并引起了新兴的南部和东部的儒家官僚地主阶层同西北地区的原有的大土地所有者的冲突。虽然唐玄宗曾努力阻止和扭转这些不利因素，但没能成功。

8 世纪中叶，唐王朝遇到了一系列的灾难。751 年，阿拉伯人在大宛北部打败了中国人，终结了中国对塔里木盆地以西地区的军事和政治影响。755 年，粟特突厥出身的安禄山发动了叛乱。这场叛乱直到 763 年才被平息，人民和土地遭到了蹂躏。根据官方的统计数字，764 年的唐朝人口比 754 年减少了三分之一。

中国文明（公元 763 ~ 1126 年）

中国文明在 755 至 763 年的混乱和劫掠中幸存了下来。正是通过儒家经典的竞争性考试而选拔出来的文职官员使中国社会幸存了下来。文职官僚用了一定的时间重新确立它的统治，后来的宋朝又复兴了这一制度。在大灾难前夕成立的翰林院激发了文职官僚们的群体意识和个人野心。以反对革新为代价，文职官僚强化了中国社会的结构。

780 年，中国的主要税收方式发生了变化。唐政权瓦解的一个主要原因是由于 5 世纪后期以来行之有效的制度崩溃了。依照这一制度，政府授给农民土地，农民则以缴纳赋税和服徭役作为回报。780 年以后，政府只征收土地税，不再征人头税。可是政府没能防止农民的土地被地主攫取，农民成了佃户，经济地位恶化。农民的收入受了损失，然而政府的收入却没有受到损失。

在蛮族入侵和政治分裂之后，在削弱佛教寺院和尼姑庵赢得的权力和财富问题上，儒家官僚和道家及道教徒有着共同的利益。在 755 至 763 年的大灾难之后的那一代人中，产生了新儒家的第一批代表人物韩愈和李翱。然而，这些新儒家实际上都是隐蔽的佛教徒。通过在儒家学说中注入大乘佛教精神，以及把注意力集中于像《孟子》和五经之一《礼记》中的《大学》章这些有助于作出佛教式解释的儒家著作上的方式，他们重新恢复了儒学的活力。儒学的改变，让中国人在精神上不再依赖佛教的组织机构。842 至 845 年，帝国政府实施了儒家和道家在经济和社会方面对佛教一贯的批评意见。结果，僧侣和尼姑被大量还俗，成为赋税的承担者，寺院和尼姑庵的大量财产也被没收。

不过，这次迫害并没有消灭中国的佛教。不管是在高深奥妙的层次上，还是在普通大众的层次上，佛教教义和儒家学说与道教教义不可分割地缠绕在一起。在普通大众的层次上，缠绕的程度甚至还更高。在儒家和道教的掩盖下，佛教继续对中国人的精神生活产生重大影响。842 至 845 年的宗教迫害也殃及其他宗教。和佛教不同，这些宗教是新传入的。结果，摩尼教、琐罗亚斯德教和基督教的聂斯脱利教派都没能在中国生存下来。

唐朝政权从 763 年一直苟延残喘到 874 年。在白居易的诗歌中，可以得到关于这个世纪中国国家事务的第一手材料。在这个时期，中国的统治既有效又仁慈。然而，作为对 755 至 763 年灾难的反应，唐朝的各种改革却没能阻止它自身的崩溃——唐朝最终于 909 年灭亡。统一中国的下一个统治王朝宋朝，直到 960 年才建立起来。其实，从 874 年一直到 979 年，统一的政权一直是空缺的，而且宋朝始终没有完整地重新统一中国，在四面八方都丧失了领土。946 年，契丹人宣称自己是中国的统治者，以辽的名义进行统治。尽管没能实现其所宣称的对中国的统治，但他们却于 1004 年迫使宋朝承认了他们对于长城东端以南十六个边界州的所有权，并迫使宋朝向他们纳贡。1038 年，以"西夏"作为王朝名称的党项族仿效了契丹，也迫使宋朝于 1044 年以进贡为代价换取和平。

统一中国的宋代统治者们陷入了进退维谷的境地。他们最先关注的是防止自己的政权被地方军阀夺去。他们成功地避免了这种危险，然而是以牺牲军事实力为代价的，这使宋朝在处理同富于进攻性的蛮族邻居的关系上一直处于不利地位。政治体制需要彻底的改革。文职官僚中出现了目光锐利、精力充沛和富有勇气的改革家王安石，他于 1069 至 1076 年进行了一系列根本性的改革，这些改革在宋神宗统治时期得到了贯彻实施。

王安石感到，学究式地学习儒家经典并不适用于官员们执行实际的政务，这种学习的目的只是迎合思想迂腐的主考官。他的补救方式是对儒家经典作新的官方解释，改革考试制度。要是宋神宗活得更长一些的话，这些改革措施或许会培养出新的一代思想开放的官僚。与此同时，王安石还不得不借助旧学派培养出来的同僚进行改革。尽管有这一障碍，王安石还是将他的计划付诸实施。他向农民提供低于私人高利贷者的低息贷款。他以募役代替徭役，并以按产量而不是按面积征收土地税的方式筹措募役费，把大部分负担加于那些最能担负得起这些费用的土地所有者身上。

汤因比认为，之所以能够推行这些改革是因为王安石得到了宋神宗的信任。然而，在这位皇帝死后，王安石的改革措施全部被废除了，尽管这些措施是整治宋代社会弊病的良方。王安石改革失败的原因是他不得不和思想极其保守的官僚们共事。在不受传统精神的束缚这一点上，王安石是孤独的。他的自由思想触怒了墨守成规的同僚们，并让他们深感不安。另外，王安石固有的挑战性格也加剧了保守主义者们的反对。他所树的政敌中有一些杰出的人，其实王安石应该争取到他们的支持——其中一位典型代表就是废除王安石改革方案的大臣、著名的史学家司马光。

王安石的改革措施是及时的，虽然由于私人恩怨它们被废除了，但是不到四十年弊政就遭到了报应。1126 年，女真族攻克宋朝首都开封，俘获了在任皇帝和前任皇帝。由于这一打击，宋朝丧失了长江以北的全部领土。可是，王安石的政敌们又反过来把责任推到他的身上。如果王安石的改革能假以时日开花结果，1126 年的灾变是能够避免的。

在汤因比看来，和以前的时代相比，这一时期的中国文明有着更大的吸引力，它有着多方面的成就。程颢和程颐兄弟推动了新儒学的产生，他们完成了由先驱者韩愈开创的变革。除了《礼记》中的《大学》和《中庸》两章，程颐实际上废黜了汉代注释的五经。他确立了新的四书注本，即在《大学》和《中庸》之外又加上了《孟子》和《论语》。程颐的学说成了文官教育的标准观点，而它的形而上学成分也为儒家学说提供了一个新的尺度。但是，它并不鼓励儒生、考官和官僚们进行独立思考。

在艺术方面，唐宋时代的中国人也不受过去时代的局限。他们接受了随大乘佛教传入中国的希腊和印度的观赏艺术并将其转化为中国的，发展出了自己独特的艺术风格。在宋代，山水画达到了顶峰，彩釉瓷器也是如此。唐朝则取得了雕版印刷的成就。诗人白居易的著作约印行于800至810年，并且在他逝世之前，其诗歌就流传到了日本。另外，对大乘佛教经典成批印行的需要和应试者对儒家经典大批印行的需要，刺激了书籍印刷的发展。翰林院于932至953年印制了一部一百三十卷并配有注释的儒家经典。在宋代最初的六十年中，印行了成千上万卷的佛教经典和道教经典。发明于6世纪被用于燃放爆竹的火药，也在12世纪被用于战争。

中国人曾经认为，他们的王国是世界上唯一的王国。然而，到了1126年，中国成了半个世界的“中央王国”，为一些文化上的卫星国所拱卫。这些卫星国都在相当程度上采用了中国文明，但又将其转化为具有各自特色的东亚型中国文化。

中国文明（公元1126～1281年）

汤因比认为，1126年宋王朝的军事崩溃是可耻的。宋朝之所以能暂时避免被全部征服的命运，是因为女真骑兵遇到了天然障碍，即淮河和长江下游的迷宫式水网以及多山的穷乡僻壤。流亡的宋王朝的新首都临安是一个暂时的避难所，宋朝再也没能收复北方。

宋王朝在南方存在了一百五十三年，其首都临安是人类文明中心最大的、给人印象最深和最吸引人的一个城市。虽然山河破碎，但宋王朝境内人口、农业生产力、城市化、贸易和财政设施都有了显著发展。纸币最早由私人银行发行，后来由中央政府发行。在南宋存在的一个半世纪里，它的人口甚至比领土和军事力量达到高峰时的汉王朝和唐王朝更多，也更为繁荣。不过，妇女地位的下降是南宋时期中国文明的一个严重倒退，例如缠足习俗的引进就是令人不快的。

即使是1126年的灾难也没有阻止新儒学的发展。为了表明儒学是大乘佛教的合法取代者，新儒家们不得不进入和自己志趣不合的形而上学领域。在这一领域中，程氏兄弟分道扬镳了。程颐认为人性是“终极实在”的一个表现，而程颢认为人性和“终极实在”相互同一。程颐的形而上学被朱熹系统完成，而程颢的思想则被朱熹同时代的陆九渊接受。朱熹是一位擅长系统思想的杰出学者，虽然程颢和陆九渊学派的优秀代表人物不断涌现，但朱熹的体系却成为儒家学说的官方形态。但是，比起共识，新儒家们在形而上学上的分歧是不重要的；他们全都对道教和佛教怀有敌意，并且都认为道德比形而上学更为重要。他们全都谴责佛教圣贤脱离尘世的社会生活，认为这是反社会的。因此，程颢和朱熹不仅获得学衔，而且还耗费他们生命的一部分时间做一名文官。

中国文明（公元 1281 ~ 1644 年）

中国于 1279 年第一次完全被异族征服者征服和统治。蒙古人对中国的征服，再度带来了中国的政治统一。这一重新确立的政治统一从 1279 年到 1911 年一直保持着，尽管重新统一的中国仅在约 1382 至 1631 年间由中国本土居民统治。在政治上重新统一的中国，在蒙古人的统治下变成了短命但庞大的蒙古帝国的中心。忽必烈于 1260 年至 1267 年把都城从哈剌和林搬到北京，又在 1289 年把大运河从杭州延伸到北京。大运河的延伸使把北京所需要的稻米通过内河从中国南方运到北京成为可能。1271 年，忽必烈建立了一个新的中国王朝——元朝。但是，蒙古统治者和他们的臣民之间有着隔阂。蒙古人任用信奉基督教或伊斯兰教的异族行政官员，但听任那些不被任用的儒生们用小说和戏剧延续中国文明。蒙古人和中国人生活方式的不同，造成了他们的互相反感，也阻碍了文化上的同化。因此，蒙古人在中国的统治便不可能长久。

14 世纪 40 年代，反抗遍及中国各地。在彼此争斗的造反者们之中，朱元璋完成霸业。和第二次统一天下的皇帝刘邦一样，这位在中国历史上第四次统一天下的帝王出生于中国南北方之间的淮河流域一个地位卑微的家庭。1368

年，朱元璋建立了明朝。到1382年，他不仅把蒙古人驱赶出长城，而且还消灭了所有国内的汉族竞争者。1356年，洪武皇帝攻下了南京，并把南京作为再度统一的中国的都城。但是到了1421年，他的第四个儿子，也是第二代皇位继承人永乐皇帝把都城搬回到北京。

明朝恢复了通过对儒家经典的考试选拔文官的制度。后来，这套制度变成一种僵死的形式，但一直保持到1905年废除科举考试为止。同王朝庞大的人口和面积相比，在官府中为官的儒生数量显得微不足道。协助他们完成任务的实际上是地方上那些没有受过儒家教育的刀笔吏，取得了各等级功名的地方士绅也同他们合作。这些人自愿处理地方政务而不领俸禄。通过科举考试并不是取得功名的唯一途径，这种功名可以被作为一种荣誉授予，也可以用钱买。不管是如何获得的，它都能使获得者得到高度尊敬，同时也给获得功名的人加上一项没有规定的责任，以尽自己的公共职责。

和元朝的统治者们相比，土生土长的明朝统治者更加崇奉也更为依恋中国传统文化。1403年至1407年，永乐皇帝编纂了一部百科全书。它的修改本数量达两万两千八百七十七卷，分装成一万一千零九十五册，另外还有六十卷的内容目录。这部巨书以手抄本的形式保存了下来。明代的中国文学和哲学仍然是有生机的，大量小说和戏剧不断地涌现出来。而由朱熹所公式化了的儒家学说也遇到了挑战。然而，它以其不可比拟的系统性和完整性，保住了作为一门考试科目的地位。王阳明是程颢学说最杰出的拥护者。王阳明认为，心和万事万物之理是同一的。而朱熹认为，理是由体现为人和物的气凝聚而成的，这些气独立于任何人的心而存在。显然，这两种观点存在着重大差别，但这两个新儒家派别都受到了佛教潜在却重大的影响。王阳明是最后一位没有受到西方哲学影响的伟大的中国思想家。在王阳明去世前十五年的1514年，第一批葡萄牙航海家已经来到中国。

在征服中国的异族人中，蒙古人接受儒家生活方式最少，而满洲人接受的最多。因此，对于饱学的中国臣仆，蒙古人最难接近，满洲人最易相处。满洲人则在进入中国本土之前曾主动让自己汉化。刚开始时是把汉字的古籍译成满文，但识字很快的满洲人后来就宁愿直接阅读、书写方块字了。努尔哈赤于1626年迁都盛京，并任用了一些汉族官员。1636年，努尔哈赤之子皇太极把他的王朝命名为清朝。1644年，北京被一名起义的汉族人率众包围，明朝的最后一位皇帝自杀了。同年，满洲人占领了北京城。一位汉族将领帮助了满洲人，一些汉族文臣们也开始支持满洲人。随后满洲人建立了对中国其余部分的统治，但遭到了顽强抵抗，直到1683年才占领了台湾。

中国文明（公元1644～1839年）

在所有非西方的区域文明中，东亚文明最后才遭到现代西方文明的强力冲击。这种冲击十分强烈，足以对被冲击文明的历史进程造成革命性影响。中国从1723年开始把自己同西方隔离开来。起初西方人仍然可以经商，可以住在澳门的葡萄牙人居留地和一个与广州相邻的小岛上。但是，1760年之后，西方商人们就不被允许前往中国的任何其他港口，中国臣民信奉基督教也被禁止。

1644至1839年，中国和西方的贸易额数量巨大。不过，即便如此，中国在经济上实际上仍然是自给自足的。英国最后在中国顺利增长的对外贸易是强加给中国的，那是中国为中英战争的失败所付出的赔偿。

在文化上，满洲人统治下的中国依然内向和守旧。和蒙古人不同，作为非游牧民族的蛮族，满洲人真挚而成功地接受了中国文化。在清朝，小说和戏剧继续盛行不变。它们是元朝的遗产，经历了喜爱古风古韵的明朝得以生存下来。清代的儒家学者既抵制朱熹的学说，也反对王阳明的学说。这些学者们的目的是发掘和重建汉武帝时代的儒学。清代学者们批评了流行的注解儒家经典的释文。在汤因比看来，清代学者们的学问可以同前基督教时期西方的希腊和拉丁文学研究者们相媲美。不过，清代的学者们没有意识到，汉代的儒家学说已经同孔子与孟子的哲学思想有了很大的差别。

康熙和乾隆效法明朝皇帝永乐，收集历朝历代的汉文典籍编成一部丛书。尽管收罗宏富，不过康熙的这部丛书是所收典籍的摘录，于1728年被印成了五千卷。乾隆的丛书没有经过删节，多达三千六百卷。这部丛书的原本和七部校订本都是手抄的。汇编这样一部汉文典籍，为乾隆提供了发现并禁毁那些引起他的政治反感的书籍的机会。康熙还出了一部字典，而乾隆则编了几部百科全书。在这些百科全书中，乾隆提出了自己对于中国各项政治制度的见解。

在汤因比看来，清朝成功完成了三项军事任务：镇压南方反抗满洲人的敌对活动，制止俄国人在阿穆尔河流域的推进，粉碎草原游牧民族西部蒙古人在西北的统治势力。1658 年，阻止住俄国人的那条边界在 1689 年和 1727 年的《中俄条约》中得到了确认。西蒙古人在 16 世纪的最后二十五年中皈依了西藏大乘佛教的密宗。黄帽派改变了蒙古人的信仰。1641 至 1642 年，打败了支持敌对的红帽派的西藏人后，西蒙古人中的一部在拉萨把黄帽派的领袖达赖喇嘛扶植起来，并将其置于自己的统治之下。1696 年，噶尔丹进犯当时处于满洲保护下的东部蒙古，但是他败于康熙的炮队手下。噶尔丹的入侵得到了西蒙古人在拉萨的同情者的支持。这样，在准噶尔人和满洲人之间就爆发了控制达赖喇嘛的竞争。1750 年，满洲人赢得了这场竞争。随后，乾隆皇帝进攻了地处天山和阿尔泰山之间的准噶尔人故乡，并于 1755 至 1757 年大败准噶尔人。

1757 年以后，中国摆脱了欧亚游牧蛮族的威胁。中国至少忍耐了这种威胁长达两千年之久。从那以后，乾隆皇帝就陷入了向南的进攻战争之中，包括对缅甸、越南和尼泊尔的战争。然而，乾隆的军事扩张掩盖了当时帝国的社会和经济方面的弱点，其中最为严重的弱点是在到1839年为止的一百年间人口的惊人增长。人口在这百年中的增长超过了此前百年中国的食物供应的增长。在乾隆末期，中国农村人口的人均收入实际上已经开始下降了。

1793年，英王乔治三世的特使向乾隆递交了一封乔治三世写给乾隆的信。乾隆皇帝的复信表明，在他看来，他的王国仍然是世界上最强大的“中央王国”，自给自足，坚不可摧。显然，乾隆并不了解，自从五百五十年前西方人第一次来到中国之后，军事力量的天平就向有利于西方的一侧倾斜了。

4. 印度文明

印度河文明

印度文明的前身是印度河文明，它至少早在公元前两千五百年就已经存在了，并且从一开始就是以成熟的形态展示出来的。在汤因比看来，印度河文明的象形艺术是自然主义的，已发现的印度河微雕表明了这种特征。而公共设施和私人住宅让人们觉得印度河文明的建筑风格是注重实用的。印度河文明的蓄水系统、排水系统、浴场和码头的水平与现代西方相比也相差不多。

农业是印度河文明的经济支柱。虽然纺纱、织布和印染技术的采用以及陶轮的使用并不是印度河文明所特有的，然而，印度河流域的人民却独立完成了对为纺织提供原料的灌木植物棉花的培育。巨大的土地面积是古代印度河文明不同于同时代的底格里斯河－幼发拉底河流域和尼罗河谷下游其他文明的另一个特征。印度河文明的范围并不仅限于印度河流域。它向东到古吉拉特，向西到俾路支省东部，向北则更远，至少也包括朱木拿－恒河流域的上游地带。考古发掘表明，印度河文明的范围比人们目前所知道的还更大。

汤因比认为，古代印度河文明的消失十分突然而猛烈，把印欧语言带入印度的蛮族极有可能是印度河文明的破坏者。《吠陀》的经文是用印欧语写成的，而在后来被作为一种古典语言人为地复活之后，印欧语逐渐被人们称为“梵语”。不过，和印度河文明遭毁灭的时间一样，原始梵语进入印度的时间也无法确定。目前的考古学证据仍然没能确定印度河文明何时被操原始梵语的民族征服。

印度文明（约公元前1000～前600年）

直到公元前1500年左右，印度河文明仍然存在。不过印度河文明存在的最后年月不能确定。同样，也无法清楚地知道继印度河文明而出现的印度文明是从何时开始出现的。从印度河文明衰落到佛陀悟道成佛可能长达千年。能够说明这段历史的只是一些极少的文物，一些不同年代、时断时续的陶器碎片。公元前6世纪后半期之前的印度政治史没有留下什么记录，对这段政治史的记录是附在对佛陀生平的记载之中的。不过，佛陀诞生以前时期的印度文明却在宗教方面留下大量史料。尽管不好确定印度宗教文献经过了多少年代，也不好推测其最早的派别是在什么时候出现的，但至少能够分清这些文献所记载的各种派别的先后顺序。最早的派别文献《吠陀》是一部在礼拜仪式上引用的圣歌和咒语的汇编，礼拜仪式则包括仪式上的一些动作、姿态和套语。其后的派别文献《梵书》是一部关于礼仪活动的专题论文汇编。

这一时期的印度人主要关心劝服或者迫使神祇实现崇拜者的愿望。同赫梯人、希腊人和斯堪的纳维亚人一样，印度人也把他们的神祇排列在众神殿内。按照仪式对一系列神祇顶礼膜拜，是贯穿许多民族的宗教历史始终的内容，然而印度人却能够在《森林书》和《奥义书》中进一步探讨宇宙的奥秘。印度人问，终极实在的本质是什么？人类灵魂的本质是什么？人类灵魂和终极实在的关系是什么？在印度人看来，灵魂（我）和宇宙之中、宇宙之外的终极实在（梵）并不同。汤因比认为这是印度宗教的第二个阶段，它是第一个阶段发展的结果。印度人在第一个阶段中关心的是宗教的外在方面，而在第二个阶段，他们则从膜拜的仪式转向了沉思冥想。印度人对宇宙的精神领域的探索走得很远，从关心膜拜仪式转而关注沉思冥想是公元前1000至前600年间宗教方面的突出事件。这一转变源自于一些婆罗门种姓的创造。由于垄断举行礼拜仪式的权利，而这一垄断权又是自己的谋生手段，因此，婆罗门在领导印度教的这一精神转变过程中的作用就特别值得赞扬。尽管军事权力和政治权力一直掌握在刹帝利手中，婆罗门却在印度宗教日益注重精神方面的时代成功地取代了刹帝利，宣称自己是最高的种姓。

种姓制度是印度社会独具特色的制度。现在译为“种姓”的梵文词“瓦尔那”原意是“颜色”。汤因比由此推测，种姓制度是操原始梵语的入侵者企图把自己同被征服的本地居民在种族上隔绝开来的结果。在肤色以及风俗习惯上，本地居民肯定都和入侵者不同。入侵者的种族隔离政策是很严酷的，而他们之所以这样做，是因为他们在人数上少于本地人，在文明程度上也远远低于本地人。本地人是印度河文明的继承者，而侵入的雅利安人却是一种蛮族。征服者保持自己同被征服者的隔离的企图，直接影响了雅利安社会内部的阶级结构。同世界上其他很多民族一样，雅利安人也分为三个阶层：武士、祭司和平民，并且阶层是世袭的。然而，在印度的统治种姓定居下来之后，雅利安人内部的阶层分化也变得同雅利安人和本地人之间的分化一样严格。祭司逐渐取代武士的地位成为最高阶层。和统治阶级同本地人的种姓分化一样，占统治地位的雅利安社会内部的阶层分化也变得固定不变。结果，印度社会分化为四个种姓而非两个种姓，最高的种姓是祭司而非武士。随着印度社会的扩大，每一个种姓又分成众多的亚种姓。

在公元前6世纪，有一些印度民族深信死亡并不是生命的终结。他们认为，生命的灵魂可以继续存在下去，并且在另一个生命中再次恢复生机活力。这个生命可能是和原来的生命属于同一种类的，也可能是较为高级或者低级的。而再生的时候是得到提升还是被贬到低等级，根据的是该灵魂生前的道德表现。生死轮回的次数是无限的，这或许比这一过程中反复的死亡更加让人害怕。相信轮回的人们的目标不但不是永生不死，而是结束这种无尽的生死轮回。他们相信，只要过简朴而贞洁的生活就能够实现这一目标。

印度文明（约公元前600～前200年）

和公元前1000至前600年一样，从公元前600至前200年期间，印度的主要历史事件同样发生在宗教方面，这四百年中印度世俗事务的史料也是附加在对宗教事件的记载中的。这一时期，宗教方面的突出事件是佛陀悉达多·乔答摩和大雄筏驮摩那创立佛教和耆那教僧侣制度。他们都是刹帝利，也都是贵族。佛陀是迦毗罗卫国王的儿子和继承人，而大雄则是吠舍离城一个刹帝利部族首领的儿子。虽然他们二人都没有怀疑过婆罗门垄断礼拜仪式的权利，但是，他们二人都否定礼仪、神祇和种姓制度。因此，他们从所有种姓中不加区别地吸收僧侣、尼姑和俗家弟子。

在佛教和耆那教的制度和生活方式中，婆罗门没有任何特殊的地位。佛陀是一位王位继承人，同时也是一位丈夫和父亲。佛陀为了致力于探索免除生命的痛苦的方法而放弃了继承父亲王位的权利，并且离开了自己的妻子和孩子。佛陀让自己远离政治，远离俗世的社会生活。对于传播他的精神发现的热情，导致佛陀创立了一个新的宗教。佛陀认为，每个人都应当通过自己的努力实现觉醒；如果实现了这种觉醒，那么就能够自由地让他的死变成涅槃。佛陀推迟了他自己的死亡，而他之所以继续在使生命饱受痛苦的人世中存在下去，目的就是为了给信徒们指出他所找到的道路。

佛陀和大雄各自提出一种从轮回转世的痛苦中解脱的方法，他们摆脱了传统宗教的社会结构，同自然现象背后的终极精神实在建立了直接联系。由于人类苦难的延续和加剧，同终极的精神实在建立联系的需要就越来越迫切了。这种终极的“精神实在”应该能够让人在感情上得到满足，而这就需要终极精神实在具有人格，和人同形，至少具有某种人的品性的观念。信徒们渴望建立对这种终极精神实在的仁慈和力量的信念。这种渴望又同人类对这种终极精神实在关注信徒们的幸福、将带他们从邪恶中解脱出的渴望一致。满足这种感情上的需要，只能基于在人和神之间建立关系的基础之上。

然而，印度境内各国之间的竞争在佛陀和大雄的时代仍然愈演愈烈。最终，处于恒河流域各国的军事斗争实现了政治统一，除了唯一的战胜国外，其他所有竞争者都被消灭了。迦毗罗卫国就是其中一个早期的牺牲品。佛陀亲眼看到了俱舍罗对他的祖国的征服和对他的释迦族亲人与国民的屠杀。不过，尽管如此，印度各国的生存斗争并没有破坏印度的社会与文化的一致。佛陀和他的门徒们经常到处巡游，政治边界为军队和间谍设下重重的障碍并不能阻止传教者和苦行者之间的往来。和当时中国的纵横家和哲学家一样，印度的传教者和苦行者也自由地往来于相互混战之中的各国。

在进袭印度河流域的公元前 327 至前 325 年，亚历山大看到这一地区是众多独立的王国和部落共和国。亚历山大征服了这个地方，然而他所建立起来的政权也只是昙花一现。当印度人民得到征服者死去的消息之后，这个政权就顷刻间垮台了。但是，亚历山大的征服和统一却为一位印度帝国的创建者铺平了道路。孔雀家族中的一个家世不详的人旃陀罗笈多于公元前 322 年左右把马其顿驻军赶出了印度河流域，使自己占有了这一地区的亚历山大的遗产，随后又吞并了统一恒河流域的摩揭陀帝国。从此，印度河流域和朱木拿河－恒河流域实现了第一次的政治统一。旃陀罗笈多于公元前 305 年左右同亚历山大的继承者之一塞琉古一世发生了关联。以巴比伦为基地的塞琉古将已经灭亡的波斯帝国的东部行省掌握在自己手中，而亚历山大的另一个继承者安提柯一世却占据了塞琉古后方的叙利亚和小亚细亚。塞琉古对他进行了报复，二者于公元前 303 年决一胜负。为了准备战争，塞琉古向旃陀罗笈多购买了五百头战象，为此，他把前波斯帝国领土的东部边缘地带割让给了旃陀罗笈多。

汤因比指出，历史学界现在对阿育王统治的情况有着较为丰富的了解，这在一定程度上得益于阿育王自己的铭文和之后在锡兰写成的编年史。然而，这两种材料都并不客观。编年史根据的是上座部佛教的观点，夸大了皈依佛教对于阿育王的影响，既过度强调了他之前的罪恶，又过度赞扬了他之后的虔诚。不过，在汤因比看来，尽管阿育王本人并不是他自己公正的见证人，但是他倒是真实地记录了自己于公元前 260 年征服羯陵伽的战争中所引起的屠杀、蹂躏和苦难，而且他真诚地忏悔了自己的这一行动。阿育王是通过发动将他的几个兄弟置于死地的战争而登上王位的。不过，由于对征服羯陵伽时犯下的罪恶心生懊悔，阿育王真诚地皈依了佛教。在巴布拉和鲁明代铭文中，阿育王提到了佛陀的名字；他还在《分立敕令》中涉及了佛教僧侣制度，认为自己有义务维护这种制度的统一。他实行宗教宽容，让自己的臣民尊重当时能与他自己信奉的佛教相匹敌的两大宗教婆罗门教和耆那教的僧侣。皈依佛教之后，阿育王再也没有发动过可以扩大自己版图的战争，他一再向自己的邻国保证他没有侵略意图。

阿育王在自己国土之外的行动从征服变为宣传佛教的"达摩"，他的铭文的数量和分布范围清晰表明了他宣传自己的达摩观的诚意，并把达摩作为行为的道德标准。阿育王告诫他的官员，要对自己的臣民负责，要跟保姆对待孩子一样温柔地对待他们。阿育王保留和恢复甚至可能是开创了派遣督导员的做法，而且他也亲自出巡。阿育王还设置了一种新的官员岗位和职责，负责管理慈善基金、宗教教派以及诸如植树、挖井、建立医院和兽医院的事务，另外他还限制宰杀牲畜。尽管阿育王让臣民们变得更为宽容的努力不可能取得多大成功，但他和耆那教徒的确提高了人们对非人的生命的关心。驯养的和野生的鸟兽在当代印度仍然毫无顾忌地生存，就是这样一个明证。在已经过去的长达二十二个世纪的生活中，这些动物一直是无忧无虑的，它们对自己的人类伙伴没有任何的恐惧心理。

在从公元前322到前232年的九十年中，孔雀帝国正常地运转，成为从印度东海岸到直布罗陀海峡之间的众多主权国家中的一个大国。在印度历史上，至少在印度河文明毁灭以来的历史上，这九十年的政治统一和国内和平是没有先例的。至少是在阿育王执政的最后三十年里，包括非人类的动物在内的一切有感觉的生命所遭受的苦难都在一定程度上得到了缓解。然而，孔雀帝国在阿育王离世的公元前232年之前，就已经出现了分崩离析的迹象。在这位铭记佛陀对减轻生命痛苦的关心，同情耆那教对一切非人类的生命形式的柔情的统治者死后，帝国就开始分裂了，并最终于公元前183年终结。

印度文明（公元前200～公元224年）

在以公元元年为中心的前后几百年中，欧亚大陆普遍处于政治统一之中。然而印度次大陆却出现了违背这个普遍情况的特殊情况。贵霜帝国于公元48年的建立使印度的西北部实现了政治统一，也把这部分印度同大夏在政治上统一起来，使自公元前2世纪初以来一直困扰印度的政治混乱出现了显著变化。然而，即便如此，同除了最南端之外都处于孔雀王朝控制之下的公元前3世纪相比，公元1世纪的印度在政治上还是显得支离破碎。

公元1世纪中叶，希腊人在埃及和印度之间的水上交通达到了鼎盛状态。这是由于贵霜帝国没有对其进行侵扰，印度西北部也同大夏实现了政治统一，从而使在印度西北部内地进行贸易活动变得更为安全。另一方面，印度人也效仿希腊人，学会了直接穿越阿拉伯海的技术。他们可以从印度东部海岸的港口出发，直接驶过孟加拉湾，到达马来半岛。他们还可以进行不间断的环形航行，从孟加拉湾出发，经过马六甲海峡，达到中国海。印度人的航行是与战争无关的商业活动，这就像希腊人渡过阿拉伯海以及更广阔的海域的航行一样。印度人是商人而非征服者，他们的船是商船而非战舰。

在汤因比看来，大乘佛教可能是在公元后最初两个世纪内成形，并最后在印度西北部定形的。比起南部的上座部，印度西北部的佛教哲学更易于朝大乘佛教的方向发展。而在同一个时代，印度教也发生着类似的变化。不过，在印度教中，制度还是始终如一的，没有出现背离的现象。尽管这种宗教的变革复杂多样，但是婆罗门始终掌握着对印度教的控制权。

大乘佛教在印度的发展是一个渐进的过程。和印度教一样，在社会和制度上它也是始终如一的，没有出现过背离现象。佛教的僧侣制度一直是佛教各派制度的基础。不过，在教义上，却有明显的改变。上座部佛教的僧侣必须通过自己的努力实现涅槃。虽然受到过佛陀的指示和示范，但他们并不能请求佛陀帮助他们。实现了涅槃的佛陀不再能够为人们所接近，因而，对于大乘佛教的僧侣们而言，尽管涅槃是最终的目标，但更重要的目标却是成为菩萨。在进行这种努力的时候，他们可以向已经修成正果并且有求必应的菩萨们寻求帮助。有了菩萨的帮助，大乘佛教教徒就有了实现直接目标的希望。这个目标不是涅槃，而是进入天国。

上座部佛教哲学发展成为世界性的宗教——大乘佛教是令人惊叹的。作为一种传教的宗教，大乘佛教的力量在于它的信徒愿意同所在地区原来的各种宗教达成妥协。大乘佛教是以共存而非征服异教为目标的，没有什么东西能够妨碍大乘佛教的宽容大度。在汤因比看来，大乘佛教和基督教的兴起和传播是人类历史上的一次转折。虽然它们发生在欧亚大陆文明中心的舞台上，但影响却是世界性的。

印度文明（约公元 224 ~ 490 年）

首任萨珊波斯皇帝于公元 241 年推翻了贵霜帝国，而在这之前，德干的萨塔瓦哈纳王国已经崩溃了。这两次政治变化造成了印度次大陆长达一个多世纪的政治真空。在政治领域之外，印度倒更有连续性。至今一直保存着的犍陀罗[①]视觉艺术，形象地表现了大乘佛教的发展；在朱木拿河上游的秣菟罗[②]，土生土长的印度艺术风格受到了希腊风格的影响，不过没有受其支配；在语言文学方面，一种新的梵语在公元后的头三个世纪中逐渐取代了从原始梵语中发展出来的方言，成为刻写铭文的语言。另外，在这三个世纪里，南印度还兴起了泰米尔语文学。

印度文明在公元 3 世纪和 4 世纪继续向印度次大陆以外的地区扩展。早在公元 1 世纪的时候，印度文明就开始了向东南亚的扩展，4 世纪时印度文明向这一地区扩展的力量进一步加强了。到这个时候，除了公元前 140 年之后并入中国的越南北部外，整个东南亚都成了印度文明的一部分。这种印度化的媒介不是军事征服，而是贸易和宗教。不过，东南亚各民族也并不只是被动地接受印度的文化，而是使印度文化带上了明显的东南亚色彩。同时，佛教也通过乌浒河和药杀水流域以及塔里木盆地从印度西北部由陆路传入中国。大乘佛教的影响让其他佛教派别黯然失色，由新梵语写作的大乘佛教的经卷被译成了中文。

公元 4 世纪到 5 世纪的印度文明在雕塑、世俗文学和天文学上达到了顶峰。通过印度的西部窗口，希腊－罗马文明的余晖进入了笈多帝国，然而仅是一线微光。印度在笈多时代的辉煌文明是土生土长的。不过，笈多帝国后来

① 位于今西北印度喀布尔河下游，五河流域之北，原为南亚次大陆古代十六列国之一。

② 古印度的一个王国，发展出了同犍陀罗艺术齐名的秣菟罗艺术。

被来自欧亚大平原的游牧民族——匈奴摧毁了，印度文明的“黄金时代”也由于这一入侵而中断。自从在公元455年进行第一次袭击之后，匈奴人随后又发动过多次袭击。继位不久的笈多帝国皇帝塞犍陀笈多击退了匈奴人的第一次入侵，然而匈奴人并不停止他们的冲击，在塞犍陀笈多于公元480年离世之后，笈多帝国也就崩溃了。

印度文明（公元490 ~ 647年）

在印度历史上的多数时期，印度人更关心宗教而不是政治和经济。印度人对自己历史的记载反映在他们丰富的宗教文学之中，然而，印度文学对世俗事务的反映只是附带性的和不连贯的，甚至很难确定它们的年代和各种文学流派的编年次序。有趣的是，人们在很大程度上是依靠来自希腊、中国、伊斯兰世界和西方的观察家的记载了解印度世俗历史的。于公元401至410年在印度朝圣的中国僧人法显的记载，是了解笈多王朝的重要史料，而另一位于635至643年间在印度朝圣的中国僧人玄奘，则是了解戒日王在位时期（606 ~ 647年）资料的来源。

较早占据印度次大陆的民族同入侵者的斗争是此起彼伏的。匈奴人于公元528年被赶到克什米尔地区。然而，在558年左右或者在563至567年间，乌浒河－药杀水流域的厌哒匈奴王国又被波斯人和突厥人联手推翻和瓜分。朱木拿河上游的萨维斯伐罗国王，也就是戒日王的父亲，再次遏止了侵略者的入侵。而戒日王本人则于606至

612 年成功地重新统一了印度北部，这一丰功伟业使北印度的人们在戒日王在世的时候过上了太平日子。戒日王的主要优点是他对宗教的宽容。他既是湿婆教徒，又是佛教徒。然而，戒日王的帝国也不过是众多兴衰往复的帝国中的一个。

印度文明（公元 647 ～ 1202 年）

到戒日王于 647 年离世的时候，印度文明已经显示出了同化外邦的强大能力。雅利安入侵者于公元前 2 千纪的时候将他们自己、他们的语言强加给北印度，并把他们的制度传遍整个印度次大陆。然而，他们并没有逃脱被征服者文化的吸引力和同化。像傲慢地蹂躏了孔雀帝国残垣断壁的希腊人和凶猛地击溃笈多帝国的匈奴人这样从西北部入侵印度的一个又一个征服者也遭到了同样的命运。一些希腊人皈依了佛教和印度教，加入刹帝利种姓的匈奴人则并入了印度社会。由于大乘佛教传入中国，并经中国传入朝鲜和日本，印度文明取得了一次最伟大的胜利。在印度文明和中国文明在东南亚进行的文化征服竞赛中，印度文明占领了除越南北部以外的这一整片广大地区。

汤因比认为，穆斯林是第一个不受印度文明同化的入侵者。有些佛教徒和印度教徒皈依了伊斯兰教，但是没有穆斯林皈依佛教和印度教。虽然作为政治统治者在印度次大陆站住了脚跟，但由于不受印度文明的同化，穆斯林一直是印度社会的异己势力。这一新的情况打破了印度人在宗教和文化上的一致性，改变了印度历史的进程。的确，在穆斯林的统治下，同琐罗亚斯德教和基督教相比，印度教显示了更强的生存能力，大量地皈依伊斯兰教的现象只发生在那些居民大多是无种姓的人的地方。

穆斯林对朱木拿河－恒河流域和孟加拉地区的征服只用了从 1192 到 1199 年的七年时间，最多也只用了从 1192 到 1202 年的十年时间。在汤因比看来，印度在 12 世纪末遭受军事和政治灾难并不奇怪，奇怪的倒是它的大部分地区居然在很长的时间内竟然没有遭到穆斯林的征服。汤因比讲了一个小故事，谈到曾经有一个中国使臣在戒日王死后从西藏兴师远征印度，击败了一个篡夺戒日王王位的人。印度军事上的虚弱可见一斑。从 647 年到 1192 年，印度一直处于分裂和混乱之中，众多昙花一现的地区小国没完没了地相互争战，分散了印度的力量。在 991 年、1001 年和 1191 到 1192 年，互相争战的北印度各国也联合抵抗过穆斯林的侵略。然而，每一次这样的联合行动都为时太晚，无法避免失败的命运。印度各国从来也没有建立起过哪怕只是地区性联盟的永久性政治联盟来抵御穆斯林的侵略，穆斯林的侵犯就像中国使臣的那次远征一样轻而易举。

公元 711 年，倭马亚伊斯兰国家征服了印度河下游以及向北直到木尔坦的地方。印度人进行了猛烈的反攻。看起来穆斯林在印度的这块孤立无援的飞地好像难以保住，然而，印度人一直没有能够将穆斯林驱逐出这个地方。在公元 991 年战胜印度诸王的暂时联合以后，突厥穆斯林伽色尼王朝的埃米尔赛布克特金在白沙瓦地区取得一个立足点。在公元1001年的胜利之后，赛布克特金的继承者马哈茂德又取得了伽色尼王朝领地以东直到拉合尔的土地。马哈茂德还于1001至1024年越出其永久征服地远征朱木拿河－恒河流域和古吉拉特。由于印度人之间经常发生的冲突，穆斯林对印度的逐步征服就变得更加容易了。

拉杰普特人是北印度戒日王的直接政治继承者。大约从公元750年起，拉杰普特人同建国于孟加拉的巴拉王朝展开争夺控制朱木拿河－恒河流域的斗争，直到双方都被古尔人穆斯林推翻。在公元983至1035年间，朱罗人的力量达到鼎盛，比从647到1202年的任何其他力量都更加接近于统一印度世界。在国力强盛的这半个世纪中，朱罗人统一了印度次大陆的整个东南部向北直到通格拉巴德拉河和哥达瓦里河下游一带。在鼎盛时期，朱罗人建立起了一套有效的行政制度，然而却没有保存到它于1216年垮台的时候。1216年以后，南印度为从1202年起就已经成为整个北印度主人的穆斯林的入侵敞开了大门。

汤因比十分风趣地说，印度文明从7世纪后半期到13世纪前半期的军事和政治史就像是一个傻瓜讲的故事。不过，战争和政治的历史在大多数时间和地方都是如此。印度这一时期的战争和政治是毫无意义的，有重大意义的领域是宗教和造型艺术。除了包括仪式和精神体验外，印度的宗教还包括社会组织和习惯法。在这一时期，印度宗教文明的历史要比军事和政治有意义得多，最大的宗教事件是佛教在印度逐渐退却了。佛教在印度次大陆的最后堡垒是孟加拉的巴拉王国。孟加拉于1199或1202年被古尔人穆斯林征服，使佛教在印度遭到致命的打击，因为这些侵略者有意地摧毁佛教寺庙。不过，如果不是在之前的六七百年间已经衰落，印度的佛教或许还是可以经受这次打击而免遭灭顶之灾的。巴拉王国不仅在7世纪把大乘佛教传入西藏，而且在8世纪传到了更远的爪哇。虽然在爪哇没有存在多长时间，但大乘佛教却留下一个人类最美丽的艺术作品——婆罗浮屠。公元772年，夏连特王朝的创建者在一座小山丘上建了这个永久的丰碑。装饰在盘旋上升的台阶上的浅浮雕刻画了大乘佛教所描绘的天国图景。不仅如此，这一精美的艺术作品的自然背景也同样美丽，耸立在一边的陡峭山脉同另一边一望无际的翠绿稻田相映衬。婆罗浮屠使建造了它的短命的夏连特帝国得以永生。

5. 希腊文明

希腊文明的创立

汤因比描述了他的家乡文明——希腊文明[①]。在他看来，一掌握航海技术，东地中海和爱琴海沿岸诸岛就成了文明发展的理想场所。塞浦路斯、克里特和基克拉泽斯群岛的文明受到了苏美尔和埃及文明的刺激，不过这些岛屿文明

① 汤因比本人是在希腊文明中成长起来的，所以说希腊文明是其家乡文明。

的创造力大小同该地和刺激源的距离远近成正比。现代考古学家根据传说中克里特海洋统治者米诺斯国王之名命名克里特文明为“米诺斯文化”。克里特文明以航海技术见长，它的诞生正得益于此。克里特文明还创造了一种自然主义的艺术。

克里特文明于公元前 2 千纪的前两百五十年中处于全盛期。在公元前 2000 至前 1700 年，米诺斯文明建造了第一批宫殿，这些宫殿是不设防的。然而，这些宫殿在公元前 1750 至前 1700 年前后被毁灭了。这或许是由地震造成的，因为没有确切证据可以判断这场灾难是人为造成的。不过，发生时间和喀西特人入侵巴比伦王国、喜克索人入侵埃及相当，或许可以表明是由于敌人的入侵导致了这些宫殿的毁灭。

米诺斯文明不仅从灾难中恢复，而且还在公元前 1 千纪的第 3 至 5 世纪中趋于全盛时期，这一时期被称为中期米诺斯文化的第三阶段和晚期米诺斯文化的第一阶段。希腊大陆的情况稍有不同。大约在公元前 1900 年的蛮族入侵延缓了那里区域文明的诞生，不过可能正是蛮族带来了希腊语言。在随后的三个世纪中，没有经历过战乱骚扰的幸运之岛克里特的文化发展速度远远超过大陆，以至于公元前 17 世纪末 16 世纪初，希腊大陆反过来开始吮吸米诺斯文明的艺术乳汁。不过，希腊大陆也保持了自身的鲜明个性，大陆上的迈锡尼文明和步入晚期第一阶段的米诺斯文明一起发展，并约于公元前 1480 至前 1450 年征服了后者。

米诺斯文明再一次从灾难中幸存下来。在火山喷发之前，克里特岛已经为地震所搅扰。克里特岛的东、北海岸都受到了火山喷发的影响。后来，克里特又经历了一次更为严重的灾难，这次灾难是人为造成的。在这次灾难中，克里特最重要的克诺索斯宫被废弃，其他宫殿也被摧毁殆尽。克诺索斯灾难的直接后果是一种地方性文化的诞生，也就是晚期米诺斯文化的第二阶段。克里特岛的其他地方没有共享这一文化。约公元前1480至前1450年，迈锡尼人侵占了克诺索斯并用它作为攻击和抢劫米诺斯文明其他地区的军事基地。或许这次征服克诺索斯的结果是乙种线形文字成为迈锡尼时代希腊语的表达方式。公元前1400年之后不久，来自大陆的迈锡尼侵略者可能又洗劫了克诺索斯宫。

公元前14世纪时，迈锡尼文明走向繁荣。迈锡尼工匠的技艺完全达到了米诺斯前辈的水平，建造了众多“蜂房”式的陵墓，在砖石建筑方面效仿埃及人的技术和精确性。在公元前14和13世纪时，迈锡尼的国际贸易范围也相当广泛，东达叙利亚北部沿海地区，西至西西里，南抵埃及。他们从事贸易但又不放弃抢劫，视哪一种更能获利而定。公元前13世纪，迈锡尼人大规模加固了希腊东部的宫殿，如迈锡尼、阿尔戈利斯海湾的梯林斯和雅典卫城，为要塞守卫者精心设计了一套供水系统以备遭遇围困之需。在这百年间，人为灾难频频光临爱琴海东岸。约于公元前1260年，特洛伊城为入侵者所摧毁。

由于希腊大陆和克里特岛的迈锡尼统治者都效仿苏美尔－阿卡德和埃及模式建立起了复杂的行政管理机构，这就需要具备一定的阅读和写作能力以维持这套机构。汤因比指出，由于在小亚细亚和希腊有文化的阶层只是极少数，因此这种官僚机构变成了经济的沉重负担，以至于如果不能持续不断地强化效率的话，官僚机构就会停止运转。

曾经摧毁米诺斯文明的迈锡尼人自己的文明也饱受涂炭。在公元前 1200 年左右的剧变后，爱琴海流域的文字失传了。克里特和希腊大陆的人们永久地忘记了爱琴海文字。迈锡尼文明的灭亡导致希腊丧失的文化财富还不仅是文字。石工技术失传，制灯行业无人关心，包金材料销声匿迹，精美服装式样也被弃用了。文化财富之源枯竭殆尽。公元前 13 至前 12 世纪，迈锡尼人口急剧下降。到了公元前 12 至前 11 世纪，伯罗奔尼撒南部似乎已完全成为荒芜之地，劫后余生的迈锡尼文明已经属于退化的文明。继此之后，一种具有鲜明特点的新兴文明开始萌芽在曾哺育过迈锡尼文明的大地上。

希腊文明（约公元前 1050～前 750 年）

从公元前 1200 年的大灾难后，希腊人停止使用原来的乙种线形文字，到公元前 750 年前后，他们从腓尼基人那里接受了字母系统。约四百五十年中，希腊人没有书面语言。从某种意义上说，这四百五十年是爱琴海地区历史上的黑暗时代。它既没有留下本地语言的文字记录，物质文化也处于一种衰败状态。希腊人在黑暗中摸索着走向希腊文明最终达到的最卓越成就。陶器制作中原几何和几何学风格的发展，拉开了希腊视觉艺术的序幕，而口述史诗的发展，则奏响了希腊文学和由此而产生的拉丁文学的序曲。

虽然城邦在两千年前的苏美尔就产生了，但其特有形式却是迈锡尼时代的国家衰落之后，在爱琴海经由希腊人之手成熟起来的，这种形式最终成为整个地中海地区乃至幼发拉底河以东地区的标准形式。希腊城邦适应于这个地区的经济现实，它是一种领土有限的小型农业公社，从处于中心区的市场和要塞走到边境只有半天的路程。这种公社在经济上自给自足，和外界只保持着最低限度的贸易，其政府机构也很简单。起初，城邦的公共职务是不付报酬的，政治权力也因而被比较富有的土地所有者所把持。

希腊人抛弃了视觉艺术和雅典后迈锡尼黑暗时代政治制度的迈锡尼传统。黑暗时代的口述诗人也意识到了迈锡尼的传统，不过，他们不是和它决裂，而是维护它。诗人们的听众既需要诗歌的古韵又需要通俗易懂，所以诗人必须同时满足这两种需要。诗人们幻想出来的世界是一系列真实世界的虚构混合体。诗人们把迈锡尼生活的所有阶段合并为一幅虚假的画面，他们把这种只有部分真实性的迈锡尼传统的记述同迈锡尼黑暗时代后继者的新生活样貌合而为一。这种作品是一种杰作，创作者必须具有丰富的创造才能，从互不相干的素材中创作出使他的听众信服而且乐于接受的艺术作品。对诗人艺术和心理能力的这些要求是很难应对的，而且诗人们的创作任务还由于严格的技术性问题加重了，因为他们必须按照一套复杂的格律即席创作和诵读诗歌。诗人们解决这一问题的办法是创作并且熟记大量的格律定式。史诗中的每一位英雄都有一个与之相对应的韵律，这个韵律在希腊语名词的五种格中都同这位英雄诸多称号中的一个相契合。这个方法让诗人能在盛大场合献上格律正确的六韵步诗歌，从而引人注目。这些诗歌是即兴创作的，不过它们的绝大多数韵律是预先构想好的。

希腊文明（约公元前 750～前 507 年）

于公元前 11 世纪崛起的新的希腊文明在约公元前 700 年时逐渐发展并绽放出了光芒。公元前 8 世纪和前 7 世纪的希腊人很幸运，在境外连续打败了亚述军队，又袭击了欧亚大陆上流浪的游牧部落。这个时候，希腊恢复了元气。

公元前 8 世纪，希腊由于幸运地避免了来自外部的劫掠和袭扰而导致人口爆炸，这种情形一直持续到公元前 2 世纪。使用腓尼基字母系统对古希腊文字和思想发生了重要影响。吟游诗人们在没有书面文字的蒙昧时期必须熟记并复述大量诗歌格律，掌握即席创作的技巧。而有了书面文字情况就不同了，就可以创作像《伊利亚特》和《奥德赛》这样大型的叙事史诗。如果不在第一次吟诵之后马上用文字记录下来，这么长篇幅的民间口头诗歌很难被人们牢牢记住。和宗教仪式不同，作为一种文学形式，叙事史诗很难在即兴吟诵中一字不差地传给后代诗人。由于使用文字记录，叙事史诗能够不断重演。这样，口述的体裁就消亡了。有了文字，希腊作家们便创造出了一系列新的体裁：挽歌体和抒情体诗歌、叙事体散文和对话体作品。这些新体裁经常被用于表达或说教的目的，也用在娱乐上。到公元前6世纪末时，希腊作家们用文字表达情感，记录个人经历，从事宗教和政治宣传，交流科学思想，创作戏剧。

希腊人于公元前8世纪末开始向西越过奥特朗托海峡，沿意大利西南海岸和西西里东南岸进行海外扩张。他们又于公元前7世纪开始沿达达尼尔海峡向北扩张。很有可能在希腊殖民者之前，希腊商人就到达了后来被征服的殖民地并成为殖民者的向导。希腊人在小亚细亚西岸和近海岛屿建立了城邦，把爱琴海变成了希腊内湖。另一方面，在地中海西部地区，希腊人遇到了可怕的对手腓尼基人和埃特鲁斯坎人。腓尼基人和埃特鲁斯坎人还通过政治联合抵抗希腊人数量上的优势。到公元前6世纪将近结束的时候，地中海西部地区所有腓尼基殖民地形成了一个统一的整体，由力量最为强大的迦太基统领。因此，在公元前500年之前，希腊人在地中海西部地区的殖民活动被迫停止，迦太基领导下的腓尼基人使直布罗陀海峡成了希腊舰队不可逾越的地方。

公元前7世纪，由于海外希腊城邦的建立，古希腊人的聚居地区扩大了。并且，海外城邦的建立使希腊人以农为本的生活方式被贸易区域的空前扩展而逐渐改变了。不过，无论在希腊中心地区还是海外，大多数古希腊城邦仍然由自给自足的小的农业公社组成。不过，少数城邦开始生产一些专门的产品以供出口交换外国粮食。为数不多的经济比较发达的公社，出口橄榄油和葡萄酒。另外，希腊人还输出雇佣军。铸币的发明刺激了希腊贸易的发展，许多希腊城邦都设立了造币厂。

经济生活中的革命，希腊人聚居区的扩展和之后商业贸易区域的扩大，使古希腊世界内部的力量对比发生了重大变化。在希腊文明即将诞生的黑暗年代中，雅典是首创的希腊城邦。在整个原几何和几何风格时代，雅典也保持了它的领先地位。但是，从公元前750年到公元前6世纪初叶，雅典一度丧失了它的领导地位。雅典既没有参加殖民化运动，也没有参加经济革命的最初阶段。这场革命的创造者是小亚细亚西海岸边和科林斯周围的城邦。在随后的年代中，没有一个杰出的挽歌体和抒情体诗人是雅典人。取代几何风格的新的陶艺装饰风格也不是诞生在雅典，而是诞生在罗得岛、科林斯和斯巴达。希腊自然科学之父也不是雅典人，而是两名米利都人泰勒斯与阿那克西曼德，以及爱菲索人赫拉克利特。这些生活于公元前6世纪的亚洲希腊人对古希腊的知识作出了最伟大的贡献，他们致力于用非人格化的术语解释非人力造成的各种现象。

在公元前750年以后的两百五十年间，希腊爆发出了巨大的能量。不过，这种能量的爆发既有辉煌的一面，也有黑暗的一面，它更多的被滥用于城邦和城邦之间、城邦内部不同的社会阶层和政治派系之间的相互残杀上。希腊人在开始于公元前750年的新时期里相互间残忍无情。在经历了经济革命的那些希腊城邦里，内部冲突也极其尖锐，使得这些城邦一度被独裁者统治。在这个时期中，斯巴达对于伯罗奔尼撒半岛最南部五分之二地区的征服是希腊人之间相互施虐的最典型事件，这一事件大约发生在公元前750至前715年之间。

斯巴达人允许他们征服的一些城邦保持自治，不过条件是发生战争时这些城邦必须向斯巴达提供军队。这些地区无可奈何地接受了这一丧失主权的条款。斯巴达人迫使另一些被征服地方的人民成为农奴，并且强迫他们用自己的产品向斯巴达公民缴纳实物贡赋，以便使斯巴达人从农业劳务中解脱出来，把全部时间和精力投入到战争和军事训练之中。对军事训练和纪律的执著，让斯巴达人成为希腊世界最令人生畏的军人。

约公元前511年，斯巴达人试图通过推翻执政的雅典进行独裁统治。在第二次尝试中，斯巴达人获得了成功。然而，当第三次干涉雅典以支持自己保守的朋友时，斯巴达在一次人民起义中一败涂地。雅典因此免受斯巴达人的控制，继而建立了一个民主政权。在这个阶段，雅典城邦和斯巴达城邦的社会结构有着根本差异。大多数斯巴达人是农奴，而阿提卡一个农奴也没有，只有一些奴隶以及数量日益增长的外国血统的没有公民权的自由民。当然，大多数人口还是有选举权的公民。公元前 480 年，为了抵抗波斯人的入侵，斯巴达和雅典曾一度合作。那时雅典约有三万名公民，而斯巴达只有八千名公民。

在公元前 511 至前 507 年的关键时期，发生了一个对于斯巴达人而言既突然又令其窘迫的变化。在公元前 6 世纪期间，雅典人重新恢复了他们曾经丧失了的领先地位。在那个世纪初叶，雅典社会动荡紧张。雅典之所以能摆脱这次危机，是因为梭伦于公元前 590 年领导的改革。梭伦实施生产橄榄油的政策，推动了制造业的发展。梭伦又向所有携带家眷出走并被本土城邦放逐的外国工匠提供雅典公民权。制造和装饰盛装橄榄油和葡萄酒的容器这一重要产业，就是这样发展起来的。到约公元前 550 年，雅典的陶器占领了国际市场，取代了科林斯和斯巴达陶器的地位。

约公元前 750 至前 500 年期间，在古希腊城邦世界里，国际的和国内的斗争越来越激烈。然而，也就是在这一时期，希腊人也越来意识到他们在文化上的统一和团结，并在这种意识下形成了一些泛希腊组织的表达方式。“Hellenes”（希腊人）是希腊人共同使用的新的自我称谓，含义为“Hellas 的居民”。而“Hellas”（希腊）则是对希腊中部地区的称谓，包括位于安西利的阿耳忒弥斯神殿和位于德尔斐的大地女神、太阳神阿波罗和酒神狄奥尼索斯的神殿。这些地方都是人们领受神谕的神圣地方，很受希腊人崇敬。这两个地方的神殿一直由相互毗邻的十二个希腊城邦管理。作为一个整体，这个近邻同盟为自己在希腊世界赢得了一个十分重要的角色，使那些原来并不是这个近邻同盟会议成员的一些重要城邦也都争取获得代表席位。在汤因比看来，近邻同盟会议的扩大使“Hellas”和“Hellenes”称谓的使用大幅扩展，并成为整个希腊地区所有的追随者和不断发扬光大的希腊新文明的标志。这种文化实体实质上存在于人们的心中。“希腊文化”的心理基础植根于希腊人共同的视野和思想抱负，共同关心的事物和共同的生活方式、风俗习惯中。在理智、情感和精神上的结合超越了经济和政治派别分歧的希腊文化，把希腊人结合成为一个整体。

希腊和第一波斯帝国的对抗（公元前 499～前 330 年）

希腊城邦国家公民和与其同时代的第一波斯帝国的统治集团，各自陶醉于自己的政治体制中。这种陶醉十分深沉，因为它是一种自觉的自我奉献。希腊人的忠诚集中在主权的城邦国家上，这种支持是一个被神化了的抽象原则。波斯人的政治忠诚则集中在阿契美尼德王朝的皇帝身上。当这两种忠诚相互碰撞之后，它们的和平共处也就消失了，一方必将打倒另一方并且取而代之。波斯帝国的亚洲希腊臣民于公元前 499 年起义，并受到两个欧洲希腊城邦雅典和埃雷特里亚的军事援助，这就注定了波斯帝国要征服整个希腊化世界。波斯帝国是有史以来地域最大、人口最多的国家，而它的希腊对手分裂为几百个政治上独立的主权城邦国家，而且许多城邦国家还一直在互相征伐。在公元前499到前330年的希波战争时期，一些希腊城邦只在两个很短的时期中组成过反波斯的统一战线。在第一次，希腊人击退了波斯人对欧洲的希腊城邦国家的进攻；而在第二次，他们入侵并征服了波斯帝国。

大流士于公元前490年从海上向雅典派遣了一支远征军。但是，雅典人单枪匹马地打退了波斯人。大流士的儿子薛西斯又于公元前480至前479年从北方通过陆路入侵欧洲希腊，除雅典、斯巴达及其盟友外的几乎所有位于奥特朗托海峡以东的欧洲希腊城邦都承认了波斯的宗主权。公元前480年，希腊人取得了对波斯海军的决定性胜利。在公元前479年，希腊人又重创了波斯陆军。同年，希腊海军又第二次战胜波斯人。在这个时候，亚洲的希腊人又造起反来，波斯人还丧失了包括马其顿王国在内的欧洲属地。在于公元前449年同雅典言和之后，波斯人没有能够再次征服大陆上的亚洲希腊人。不过，雅典也没能把塞浦路斯和埃及从波斯帝国手中夺过来。然而，波斯人又于公元前386年和斯巴达串通一气，把其主权强加给亚洲希腊人。这时，欧洲的希腊人再度开始了他们惯常的同室操戈，让波斯人坐收渔翁之利。

欧洲的希腊人对公元前480至前479年的经验教训置若罔闻。在这难忘的两年中，为数不多、不甘屈服的希腊城邦国家团结一心打败了波斯帝国。西部的少数希腊殖民地于公元前480年暂时地团结在一起，也打败了迦太基帝国。这两个实现了政治统一的帝国一直是希腊各国的威胁。

直到最后一刻，希腊人才部分地团结起来，就是这样也打败了他们的敌人。汤因比指出，希腊人应当承认团结就是力量这个显而易见的真理，应当让自己的政治统一永久化、泛希腊化。然而，波斯人和迦太基人入侵的威胁一消失，希腊人就分裂开来了。欧洲大陆的希腊联盟在公元前 480 至前 479 年打败了波斯人，却在公元前 478 年分裂成势不两立的两个集团：斯巴达及它的伯罗奔尼撒盟友是一个集团，雅典及刚刚从波斯人统治下解放出来的希腊城邦国家组成的提洛同盟则是另一个集团。

公元前 459 年，当时仍和波斯交战的雅典便同斯巴达在欧洲希腊的盟友开战了。在埃及的叛乱被波斯人制服之后，雅典远征军也于公元前 455 年被消灭了。公元前 457 年的时候，雅典将其宗主权强加于中部大陆所有的希腊国家。然而，到了公元前 447 年，雅典又失去了对它们的控制。雅典人将自己的力量消耗殆尽，因此，在公元前 449 年同波斯人媾和之后，雅典不得不又于公元前 445 年同斯巴达及其盟友握手言和。

雅典在公元前 478 年以后把提洛同盟变成了雅典帝国，向雅典纳贡称臣的希腊城邦的人民都成了雅典的奴隶。雅典公民团又于公元前 461 年制订了一项和斯巴达相同的极为激进的法律。至此，雅典民主已经和斯巴达民主完全相同。雅典人完全靠人数远远超过自己的臣服的希腊人养活。在汤因比看来，公元前 449 年和前 445 年的媾和表明，雅典的薄弱环节就在于它的人力资源同其野心的大不相称。

公元前431年，雅典又贸然地公元前431年和斯巴达进行了一场战争，结果导致两败俱伤。结果，雅典帝国于公元前405年被推翻，而斯巴达帝国也于公元前371年垮台。在公元前359至前338年间，所有欧洲大陆的希腊城邦相继被它们的北方邻国马其顿的国王腓力二世征服，并由于他的强迫而加入了一个新联盟——科林斯同盟。这个同盟的目标是进攻波斯帝国。然而，公元前336年，在风华正茂之年、处于事业巅峰的时候，腓力二世遇刺身亡了。公元前334年，腓力之子亚历山大跨过达达尼尔海峡，于公元前330年推翻了波斯帝国。不幸的是，在公元前323年，亚历山大和他的父亲一样也英年早逝了。汤因比认为，如果腓力或者亚历山大能够长寿，希腊化世界此后的历史，甚至整个人类文明中心的历史，可能就不会充满磨难了。

希腊文明的文化成就（公元前478～前338年）

希腊世界虽然从公元前478到前338年跌到了其政治上的最低谷，但是却在文化上达到了顶峰。虽然受到了当时希腊政治耻辱的影响[①]，但是三位公元前5世纪著名的雅典人——剧作诗人索福克勒斯、政治家伯里克利和哲学家苏格拉底，却对他们时代的繁荣作出了重大贡献。

伯里克利的声誉同他和古希腊建筑与视觉艺术在雅典达到顶峰有着密切联系。伯里克利鼓励他的同胞们以最美的艺术品装饰雅典卫城。他督促雅典人为这些艺术品筹钱，

① 指希腊的内战及其实力的下降。

并为它们提供有偿劳务。为了达到这个目的，他强行向雅典的希腊臣民征收年赋。其实这些行动的真正目的是公共防务而非美化雅典城。

索福克勒斯和苏格拉底则分别引出了针对城邦加在公民身上的不可接受的道德要求的道德良心问题。索福克勒斯在一出戏剧演出中引出这一问题，苏格拉底为了道德使自己遭遇了死刑。据说，公元前 440 年的时候，索福克勒斯曾经由于他的戏剧而当选为将领，受命指挥由雅典同盟发动的对萨摩斯的战争。不可思议的是，他竟然接受了这个任命。苏格拉底更加不可思议，他竟然志愿参加了一支雅典远征军，这支军队于公元前 432 年对反叛雅典同盟的波蒂迪亚进行战争。在苏格拉底和索福克勒斯二人看来，在自己作为其公民的那个城邦和其他城邦发生冲突的时候，公民都必须为自己的城邦尽责。他们觉得自己的良心驱使自己对国家极尽忠诚。

从雅典在希腊的原几何和几何风格时代所起作用的意义上，公元前 5 世纪的希腊的确是“希腊的希腊”。希腊世界的文化活动又一次集中于雅典。雕刻家菲迪厄斯受雇为雅典卫城的新神庙创作了雅典娜雕像，另外还创作了奥林匹亚的宙斯雕像。这是为世人所公认的雅典文化精品。当然，雅典人即使在公元前 5 世纪也没能垄断希腊的文化成就。雅典的帕台农神庙不仅有奥林匹亚的宙斯神庙竞争，而且甚至在更早的时候，就在规模上被西西里的希腊城邦阿克腊加斯和塞利那斯超过。意大利的希腊城邦埃利亚是希腊哲学中一元论学派的学校所在地，这一学派最著名的代表是巴门尼德和芝诺。阿克腊加斯则有著名的哲学家兼医生恩培多克勒。不管是否道德，一些语言大师在第二次伯罗奔尼撒战争时期创造出了驾驭语言的艺术，反对他们的人把他们称作诡辩家以诋毁他们。

雅典对公元前5世纪希腊文化的贡献主要集中于戏剧艺术、哲学和瓶饰绘画艺术诸领域。公元前5世纪的雅典戏剧既不同于荷马史诗，也不同于后荷马时代的挽歌体和抒情体诗歌。不过，雅典戏剧又像挽歌体和抒情体诗歌那样表达个人的和具有个性的情感。这种艺术形式是宗教仪式的十分奇怪的变化。起初，这种宗教仪式充满粗野的性感和狂欢的氛围，并且始终没有完全抹去其原始的痕迹。其实这种放荡的仪式并不是为了色情的目的，而是通过人们喜爱的巫术达到刺激人类自身生产和驯化动物的目的。从这种毫无前途的原始宗教材料中，雅典戏剧家们创作出戏剧，他们的表演达到了极高的水平。有四位公元前5世纪的雅典戏剧家的作品传至后世，包括悲剧作家埃斯库罗斯、索福克勒斯、欧里庇得斯和喜剧作家阿里斯托芬。他们的作品表现了这些戏剧诗人们的才华。他们的艺术风格，成为他们讨论有争议的政治问题和考察人性的精神深度的工具。

虽然古希腊哲学的诞生地是公元前6世纪的伊奥尼

亚[1]，雅典并不是古希腊哲学之母，但是，苏格拉底通过改变探究领域，即把对物质世界的探究转到对人性的探究，使哲学这种伊奥尼亚的理智活动发生了转变。他的学生柏拉图为苏格拉底的生与死所激励。从戏剧家埃庇卡摩斯那里找到了对话形式范本的柏拉图以这种形式创作他的哲学著作。柏拉图对古希腊哲学思想最重要也最有争议的贡献是关于宇宙结构的理论。柏拉图把毕达哥拉斯关于数学是通向形而上学之门的观念同诗人在逻辑思维内的直觉以及诗人的想象力结合起来。柏拉图的学生和批评者亚里士多德也曾经是雅典的临时公民，曾应腓力之邀，出任亚历山大的老师。亚里士多德是柏拉图式的知识巨匠，他穷其毕生之力于逻辑学、认识论和形而上学各领域的研究，并且成为这些学科的开拓者。之后所有的希腊哲学都吸取亚里士多德的思想，他的思想也在公元 12 至 17 世纪支配了西方基督教世界。亚里士多德还最早从事实地调查研究，并组织学生从事政治学和物理学研究。在古希腊哲学家的黄金之链中，苏格拉底、柏拉图和亚里士多德的光芒超过了所有前人和后人。

公元前 5 世纪时，雅典的陶工和花瓶画匠占领了市场。直到公元前 4 世纪，雅典产品在市场上的优势才受到成批仿造它们的风格的产品的威胁。一些最优秀的雅典花瓶画匠在自己的作品上签上姓名，这表明画匠本人和他们的顾

① 伊奥尼亚是古希腊时期对今土耳其安那托利亚西南海岸地区的称呼，为爱琴海东岸的伊奥尼亚人的定居地，在古希腊早期出现过众多学者名家。

客都把这些作品看作艺术品。至今，流传下来的作品仍然具有很高的鉴赏价值。

亚历山大征服第一波斯帝国的政治后果（公元前329～前221年）

亚历山大于公元前323年突然地去世了。他的政治抱负尽管十分宏大，但是却就这样结束了。亚历山大生前有足够时间摧毁波斯帝国，但没有足够时间建立起一个他所奋斗的世界帝国。生前，亚历山大吞并了整个波斯帝国，极大扩展了希腊世界的范围，然而在他死后，扩大了的希腊世界再度陷入了无政府状态。他的死是开始瓜分他所开创的短命帝国的信号。希腊南部城邦立即起兵反抗马其顿，虽然这些城邦于公元前322年被迫投降，然而，马其顿的高级将领们在第二年就开始了彼此之间的战争。持续了四十年的亚历山大继承人之间的战争，使腓力二世和亚历山大联合开创的事业被完全摧毁。

亚历山大继承人之间的战争以及之后的战争使希腊世界陷入混乱。对于绝大多数前波斯帝国的居民而言，希腊人取代波斯人的统治只是一种更糟的变化。然而，在大规模战争中遭受最严重灾难的国家却是马其顿自己。为了以补充由贵族组成的马其顿骑兵的不足，腓力和亚历山大从马其顿农民中征召了步兵。为了满足不断提出的新的征兵需求，马其顿耗尽了它所有的人力储备。此后，每一个继承人都至少要有一支由马其顿人组成的禁卫军团部队作为嫡系军队的中坚力量，以征服和维持他们瓜分到的那部分领土。亚历山大麾下的两员大将托勒密和塞琉古分别建立了当年波斯帝国版图上的两个最主要的希腊城邦。托勒密得到了埃及和叙利亚的南半部，塞琉古获得了波斯帝国亚洲遗产的绝大部分。

希腊文明的发展和传播（公元前 334 ~前 221 年）

希腊人在征服波斯帝国之后就有意识地大规模传播他们的文明。希腊人大规模地扩展着自己的生活环境，同时也改变着自己的生活区域。这种改变的突然性和激烈性要求他们必须创造出新的哲学思想，以便在社会和伦理道德的诸多还不明白的问题上认清方向。希腊人不得在两种截然不同的对付异族臣民的政策中作出选择。因为，既然已经征服了波斯帝国的广大领土，那么希腊征服者就必须抉择自己是否应该作为统治民族统治被征服的人民，还是和非希腊的民族伙伴平等相处并互相通婚。亚历山大的老师亚里士多德提出了一个毫无人性的非科学命题。他认为希腊人天生就应该是主人，而非希腊人天生就应该做奴隶。不过，亚历山大并没有听他老师的话，而是选择了平等相处的政策。他为希腊和伊朗的重修旧好举行庆典，还提倡并奖励希腊人同伊朗人及其他亚洲人通婚。此外，到公元前 334 年的时候，西西里岛腹地幸存下来的本地人也已经习惯于讲希腊语，并习惯于生活在希腊式的城邦中，而意大利的埃特鲁斯坎人、阿普利亚人和其他非希腊民族也都不同程度地接受了希腊的生活方式。

在雅典创作的戏剧也在其他地方演出，而设在雅典的哲学社团也在其他地区招收学员。在雅典人供奉的戏剧之神狄俄尼索斯的保护下，巡回演出的艺人在所有拥有剧场的希腊城市中演出希腊戏剧。虽然雅典的两个前亚历山大的哲学家社团孤芳自赏，远离世俗，但是两所后亚历山大时期的学园却是应当时知识界和社会的需求而建立的。在新的社会环境中，作为城邦国家的一个公民，个人已经不能再依靠道德支持或约束他的责任，因此，伊壁鸠鲁倡导他的学生规避公共生活；芝诺教导他的学生在新的社会环境中保持高尚的个人行为准则；第欧根尼认为精神自由的价值就是从物质财富的藩篱中解脱出来；犬儒学派的哲学家们四处云游，用他们的主张号召民众。这些哲学家们不仅用他们的口，而且还以自己的践行传播他们的苦行主义。

不管是新的还是老的城市，每一座希腊城市都有一处会场、一处剧场和至少一座体育馆。会场和剧场是用于各种目的的集会场所，体育馆是散居在外的希腊人聚居的地方。在非军事化的城市中，体育馆则是知识分子和运动员的俱乐部地点。发达的城市不仅是希腊文化传播的载体，而且也是马其顿老兵及其受过最初的公民素质教育的子孙们同散居在外的希腊人以及非希腊籍人民混居的地方。到公元前 221 年，希腊文明已经通过这些散布各地的众多传播载体遍布于除埃及外的整个前波斯帝国。

6. 西方基督教文明

西方基督教世界（公元312～657年）

汤因比也描述了他的另一个家乡文明——西方基督教文明。他指出，基督教会的命运在311至312年间有过一次突然的巨变。基督教会长期遭到罗马帝国政府的迫害，然而，在一次最残酷的迫害后，加莱里乌斯皇帝临终前终于首次认可了它。在这之后的十八个月中，它又受到此时已控制了半个欧洲的皇帝君士坦丁一世的支持。在梦见十字架、靠上帝的帮助旗开得胜之后，君士坦丁决心把基督当作不可征服的太阳，把基督教作为罗马帝国大一统的宗教。在汤因比看来，这番苦难的经历本可以让教会的性质经受住任何考验。然而，从3世纪开始，随着成员、财富的增加和权力的扩大，教会发生了蜕变，教会的最高层人物变成了只为个人谋私利的人。公元217年时，发生了一场卑鄙地争夺罗马主教职位的争斗。

虽然加莱里乌斯迫害教会，而君士坦丁青睐教会，但他们的目的实际上是一样的——这两人都热烈期望维持帝国的统一。自从把罗马帝国置于异教万神殿里至高无上之神“不可征服的太阳”的庇护之下，奥勒利安就认识到，只有得到一个已确立的宗教的支持，才能维护帝国的统一甚至存在。人们期待已经确立起来的基督教能够有效地推动罗马帝国的统一，基于此，教会直到311年都还相当成功地维护了自身的统一。自从在耶稣死后不久建立起来，基督教会的生存便不断地受到内部矛盾的威胁，不过又不断地克服这些矛盾。或是通过调解，或是通过把论战中弱的一方镇压下去，革除教籍，这些纷争才得以平息。可是现在，教会突然由于某种格外强大的压力而解体了，没有能够经受住这次考验。教会内部的宗派分裂取代了原来罗马帝国内基督教徒和异教徒的对立，罗马帝国政府最终也发现自己无力让相互纷争的基督教各帮派和平相处。自从311至312年开始，君士坦丁一世和他的后继者们一直被基督教会无法控制的内部分裂所阻挠。在基督教被认可、基督教徒占了人口的大多数时，罗马帝国政府便再也不能像以前那样控制基督教会了。

基督教会4世纪和5世纪的论战首先是道德方面的争论。在303至311年间的宗教迫害中，有许多基督教徒叛教，而其他人坚持下来了，有些人还付出了生命的代价。人们对于是把那些叛教的教徒重新接纳到教会里来还是让他们永远遭受辱骂观点不同，大部分人采取了比较人道的、具有政治家风度的立场，赞同原谅这些意志薄弱的人。然而，在西北非，反对和解的人始终不肯妥协。这场争端很快就激化了。313年，皈依之后的君士坦丁感到有必要对此进行干预，因为他认为基督教会的内部分裂会惹怒上帝。如果不能有效地结束这种分裂的局面，那么身为皇帝的他连同教会都会有失宠的危险。君士坦丁先是通过调解，后又通过强制，努力地想把非洲四分五裂的宗派拉在一起，然而却始终没能如愿。

从 317 年到 657 年的神学争论无所不包，甚至包括了《马太福音》、《路迦福音》和《约翰福音》关于耶稣信仰的问题。这些争端在 312 年以前就开始了，而从 2 世纪起就有基督教徒从古希腊哲学的角度讨论神学。少数受过希腊文化教育的帝国公民一直对基督教教义很敏感，直到有人从希腊哲学角度表述这些教义。由于这两个原因，便难以避免地对基督教神学展开坦率而详尽的争论，而基督教徒厌恶妥协的态度也让这种争论更加尖锐。

324 年，君士坦丁一世试图解决关于叛教教徒地位的矛盾。在受挫之后，他发现还得调解关于圣子和圣父关系的争论。这场争论发生在亚历山大城主教亚历山大和曾经是亚历山大城一个教区神职人员的阿里乌之间。君士坦丁写信给他们，说他们争论的问题根本就不该发生。到了 648 年，君士坦斯二世干脆禁止任何有关基督教神学争端的讨论。

在西罗马帝国崩溃前夕，出现了一位伟人圣·奥古斯丁，他对西方基督教世界产生了深远的影响，这一影响甚至比他生活和工作过的帝国的灭亡所带来的影响还要长久。奥古斯丁出生在西北非内陆一个小镇上的中产阶级家庭。起初，奥古斯丁是家乡的一位修辞学教师。无论从理性还是从社会意义上说，这种职业都十分乏味，可是奥古斯丁却干得很出色。他从塔加斯特升迁到迦太基，从迦太基升迁到罗马，又被提升到米兰。388年，奥古斯丁由摩尼教改为皈依基督教，找到了把自己的天赋奉献给教士生涯的道路。

从395到430年，奥古斯丁担任西北非希波地区的主教，死于汪达尔人入侵非洲的第二年即430年。在汤因比看来，奥古斯丁留给后世的最有价值的著作是两部非神学的著作。在《忏悔录》中，奥古斯丁运用自己精通的拉丁语撰写了一部心理自传。而在《上帝之城》中，奥古斯丁则深化和发挥了一部曾经引起争论的小册子，从一条可供选择的途径深入研究了“伟大的神秘事物”。在他看来，循着这一途径，人类的思维能接触到这个“伟大的神秘事物”。

把殉教者变成禁欲主义者，使之扮演英雄角色，是基督教会命运改变的一个结果。基督教徒在帝国内部再也不可能被异教徒杀害，这就需要一种新型的基督教英雄。而禁欲主义者应运而生，满足了这种心理需要。圣本尼狄克大约于529年在罗马东南面的卡西诺山创建了一个修道院，并制订了条规，这些条规后来成为拉丁语世界修道院的通用准则。按照这些准则，修道士们坚持集体生活，严守纪律、努力工作。

西方基督教世界（公元634～756年）

基督教世界在634到756年间的显著特点是基督教世界的地域中心向西北移动。法兰克王国的缔造者克洛维以基督教尼西亚会议和卡尔西顿会议的方式皈依了基督教。

罗马教廷获得了不列颠领土，基督教会的权威在不列颠诸岛更加巩固，并不断扩大它的范围。另外，通过英格兰传教士的作用，基督教进一步扩展到欧洲大陆的西北部。

大约在 732 或 733 年，东罗马帝国给了罗马教廷一次沉重的打击。东罗马帝国把意大利的“靴尖”西西里和整个东伊利里亚从罗马教廷那拿走，转而给了君士坦丁堡教廷管辖，并把西西里的原属圣彼得教产的岁收从教皇手中转进了帝国国库。事情的缘由是这样的：为了抵御阿拉伯人、保卫君士坦丁堡，利奥三世皇帝于 717 至 718 年强征附加税以解决军费开支，遭到西部臣民的抵制。教皇格列高利二世公然反抗利奥三世，支持臣民的抵制运动。后来，这些臣民又抵制了利奥三世 726 年发布的关于禁止教堂置放画像的命令，格列高利二世支持臣民的行动，再次和利奥三世作对。此外，格列高利二世和格列高利三世相继革除了利奥三世在君士坦丁堡任命的主教的教籍。两位教皇以此表明他们在教会上和政治上的独立自主。不过，教皇付出了高昂的代价，失去了土地和岁收。

加洛林王朝和教皇认为有必要相互支持。加洛林家族于 687 年后成为法兰克王朝事实上的统治者，不过他们还想获得法律的认可。丕平三世于 750 年请求教皇裁决这个问题。在 751 年或 752 年，丕平揣着教皇给他的合他心意的祈祷文，召集法兰克人集会，废黜了有名无实的墨洛温国王，选举他自己为国王。通过卜尼法斯举行的涂圣油仪式，丕平的当选被确定下来。到了 753 至 754 年间，教皇请丕平军事干涉意大利。754年，教皇又亲自为丕平和丕平的儿子查理和卡格曼举行了涂圣油礼。而丕平则于755年和756年两度越过阿尔卑斯山，击败了伦巴底人，不仅阻止他们占领罗马，而且还迫使他们放弃拉韦纳四周的前罗马领土。丕平把这块土地献给了教皇，尽管罗马帝国的君士坦丁五世要求丕平归还这块土地。

西方基督教世界（公元756～911年）

加洛林王朝统治下的法兰克王国看起来前途乐观。查理曼于773至774年吞并了伦巴底王国，拥有了法兰克国王和伦巴底国王的双重头衔。借着“罗马人的贵族”的名义，查理曼又在事实上吞并了他和他的父亲为教皇收复的以前东罗马帝国在意大利的领土。教皇缺乏必要的权力对拉韦纳周围的前东罗马领土进行有效的控制。作为要求法兰克人帮助收复拉韦纳地区的回报，教皇又把自568年以后历代教皇实际行使的对迪卡特斯·罗曼努斯的统治权交给了法兰克人。公元800年，教皇利奥三世在罗马的圣彼得大教堂为查理曼加冕，称其为罗马人的皇帝。对于查理曼来说，帝国皇帝的称号是必要的，因为只要一天没有被君士坦丁堡的罗马皇帝承认为皇帝，他的威信就处于危险之中。

在汤因比看来，9世纪和10世纪蛮族入侵对西方基督教世界造成的灾难比5世纪和6世纪时更为深重。然而，内部已经破烂不堪的西欧在野蛮人眼中却是富有吸引力的。

西法兰克的加洛林王“傻瓜”查理于911年被迫以皈依基督教为条件，默许一批斯堪的纳维亚海盗在今天的诺曼底永久居住。诺曼人强行进入了西欧，然而他们却成了西欧文明的俘虏。他们把加洛林王朝的这块土地据为己有，但又十分热情地接受了这块土地上的语言、生活方式、风俗习惯和宗教。汤因比认为，斯堪的纳维亚居民的同化表明，基督教生活方式对还没有信仰东正教、伊斯兰教或犹太教的各地蛮族具有很大的吸引力。

西方基督教世界（公元911～1099年）

974年，丹麦皈依了基督教，其他斯堪的纳维亚国家则于10和11世纪之交改信了基督教。这是因为这些异教的邻国人认为，此时的基督教文明已经无法战胜了。而在11世纪下半期，基督教也取得了对东正教和伊斯兰教世界的优势。基督教远征军于1098年至1099年从塞尔柱人手中夺取了安条克，又从法蒂玛人手中夺走了耶路撒冷。第一次十字军东征耗资巨大，但在后勤上和战略上都很重要。随着一系列“十字军”王国在叙利亚沿海的建立，北意大利的海上城邦也赢得了在那里的特权。这些远在海外的基督教的滩头阵地，依靠热那亚、比萨和威尼斯的船队和西欧保持联系。

基督教的改革家们在11世纪进行了三项革新。他们要求世俗僧侣过独身生活，并尝试禁止教会职务的买卖，禁止世俗的政府举行教职授予仪式。非修士僧侣独身生活运动最终成功了，不过，这一改革也遇到了激烈的反抗，因为这在西方教会和任何其他地区教会都毫无先例。而授职权的斗争则于1122年以妥协告终，这是因为世俗职务和教会职务通常都是由教会显贵担任的。教皇从禁止地方世俗监护人买卖圣职这一变革中大为获利，因为他拥有了教职任免的特权，使它们不再被无偿使用。这一时期宗教改革的总的影响是使僧侣隶属的不再是世俗贵族而是教皇，从而使僧侣成为基督教社会的一个特权集团。

11世纪的这三项变革是以教皇制度的改革作为前导的。作为基督教世界最重要的制度，11世纪中期的教皇制度改革出乎人们意料，引起了轰动。1057年以后，教皇不再由罗马贵族或西罗马皇帝任命，而由代表整个基督教世界的红衣主教团选举产生。在1057年到1099年间，教廷成了一个有效的管理机构。但是，改革了的罗马教廷也犯下了一个致命的错误：追逐权力。为了追逐权力，罗马教廷先是在1054年同君士坦丁堡主教米恰尔、色路拉里乌斯，后又在1075年同西罗马帝国皇帝亨利四世决裂。总体而言，教皇制度和教会的改革是一个崇高的理想，改革者们的愿望也是很真诚的。然而，结局却是一场悲剧——改革带来的不是和平，而是战争。

西方基督教世界（公元1099～1321年）

12和13世纪在各个社会领域都显示了越来越重要的作用的基督教文化，在14世纪的前二十五年中开始走向衰落。

法兰西国王于1303年派人刺杀了教皇卜尼法斯八世，结束了自格列高利七世之后教皇对基督教世界的霸权。

汤因比认为，许多著作从正反两方面反映了12和13世纪基督教文化的繁荣。最臭名昭著的事件是十字军于1204年占领并洗劫了东正教的中心君士坦丁堡。这两个世纪的基督教文化历史也通过阿西西的圣徒方济各·贝尔纳多尼、哲学家阿奎那、诗人但丁和画家乔托这四位意大利伟人的经历反映出来。但丁采用当时意大利民谣的形式创作了《神曲》，对以后西方诗人们采用民族语言写作诗歌造成了很大影响。但丁时代的意大利是西方文明的启蒙地区，其他地区后来用了两个世纪才达到意大利1300年的文化水平。不过，基督教雕刻艺术是在13世纪的法国达到巅峰的，这就是被称作哥特式的中世纪建筑。汤因比认为这种建筑样式实际上是从小亚细亚的突厥人那里传入的。

整个基督教世界的经济在1100年至1300年的两个世纪中迅速发展。这两个世纪中，人口增加，生产力水平提高，技术也取得进步。人们耕种的土地明显增多，城镇数目增多、规模扩大，还向被征服地区殖民。人口的增加，城镇的增多和扩大，还有对波罗的海沿岸地区的殖民，改变了农村的生活结构。庄园主用货币地租代替劳役地租。农奴们认为货币地租的剥削要比劳役地租轻，从而更愿意接受。如果庄园主不付给农奴应得的报酬，农奴便逃到城里的工厂做工，或者逃到易北河东部的殖民区。

12和13世纪西方基督教世界政治生活的主旋律一直

是教皇和国王争夺权力的斗争。斗争的第一回合以在授职权上的妥协而于1122年结束，从此权力政治披上了道德的外衣。教皇和复苏的西罗马帝国在第二回合中争夺对意大利的控制权，权力斗争的性质赤裸裸地表现了出来。然而，在这一斗争中，帝国和教皇都是失败者，而得利的是意大利北部城邦和法兰西。

在1158至1183年间，霍亨斯陶芬王朝的皇帝腓特烈一世企图强加给伦巴底各城邦专制的帝制。教皇支持这些城邦争取自治、反对帝国的斗争，因为这些城邦对于教皇对抗阿尔卑斯山外的帝国能起到屏障作用。为此，教皇不仅容忍了伦巴底和托斯卡纳地区各城邦的自治，而且还容忍了丕平三世和查理曼赐给教皇的意大利领土上的城邦的自治。12和13世纪的教皇的最大野心是统治整个基督教世界，这个野心勃勃的目标高于统治任何一个地区的局部目标。因此，在这个时期，教皇不仅允许罗马涅地区各城邦的自治，而且还允许包括罗马本身在内的罗曼努斯的城邦自治。另外，教皇还和意大利的一些城邦结成经济、政治同盟。从1250年到1300年，佛罗伦萨的银行代表罗马教廷为教皇收税，也从中捞取好处。

国王和教皇在斗争中都失去了一部分权力：国王失去的是政治权力，教皇失去的是道义上的权力。从格列高利七世起，教皇一直谋求通过建立道德权威以间接行使政治权力。然而，在教皇试图称霸整个西方基督教世界的过程中，这种道德权威的丧失都与之相随，而在对帝国的战争中最为明显。为了准备同帝国作战所需的金钱，教皇发明了令人痛恨的增加收入的方法，在整个基督教世界建立起了一套行之有效的向僧侣征税的制度。这种办法很是有利可图。一些世俗封建主也借机从中获利，而作为教皇财政代理人的意大利银行更是从中发了大财。教皇的另一税收来源是罗马教廷作为最终上诉法庭收取的费用。

教皇对权力的贪婪并为达此目的而使用各种手段，令基督教的品德高尚人士十分震惊。一些谴责教皇的人于12和13世纪接受了基督教的异端教派或反基督教的保加利亚宗教鲍格米勒教。在甘愿忍受贫困这一点上，这些反对教皇罪恶运动的领导人十分一致。和圣贝尔纳一样，他们牺牲个人利益而选择贫困，希望以自己的行动反对教皇的世俗化，反对基督教法规的世俗化。他们这样做完全是出于自愿，因为他们并非生来贫困。

西方基督教世界（公元1321～1563年）

黑死病把基督教世界在1348年以前就已经出现的经济衰退变成了灾难。这种瘟疫沿水路从热那亚人在克里米亚的商业据点传到马赛，进入基督教世界。黑死病首次在欧洲流行便令至少三分之一的人死亡，而且还没等到存活下来的人恢复抵御能力就连续发作。直到16世纪初，西方基督教世界的人口和耕地大概还没有恢复到1300年的水平。

在技术领域，14世纪的基督教世界已经传入了火器。西方人掌握火器的使用方法和新式船只的制造方法关系到全球的形势。火器使西方海上探险者获得了对还没有掌握火器的民族的决定性的军事优势。到了15世纪下半叶，印刷技术也被所有的西方国家普遍采用。火药和印刷术是中国人的发明，13世纪蒙古人在征服战争中使用过火药，印刷术9世纪以后已经在中国应用。中国印刷者使用活字印刷早于西方人，然而，众多的汉字使活字印刷并不比雕版印刷方便。而15世纪的西方印刷者不受这个局限，因为无论是拉丁语还是各种地方语言都能用二十六个拉丁字母的书写体来表达。西方人立即用希腊文、希伯来文和阿拉伯文印刷书籍。现在还无法判断谷登堡的印刷技术是他独立的发明，还是受了中国人的启发。

印刷术在基督教世界的运用推动了文化的繁荣。这种繁荣开始于14世纪的意大利北部，到16世纪的时候扩展到基督教世界的其他国家。意大利北部出现了希腊－罗马风格的复兴运动。这种复兴不只限于雕刻和建筑，而且也出现在绘画和文学方面。雕刻家、画家和建筑师刻意效仿保存下来的希腊－罗马作品。以拉丁语写作的作家们试图再现西塞罗的语言。北部的意大利人开始掌握希腊语和古希腊的文学和哲学。因此，意大利的文化繁荣在16世纪被称为“文艺复兴”，意思是希腊－罗马文化的再生。这场运动的倡导者被称为“人文主义者”，意为基督教以前的希腊罗马文化的研究者和崇拜者，以此同基督教神学的研究者和信徒区别开来。但是，在这个意义上使用“文艺复兴”这一称谓并不恰当，因为虽然这次文化繁荣和11世纪第一次发展繁荣的形式不同，但是希腊-罗马文化的复兴只是西方文化第二次发展繁荣的伴随物和衍生物。

近代早期的西方人与希腊-罗马文化的关系实际上是矛盾的。在希腊-罗马的榜样鼓励近代人在效仿中创造出新的文化内容的意义上，希腊-罗马文化起到了刺激和促进的作用。马基雅维利创造性地运用研究李维著作的成果，写出了指导近代政治和战争的实用手册；伊拉斯谟独运匠心地使用所掌握的西塞罗式拉丁语向当时有限的拉丁语读者阐述了他对于道德、社会、政治和思想方面各种问题的见解。然而，在诱使近代人只是模仿“古人”时，希腊-罗马文化的影响就趋于衰微了。

直到15世纪中叶，意大利北部仍然是文艺复兴的中心，而在意大利北部，则首推佛罗伦萨。在汤因比看来，佛罗伦萨对于近代西方文化繁荣的突出贡献能够同雅典对于公元前480年以后古希腊文化繁荣的贡献相媲美。但丁、彼特拉克、布鲁内莱斯基、柏拉图主义者菲奇诺、集银行家和专制君主以及艺术家与学者的庇护人于一身的美第奇、马基雅维利和托里贾尼都是佛罗伦萨人。薄伽丘是半个佛罗伦萨人，半个法国人。到1563年，其他邦国的人民也大量加入了这一文化运动。大学数量的增加可以说明这一点——从1350年到1500年，西方基督教世界的大学数量比以前增加了一倍还多。

然而，1563年的西方基督教世界距离政治统一还很遥远。各国勾心斗角、互相牵制，甚至连最强大国家的权威也只是区域性的。不过，自从法国的腓力四世于 1303 年羞辱教皇卜尼法斯八世后，不管国力大小，这些地方性世俗国家在基督教世界的事务中都拥有了最后的决断权。

1309 年到 1378 年期间，各任教皇都定居于阿维尼翁。这并不是因为 14 世纪时阿维尼翁比罗马更接近基督教世界的交通中心，而是因为法国国王想把教皇放在法国境内以便进行控制。1378 到 1417 年的教会大分裂震惊了西方基督教信徒。教皇职位问题在这一时期不只是道德和教义上的问题，而且还关系到教皇职位是继续属于法国的政治财富，还是再次属于意大利人的政治财富。教皇和各个世俗政权都贪婪地征收税款。在 13 世纪之后，教廷千方百计地征收税款，而各个世俗政府也更多地插手教廷在它们统治范围内征收的钱财，这是他们允许教廷把剩余的钱财装入口袋的条件。

教会的大分裂导致了康斯坦茨宗教会议的召开。这次宗教会议试图把基督教会的教皇政府由绝对集权的君主政体改造成以议会宪章限制的君主政体，使各主教区的高级教士、宗教团体和大学的代表拥有最后的发言权。然而，这一努力失败了。失败的原因在于地方世俗政权并不支持。因为如果这场运动成功的话，那么它可能会加强教会的势力，各世俗政权并不愿意看到这样的景象。一些世俗政权随心所欲地向教皇勒索敲诈，另一些则在以何种条件允许教皇职位继续存在下去上很是计较。各个世俗政权都明白，自从 1303 年以后，他们在自己的统治范围内享有至高权力，而教皇的“至上权力”实际上仅限于他暂时行使统治权的辖区，包括阿维尼翁周边的一小块和“由查理大帝捐赠”的意大利土地的一部分。因此，实际上教皇只是区区一个小地方的小君主。权力和税收由教皇和教会的各级机关（如修道院）转到了各世俗政府，是西方基督教世界在 1303 到 1563 年的主要政治变化。教廷从统辖整个基督世界的普世机构衰败成无足轻重的地方公国。由于同日益强大的地方政权的斗争失败，教皇失去了基督教民众对它的精神忠诚，而教会的权威也衰落了。

在汤因比看来，路德和加尔文是单枪匹马的个人，如果没有民众的支持和君王、寡头执政者的保护，那么他们在大部分西方基督教世界的事业可能都会流产失败。即使教皇已不再威望显赫，单枪匹马的个人向教皇发起挑战也需要非凡的勇气。路德先是于 1517 年在维联贝格，后来又于 1521 年在沃尔姆斯会议上挺身而出，向教皇挑战。路德的行为惊世骇俗，他同教廷决裂产生的强烈震动迅速传播开来。路德的德意志伙伴追随路德，因为他们早就敌视教皇了。罗马教廷还没来得及改变局势，路德的教义就像燎原的烈火般迅速传遍了德意志。苏黎世、斯特拉斯堡和日内瓦市民的民族情绪也促使茨温利、布塞尔和加尔文登上历史舞台。虽然从来没有成为占主导地位的新教派别，而且最后在家乡法国也遭到失败，但加尔文教的传播远远超出了它的避难地日内瓦。后来，新教和天主教教士同各国政府达成协议，认定政府有权决定臣民的宗教信仰，这就是教随国定。异端分子必须离开，否则就有被处死的危险，或许是被活活烧死。

新教的创始者们在反抗谴责教皇权威、同罗马教廷断然决裂这方面是革命的，然而，和罗马天主教前辈们一样，他们自己也是独裁主义者和不宽容他人的人。虽然依照自己的判断和良心反对教皇，但他们决不允许改信新教的国家中有良心的自由。在这方面，他们甚至比天主教有过之而无不及。这些革命家们声称，每个基督徒都可以对《圣经》中的陈述和训谕作出解释。他们都利用这个权利阐释自己的神学理论，然而却都不允许他们的信徒拥有同样解释的权利。

西方文明（公元 1563 ~ 1763 年）

西方文明在 1563 至 1763 年的两百年中发生了一次伟大的思想和宗教革命。西方思想家们已经不再不加鉴定区分地继承先辈们的遗产，他们决心通过独立的思考观察各种现象以检验被继承的学说，他们也努力同少数异教徒和平相处，不再认为必须把多数人的信仰和习俗强行加给所有人。然而，这两大革命的胜利并不是一下子就实现的，而是在曲折中取得的。丰特奈尔于 1686 年发表了《宇宙万象解说》。1600 年，布鲁诺为了这个学说付出了生命的代价。不过，丰特奈尔很高寿，直到 1757 年才安然死在床上。1687 年，牛顿发表了《自然哲学的数学原理》，没有受到封禁，但 1633 年伽利略却没能躲避厄运。

新教徒们用《圣经》这一权威经典取代了罗马天主教廷的权威。然而，和罗马天主教的主教一样，新教的主教不容异端邪说，把他们对基督教教义的观点强加给他们的臣民。另一方面，古希腊时代的数学和科学著作的出版激发了人们的独立思维，后来的科技发明和地理发现推翻了对许多物理现象的正统解释。

1534年开始的“宗教战争”，断断续续地持续到1648年。这些战争既狂热又伪善。好战的君主们其实只是出于政治的目的进行战争，然而却非要戴上宗教的面具。主张扩张教会势力的人用发自内心并充满仇恨但愚昧无知的热情，煽动起好战的君主们的仇恨来。“宗教战争”让基督教信誉扫地。一些有志于自然科学的人于1660年在英格兰创建了皇家学会，他们的目的不是颠覆基督教，而是从道义上更新它。他们想将人们的思想感情从既缺乏教育意义又缺乏说服力的神学争论中转移出来，把注意力集中到自然现象上，不带偏见地探究这些问题，通过观察和实验科学地解决这些问题。

在这场“宗教战争”中，还有一些评论家确实寻求削弱基督教对西方人心灵和精神控制的途径。但由于这样做很危险，他们只能秘密地工作。一个流亡在荷兰北部的法国异教徒皮埃尔·培尔，于1695至1697年在鹿特丹出版了《历史与批判词典》一书。在汤因比看来，这是狄德罗和达朗贝尔在1751至1765年合编的《百科全书》的原型。培尔效仿同时代西方希腊和拉丁语作家们采用的注释式版本。

这些注释用小号字体印出，表面上看不引人注目，但实际上却占了大部分篇幅。作者在那些含意深奥的注释中表达的意图要是被读者理解为嘲讽挖苦，那么作者对于原文的注释就很有些颠覆的味道了。吉本在大约八十年之后也采用培尔的写法写作了《罗马帝国兴衰史》，然而却没能免受责罚。和吉本同代的法国人伏尔泰和百科全书派更是表达得直截了当，而且没有受到惩罚。不过，尽管如此，伏尔泰还是觉得住在法国和瑞士交界的瑞士一边比较安全。

而为了在中国取得立足之地，耶稣教会传教士采取了一些迂回的策略。传教士们学习、掌握儒家文化，介绍西方天文和军事技术的实用知识，并允许皈依基督教的中国人继续以中国的方式膜拜他们的祖先。由于这些措施，耶稣教会终于在中国站住了脚。利马窦是耶稣教会在中国的创始人。中国儒家学者由于利玛窦精通儒家文化，把他吸收到自己的社团里，并给他取了一个中文的笔名。耶稣会教士把"救世主"译为"天"。然而，罗马天主教会破坏了耶稣教会的努力，禁止中国的皈依者以中国传统的仪式膜拜祖先，并坚持"救世主"应该译成"上帝"。罗马教会挑起了和清政府之间一场长达三十年的论战。结果，基督教在中国被禁止了。

彗星在西方被看作是上帝创造的一个奇迹，用来警告那些即将受到惩罚的人。虽然这种迷信思想已经在 17 世纪消失了，但是 1680 年彗星的出现仍然引起了人们的恐慌。1682 年，培尔出版了《彗星出现的不同见解》一书，宣称

1680年的彗星以及所有其他彗星都是很平常的自然现象。天文学家哈雷测算出了于1682年出现的另一颗彗星的轨迹、周期和速度，也测算了1680年出现的彗星。对巫术的迷信是西方人的另一种迷信，这种迷信思想的消失更为困难。从第一次公开挑战这种迷信，到这种巫术最后一次作怪，两百年中，数以千计无辜的人们被羞辱地处死。

在理性和道德上，抵制权威不容异说的褊狭和迷信是一场胜利。这种抵制造成了西方社会文化和社会结构的空缺，这些空缺伴随着西方社会各个生活领域中程度不同的成功而被一些替代物所填补。人们希望把数学化了的科学运用于技术从而提高人类福利的愿望，激发了人们对数学和自然科学的兴趣。达·芬奇很早就表达过这种愿望，弗朗西斯·培根也有着这样的愿望，而这个愿望又激励了他的门徒。哈维于1628年发表了《心血运动论》，波义耳将化学从炼丹术中解放出来，而牛顿则让西方的物理学和天文学发生了革命。

17世纪的西方思想家在哲学领域试图找到一个突破口，以填补对亚里士多德权威的抵制所造成的空白。笛卡尔从认识论角度进行了尝试。即使那些质疑笛卡尔已穷尽了真理的论断的后继者们也承认他的《方法谈》一书是理性的标志；洛克对认识论加以实验性探索；斯宾诺莎和莱布尼茨为形而上学奠定了新的基础；通过对心理学的初步探索，霍布斯巩固了他的社会契约的假设；在《新科学》一书中，维科开辟了文化历史领域的新天地，他的同时代人没能对这项工作的重要性给予正确的评价，然而这正是由于他的工作太新颖了。

在汤因比看来，教皇对西方基督教世界的管辖和拉丁语在外交、研究甚至在各种诗歌中都被当作通用语言使用，促进了基督教世界的统一，而西方皇室家族和贵族的网络关系也部分地填补了罗马天主教基督教世界的建立所留下的空缺。作为西方社会中两个最高等级的阶层，皇室和贵族通过跨越国界的联姻紧密结合在一起。即使在西方基督教世界分裂的时候，西方皇室家族和贵族也保持着团结。以国家公共利益为名的宗教改宗获得宽恕。为了成为法兰西的亨利四世，一个加尔文教的国王竟然改信了罗马天主教。而为了成为英格兰国王威廉三世、英格兰和苏格兰联合王国的国王乔治一世，荷兰北部加尔文教主教威廉和汉诺威路德教派的选帝侯乔治竟也成了英国新教圣公会的信徒。威廉四世不得不在汉诺威继续充当路德派教徒的同时，又在苏格兰充当加尔文派长老会的教徒，并在英格兰充当新教圣公会的教徒。

文学的繁荣为天才的发挥提供了温床，这一时期散文的代表人物拉伯雷和诗歌的代表人物莎士比亚是这方面的很好例子。宗教改革时代也是西方的一个伟大的诗歌时代。莎士比亚和弥尔顿是伊丽莎白时代最杰出的英格兰、苏格兰诗人。由于两位巨匠的光彩，同一时代其他本来也很杰出的诗人都黯然失色了。在启蒙运动开始之后，诗人们变成了散文家。17 世纪的法国戏剧家高乃依、莫里哀和拉辛最早开始这种风格的变化，这些天才将韵文和朴素的文体结合起来，而如帕斯卡尔这样的同时代的法国散文作家，则为他们提供了一种新的语言工具。

西班牙于1580年和葡萄牙联合起来，试图登上权力顶峰。但是，尼德兰的战争牵制了它的力量。尼德兰革命是尼德兰新教徒反对西班牙统治的民族起义。1621年，西班牙试图再度占领尼德兰北部，然而这却加剧了它的消耗。继1588年英格兰打败西班牙海军，荷兰人又于1639年进一步歼灭了西班牙舰队。在陆地上，1640年葡萄牙人和加泰罗尼亚人的反叛削弱了西班牙的实力。不过，尽管丧失了海上霸权，但是西班牙庞大的海外殖民地并没遭到什么损失，白银继续从安第斯山脉和墨西哥的银矿源源不断地运来。然而，这些财富已经没有能力挽救它的衰落了。

西班牙、瑞典和德国的衰落为法国提供了机会，而法国也抓住了这次机会。法国早在1552年就获得了梅斯、图勒和凡尔登，又在三十年战争[①]中得到了阿尔萨斯。法国在1667至1713年的战争中幸存下来，甚至在1685年前后大部分新教徒移居国外时幸存了下来。法国太繁荣了，这点损失并不能对它造成什么影响。然而，另一方面，这些有技术而又勤劳的新教徒移民却加强了它的对手们（包括北尼德兰、英格兰）的力量。当英格兰和荷兰联合起来之后，法国在1740至1748年和1756至1763年的英法战争中失

①由神圣罗马帝国的内战演变而成的全欧参与的一次大规模的国际战争，发生于1618年至1648年之间，故被称为“三十年战争”。

利了，并在同英国争夺对西班牙帝国以北的北美和对印度的控制权上都失利了。1690 至 1763 年间，英国人从法国人手中夺走了北美洲，又于 1746 至 1761 年间夺得了印度。

7. 人类文明

人类文明（公元 1763 ~ 1871 年）

最后，汤因比描述了逐渐联结起来的人类文明。他指出，从 1763 到 1871 年这风云变幻的一百多年中，最重要的事情是人类控制自身和征服自然界的能力迅速取得大幅提高。人类能力的提高得益于社会进步同技术创新的结合。服从严格纪律的产业工人和士兵们操纵能力空前的机器和武器从事劳动和战斗，他们还被组织起来以加快工作节奏。工作效率和作战能力就是这样提高起来的。西方于 17 世纪末叶出现纪律严明的职业军队，到了 18 世纪末叶，这种强制性的军事化组织被民用工厂采用，而用于镗火炮炮筒的技术也被运用于蒸汽机活塞的加工。人类能力的这种突然增长被称为革命是当之无愧的。

18 世纪中后期发源于英国的技术革命和经济革命转移到了农业、畜牧业和工业上。而到了 1871 年，这一革命超出了英国，席卷了整个欧洲大陆，还敲开了北美和日本的大门。汤因比强调，工业革命使人和生物圈的关系发生了颠倒。直到现代，连同人类在内的一切物种都生活于生物圈的恩惠中，然而，工业革命却令生物圈遭受了人类带来的灭顶之灾。可是，人类是植根于生物圈而且无法离开它而生存的，因此，当人类获得使生物圈无法支持人类生存的能力时，人类自己的生存也就受到了自身的威胁。汤因比认为，其他西方国家于 1871 年效仿了英国工业革命的成就，这让西方暂时统治了除西方以外世界的其他地方。西方人对世界的统治是 1763 至 1871 年间第二件重要的事情。

第三件重要的事情是一些非西方国家对西方统治的反抗，最后一件重要的事情则是西方国家的国内事务。工业革命被认为是必然发生的事件，英国人发动工业革命和农业革命的目的是使物质财富最大限度地增长。然而，改革家们的目的并不是满足大众的需要，而只是让自己得到好处。尽管国民生产总值被提高到令人激动的高度，可是他们同时也扩大了国民生产总值分配的不平等，又加剧了土地和工厂的所有权在分配上的不平等。小规模的自给自足的农业及同小规模的工场劳动相结合这样缺乏效率的传统劳动方式被永久地淘汰了。在当代，农业和工业生产已经是由复杂而昂贵的设备装备起来的大规模的生产单位组织的。同时发生的这些变化造成农村人口共同涌向新兴的工业城市。与此同时，它也剥夺了大多数迁居者以前能够保持其经济独立性的保护所。随着人口的急速增长，与雇主和自谋生计的人数比例相比，只有依靠出卖劳动力谋生的雇工的比例呈急剧上升之势。

在汤因比看来，生活和劳动条件连同收入和财产分配上的这些变化是以不公正和痛苦作为代价而让国民生产总值得到增长的。人们根据一系列议会法案圈占了公共土地并将其占为己有，企业家、投资者和雇工如何平等地分配利润的问题也被争论不休。无可置疑的是，圈地使许多小土地所有者继续以土地为生的愿望化成了泡影，而昔日农民成为工人之后能够依靠工资生活的也微乎其微。

汤因比指出，这些就是物质财富生产的增长给人类带来的矛盾的和不幸的后果。掀起工业革命的企业家们的动机是造成这种弊端的原因。他们的动机是贪欲，而贪欲让人们摆脱了传统的法律、习惯和意识形态的束缚。1776 年，亚当·斯密出版了《国民财富的性质和原因的研究》，这是一部有影响的著作。他认为，每个人都自由追逐自己的经济利益，将给全社会带来最大的经济繁荣。这个观点令人难以相信。在无政府状态下的经济竞争中，只有少数人会成功，而多数人都会成为牺牲品。

产业工人成为一个和社会疏远开来的新阶级。虽然它产生了，但这个社会并没有给它公平的待遇。产业工人唯一的自卫武器就是联合起来由工会代表自己，集体同雇主谈判。工人们坚强如钢的团结是这种集体谈判取得成功的必要条件。劳工联合在 1799 年的英国还是被禁止的，直到 1824 至 1825 年才合法化。伴随着工业革命的进程，阶级斗争也从英国起源并蔓延到其他国家。在总体上，工人的雇主和敌对者企业家们冷酷无情，不过他们也很机智、大胆和不屈不挠。理查德·阿克赖特比发明家瓦特更有代表性。

阿克赖特通过申请发明专利而发财，而瓦特则幸运地找到了许多合作者，这些人依靠瓦特的发明为自己捞取利益。很多发明家对工业革命产生了举足轻重的影响，然而实际的利益却落入更讲究实效的企业家之手。

只有燃烧燃料才能产生蒸汽。烧煤的一个副产品是烟，而烟有污染。这是令人厌恶而且一目了然的，但人们却认为它只是某种地方性的灾害因而姑息它。人类直到工业革命产生两百年后才省悟到：机械化所带来的影响正对生物圈造成威胁，使它不只是在局部地区而是在全球范围内正成为不能生存的地方。这些地方不适合所有生物的生存，特别不适合于人类的生存，因为人类须臾不可离开且无可替代的自然资源正在被消耗殆尽。

人类在工业革命之前就已经给生物圈造成了创伤。例如，人们肆意砍伐树木，从而造成了严重的水土流失——树木正是滋养土壤并使之避免流失的，人类却以快于森林更生的速度砍伐它。另外，人类还过量开采不可再生的金属。不过，人类在大规模地把非生命的自然物理能用于机器之前，还没有把生物圈破坏和剥夺到一毛不剩、无可挽救地步的力量。从前，空气和海洋确实无穷无尽，木材和金属的储备远远高于人类消耗它们的能力，开采完了某种矿物、砍伐完了一片森林，总还有另一些没有开采的矿藏和没有砍伐的森林可以开发。然而，自从工业革命开始以后，人类就使得包括自身在内的整个生物圈遭受从前没有过的威胁。

在科学领域，1798 年詹纳证明接种可以让人对天花产生免疫力，1857 年巴斯德发现了细菌的存在。除了人类自己，在当今的生物圈已经没有能置人类于死地的敌人了。人类由于科学在技术上的应用而变得越来越可怕。科学应用于预防医学，导致了人口的加速增长，因为死亡率降低的速度高于避孕造成的出生率的降低。同样在 1798 年，詹纳发现了能有效地预防天花的牛痘，而马尔萨斯则发表了《人口论》。这部著作启发了达尔文，他提出了“生存竞争”的概念，这个概念是《物种起源》一书的副标题。达尔文的观点动摇了正统的基督教学说，然而，“选择”和“适者生存”的概念表明达尔文的理论是犹太教“选民”神话的翻版。在汤因比看来，达尔文的革命性成就并不是他对生物变化的机械论的说明，而在于他提出生物圈中的生命是动态的而不是静态的。达尔文的生物学成就论证了黑格尔在哲学上用“正题”、“反题”、“合题”等思辨概念提出的理论。孟德尔发现了遗传规律，并于 1864 至 1866 年发表了这一发现。

1839 至 1842 年，英国人戏剧般地打败了中国。1853 年，一支美国海军舰队迫使日本的德川幕府接受它的来访，日本人认识到他们无力抵御这种以武力为后盾的来访。到了 1871 年，西方军队和俄国军队已经主宰了整个世界。英国工业革命前，俄国沙皇彼得大帝就看出，效仿西方军队的模式创建新型军队，是非西方国家摆脱西方统治的唯一途径。彼得还认识到，西式的军队必须以西方的技术和管理为基础。西方军队和西方化的俄国军队于1757至1853年取得了对非西方化国家的军事胜利，这促使那些受到过西方威胁的国家的统治者去走彼得大帝走过的道路。

在1763至1871年间，德国人占据了西方文明的榜首。康德是西方最伟大的哲学家，而歌德则是这一时代西方最杰出的诗人。他使雪莱和济慈这两位风云一时的英国人黯然失色。莫扎特和贝多芬使西方古典音乐到达了鼎盛状态。在西方近代史上，德国在文化方面的显赫地位和它的政治经济的繁荣程度成反比。三十年战争失败之后，德国盛开了文明之花。然而，第二帝国建立之后，它们却都凋零了。

汤因比认为，这一百多年来军事和政治上的成就有：美国独立战争的胜利、美国在南北战争中的复兴以及美国从东海岸到西海岸的领土扩张。拿破仑领导法国重温了旧梦，力图于1797至1815年把西方世界统一法国的统治之下。民族国家意大利和德意志分别于1859至1870年和1866至1871年诞生，这是拿破仑失败的后果。一批拥有主权的独立的民族国家在这百年中崛起，这种政治组织使西方在政治上统一的尝试以失败告终。

英国过去的北美殖民地赢得了政治独立，不过他们发现和英国进行贸易有利可图。在由于拿破仑入侵伊比利亚半岛而偶然地获得自由之后，原先西班牙和葡萄牙统治下的美洲臣民们就是这么做的。到了1823年，在赢得了政治独立之后，西班牙过去在美国的领地和葡萄牙的属国巴西都相继依附美国。美国总统门罗于1823年发表了一个著名的宣言，主张由美国保护新兴的拉丁美洲国家的独立。

西方世界于 1763 至 1871 年间爆发的几次革命有着迥然不同的性质。英国工业革命是技术、经济和社会的革命，而不是政治革命。把英国以前的北美殖民地变为美国的那次革命，不是技术、经济和社会革命，而只是政治革命。而法国大革命则是政治、经济和社会革命，它把政权从皇室转到城市资产阶级手里，把农村的土地所有权从贵族转到大部分农民手里。在这期间，英国乡村小土地持有者要么变成受雇佣的农业工人，要么被抛出农村成为依靠工资生活的城市产业工人。与此相比，美国农村拥有土地的人就幸运地免除了这种苦难，因为他们遍布在西部大片还没有开垦的处女地上，而来自欧洲的没有土地的移民则在美国西部紧跟他们的脚步。

汤因比指出，把非洲人变成奴隶贩卖给美国的欧洲移民，是哥伦布发现“新大陆”所带来的一个罪恶后果。绝大多数美洲国家于 1763 至 1871 年在法律上废除了奴隶制。为了废除黑奴制，海地付出了十年革命和战争的代价，而美国则进行了内战。然而，无论是用和平的方式还是武力的方式废除奴隶制，都留下了经济和社会方面的后遗症。

美国、法国和英国等国的产业工人和资产阶级的政权是分离的，无论是和平方式还是暴力手段都没能改善他们的境况。发动 1789 年法国大革命的法国资产阶级引起了城市无产阶级的不满，但无产阶级没有能力改变其困境，直至此时他们在这方面一直效仿他们的英国对手而行动。法国资产阶级也扫除了对私人自由经济的限制，法国在英国实行《禁止结社法》前八年就实行了类似法律。把政治革命变成社会革命的巴黎无产者的试图在1795年、1848年和1871年遭到了武力镇压，法国工人阶级被资产阶级和农民的联合行动所挫败。而英国产业工人则寄希望于政治改革，到1832年他们取得了不小的成功。英国从1867至1872年实行了进一步的政治改革，然而，英国产业工人所享受的部分公民权利并没有重大而直接地改善工人的状况，从而令产业他们大失所望。

产业工人的苦难和资产阶级对这种不公正的默许让马克思很是愤怒，促使他创造了第四种犹太教。在理论上，马克思主义是无神论的，然而，他和达尔文一样提出了一个替代犹太教、基督教和伊斯兰教的上帝的东西。达尔文的替代物是自然，他认为自然选择的活动使“适应的物种”保存下来；而马克思的替代物是“历史必然性”，它的“选民”是无产阶级。马克思宣布真正的正义革命不可避免，以此安慰深处困境之中的无产阶级。这场革命的胜利将建立起无阶级的社会，从而结束无产阶级和资产阶级的冲突。

人类文明（公元1871～1973年）

生物圈到20世纪70年代似乎已经处于灭亡的危险之中，它或许已经被它自己的创造物和人类居民弄得不再适合任何生命的生存了。人类破坏生物圈的后果正在不断地显示出来。人口加速度地增长，这些不断增长的人口又不断集中到大城市。由于人类中的大多数仍然生活在贫困之中，因此，城市增长的主要形式是贫民区的增加。在贫民区里，居住着无业的、甚至没有就业可能的来自乡村的移民。城市的触角以高速公路和飞机航线的形式伸向全球。生产工业日用品、食品和有机原料的工厂在日益尖端和大功率的机器生产过程中不断地污染着生物圈的水层和空气层。

回望过去，人类征服生物圈的力量始终不断增长。当人类由动物祖先转变过来的时候，虽然失去了原来自然肉体的武器，但却获得了能够思维和谋划的理智，并获得了进行思考与谋划和运用身体行动的物质工具——大脑和双手。汤因比认为，制造和使用工具的能力让人类得以在旧石器时代早期的生物圈竞技场上自立。人类从旧石器晚期之后就开始侵害生物圈的其他部分，不过，人类是在工业革命之后才成为生物圈主宰的，至今不过两百年。在这两百年中，人类的物质力量已经增大到足以威胁生物圈生存的地步，但是并没有在精神方面取得同样的发展，这导致二者之间的鸿沟不断扩大。这种不断扩大的鸿沟让人担忧，因为目前能挽救生物圈的唯一值得信赖的改变是人类精神的提高。

汤因比认为，1871 至 1973 年这百年的断裂点是 1914 年 8 月。和 1871 至 1913 年相比，1914 至 1973 年是全人类自相残杀的苦难时代。两次世界大战中的每一次都是罪恶，都是空前的浩劫与灾难。土耳其人迫害亚美尼亚人，德国人迫害犹太人，印度教徒与印度穆斯林互相残杀，这些都犯下了灭绝种族的罪行。阿拉伯的巴勒斯坦人和占非洲南部多数的非洲土著人都成了受害者。西方人并不希望看到战争被消灭，如德国和巴尔干国家的某些人那样，某些西方人不仅希望战争连绵不断，而且还积极促使战争爆发。

汤因比强调，西方人并不完全了解东方民族特有的生灵苦难。例如反对腐朽没落的清政府的中国太平天国起义和其他一些起义都导致了巨大的劫难与生灵涂炭，而这些起义也都遭到了镇压，但西方人并不十分了解这些事情。东方的各个民族当时始终没有接受强加于他们身上的基督教的统治秩序，而西方人天真地以为只有西方文明才是“文明”，是唯一的文明，它必然兴起并在全世界进行统治，它的功业也值得大加赞扬。

作为乐观主义者们根据的那些成就确实是令人难忘的。但是，汤因比强调，每一个成就都不是尽善尽美的，其自身就蕴含了造成之后灾难的种子。虽然在 1871 至 1914 年间，这些瑕疵还不那么容易被看出，但是到 20 世纪 70 年代，它们已经非常明显了。例如，俄国于 1861 年解放农奴、美国于 1863 年废除黑奴，巴西于 1871 年开始废除奴隶制，看起来是通向千年王国[1]大道上光辉的里程碑。然而，解放俄国农奴并没有满足解放了的农奴获得土地的需要，对黑奴的法律上的解放也没有消除种族差别、种族歧视和种族

① 西方基督教文化术语。按照基督教的教义，上帝会在每个千年之后对人进行末日审判，好人会进天堂，组成一个欢乐的王国，此即“千年王国”。

冲突。在西方国家，伴随着每一个技术上的新进展，机械性的工作越来越使人遭受精神痛苦。传送带和装配线增加了产量、降低了成本，却把男人们和女人们变成了“被科学地管理着”的机器齿轮。尽管经济状况有所改善，但产业工人却仍然被雇佣干类似划桨奴隶那样的工作。他们仍然同这个社会貌合神离，因为这个社会让他们存在的目的是为资产阶级服务。

汤因比指出，作为民族国家的德国和意大利于 1870 至 1871 年的建立，仿佛使人类世界的政治结构得以稳定。现在，地区性的主权国家被视为标准的政治单位。表面上，人类文明世界似乎由于大国之间的合作而相安无事，而且还秩序井然。尽管如此，不祥之兆已经出现。法国对 1871 年被迫向德国割让领土的怒气还没有消除，而这些地区的居民也并没有俯首听命于德意志第二帝国。德国于 1898 年开始同英国争夺海上霸权，而欧洲五国和俄国则共同制定战争动员以及随之而来的海陆军行动计划。

地区性民族国家是西方人的政治理想，也成为越来越多的其他采用西方制度的国家的政治理想。但是，从经济的角度看，自 15 世纪西方人掌握了航海技术而使人类世界连为一体之后，民族国家的政治理想一直是某种时代性的错误。世界经济一体化以葡萄牙人发明远洋帆船为开端，它的完成则以 1864 年国际电报联盟和 1875 年国际邮政联盟成立为标志。由葡萄牙人和西班牙人开始的人类文明世界在经济上的统一，由于英国工业革命而得到了长足发展。

工业革命使商品交换从原来奢侈品的交换变成了越来越多的生活必需品的交换。英国企业家们把获得的利润投入于扩大再生产，使英国成了世界工厂。此后，英国在全球范围内出口产品，进口原材料和食品。1871 年之后，尽管德国、美国以及其他国家后来居上，夺去了英国的霸主地位，但是世界贸易已经扩展到了全球，人类已经依赖经济上的全球一体化了。然而，人类仍不愿放弃政治上的民族独立，尽管它已经于 1914 年及之后导致了战争浩劫，但是这种状况仍然继续存在。

汤因比指出，如果列出 1871 至 1973 年间人类的经历和活动清单的话，必须记下的第一笔就是数不胜数和影响巨大的发现和发明。弗洛伊德以潜意识说明人的有意识的行为。爱因斯坦证明，只是在有限的范围内，牛顿力学才和现实一致。他认为观察是一种相互作用，观察者自身也是物质世界的一部分，而他正是通过时间和空间来观察物质世界的运动的。爱因斯坦的理论让物理学进入了一个更为广阔的天地。1897 年汤姆逊关于电子的存在及其本质的发现，表明“原子”一词使用不当。“原子”并不是不可再分的实体，而是一个缩小了的太阳系。卢瑟福在 1904 年预言了原子的结构，并于 1919 年发现了原子核并成功地轰开了它。1932 年查德威克关于中子存在及其本质的发现揭示了原子核的结构。在 1871 至 1973 年间，橡胶和石油被用于制造轮胎和作为内燃机燃料，这使得建造实用的汽车和飞机成为可能。航空让人类成为一直以来由昆虫、飞鸟和蝙蝠占据的那部分生物圈的成员。地理和历史探险同样取得了伟大成就，西方人到达了地球的两极，并且登上了地球的卫星——月球。他们不仅发现了米诺斯文明、迈锡尼文明和印度文明，而且还发掘出了由八个互相衔接的层次构成的特洛伊古城。

西方人的这些发现和发明是人类的勇气、想象力和理智的伟大成就。然而，它们对于人类的影响是双重的。新兴的航空技术同中国人古老的炸药相结合，使得好战者可以让炸弹从天而降。在发现电子后不到五十年、发现中子后不到十三年，由核裂变而释放出无比威力能量的两颗炸弹落在了广岛和长崎。汽车让人们的行动远远不同于以往，但以使马路和街道拥挤不堪为代价。到 1973 年，汽车和飞机排出的废气使空气令人窒息。医药和外科的巨大进步降低了死亡率，延长了寿命，然而，这却是对社会和环境产生不利影响的“善行”。死亡率的降低超过出生率的降低，使人口数量快速增加。医学提供了延长个体生命的新可能，使人起死回生。然而，在一些特殊情况下，要不要延长某人的生命就成了一个以前做梦都不会想到的伦理问题摆在医生、病人及病人的亲朋好友面前。

在工业革命之前，政府的两个基本职能是对内维持法律和秩序与对外御敌。而工业革命强加在工人身上的非人的工作和生活条件，使政府不得不有了第三种职能——提供社会福利。英国于 1802 年实施了第一个保护工人的立法。俾斯麦于 1883 年和 1889 年通过了为由于老迈和其他原因造成的疾病、意外事故和残废的工人提供保障的立法。承认政府有为公民提供福利的责任，这是政治领域中有益的进步。然而，福利国家仍然是一个有争论的问题。要为占人口多数的穷人提供公益服务，就需要逐渐提高对富人的税收，因此，少数人反对福利立法，并且提出了诘难。他们提出，福利国家会使受益人堕落。在20世纪70年代，事实部分地证实了这个似是而非的诘难。在一些广泛实行公共福利保障的国家，谋生的责任意识淡薄，工作质量下降。更为失败的是，生活平均标准的提高却带来了诚实正直标准的下降。与此同时，诸如来自较为贫困的国家的暂时性或永久性移民这样的一些穷人的生活条件尤其是居住条件，仍在令人震惊地恶化。

在那些私人经济占主导地位、政体是“民主制”的国家中，工会组织和福利立法的协作已经使产业工人同资产阶级力量对比的天平倾向于他们。私人企业经济制度的先锋是具有巨大的直接谈判力量的商人。为了自身的利益，他们当然希望发展自己日益增长的力量。汤因比认为，这是和放任主义哲学相吻合的。资产阶级的企业家最早搬来了对产业工人有害的放任主义哲学，但是，如果政府没有进一步加强干涉的话，劳动的进一步机械化将使生活变得让每一个人都不可接受。

汤因比认为，苏联的产业工人和农业工人都处于独裁政权的统治之下。虽然拥护马克思的意识形态，然而苏联政府并没有和它的沙文主义前辈彻底别离。本世纪的一位伟人列宁推翻了一个以武力为基础建立起的政权，给了人们一个更为强大的具有同样特性的政权。在以尽可能快的速度使俄国现代化这一点上，列宁和他的克里姆林宫的后继者也是把彼得大帝作为榜样的。布尔什维克发动了1917年的十月革命，作为知识分子中少数马克思主义者之中的一派，他们和农民结成联盟。俄国农民希望得到土地的所有权，然而共产主义俄国却很快地把土地国有化。这一政策一直遭到农民的反抗。

苏联以独裁的方式成为福利国家。苏联人的文化水平得到极大提高，财富也更为顺利地分配，但是，无论其意识形态的色彩如何，所有这样的国家都仍然是制造战争的工具。一切战争都是残暴的。伴随着西方殖民帝国灭亡的是获得解放的人们的暴行。1947年印度次大陆穆斯林和印度教徒的互相残杀又引起了操乌尔都语和操孟加拉语的穆斯林在孟加拉地区的互相残杀。在开战前，印度和巴基斯坦这两个原英印帝国最早的后继国一直有着敌对的情绪。而由于西方殖民帝国的垮台在越南、南部苏丹、布隆迪、刚果和尼日利亚留下的真空，也打开了内战和自相残杀的大门。这些暴力冲突是政治解放的代价。

在政治上分化为地区性主权国家同人类在技术和经济方面的全球一体化之间的矛盾，是人类当今困境的症结所在。汤因比认为，人类需要某种形式的全球政府保持地区性的人类共同体之间的和平，重建人类和生物圈其余部分的平衡。在全球范围内从事这项事业十分艰巨，然而，由于把生命整体打碎为数量更多且规模更小的分隔空间，担负着挽救人类生存责任的一代人正在危害人类的生存。这种进一步分化导致了商业的难于管理和信息的难于理解。

汤因比强调，当代人类所面临的危机和两次世界大战时同样严重，前景令人担忧。人类希望在生物圈中继续生存二十亿年。但是，前提是人类的行为不致使生物圈过早地不适于生存。可是，人类现在具有使生物圈在不远的将来就变得无法生存的物质力量，从而，人类会由于人为破坏生物圈、毁灭人类自身和其他一切形式的大灾难而无法继续生存。作为大地母亲的孩子，人类如果继续弑母的话，将不可能生存下去。他所面临的惩罚是自我毁灭。

三、经受着考验的文明

《经受着考验的文明》是汤因比于20世纪40年代写作的一部重要著作。在这部著作中，汤因比对人类文明尤其是西方文明作了深刻的思考和展望。在那个分裂为美苏两大阵营、第三次世界大战仿佛一触即发的剑拔弩张的年代，汤因比尤其考虑了人类如何才能够实现和平和统一的问题。汤因比当年的很多观点和想法都很有见地，有的已经或正为历史所证实。

1. 历史的现状

汤因比描述了20世纪40年代的历史状况。在他看来，在20世纪40年代，那些五十年前无忧无虑地坐在火山口上的中产阶级正遭受着苦难。中产阶级的处境不仅在德国、法国、荷兰、斯堪的纳维亚国家和英国是这样，在瑞士的一些地区，甚至美国和加拿大，也都是如此。在所有的西方国家中，中产阶级的未来都是一个问题。不过，结果并不只是同这部分直接受影响的人有关，因为这些属于少数的西方中产阶级在最近已经产生了巨大作用并创造出了一个现代世界。汤因比问道：这些创造物能够拯救它们的创造主吗？如果西方中产阶级倒台了，人类的建筑大厦也会随之倒塌吗？无论这个具有决定性意义的问题的答案是什么，很显然，这些关键的少数人的危机不可避免的也是其他人的危机。

共产主义和资本主义在1947年分裂的世界上激烈地较量着。无论在什么时候，要是事情在看来日渐难以对付的情况下变得糟糕了，人们总是指责那些在自己的领域内传播不良影响的敌人，从而含蓄地原谅自己工作的失误。当然，这是一个古老的故事。在人们听说共产主义前的几个世纪，西方人的祖先就发现了伊斯兰教的圣物。最晚在16世纪，伊斯兰教就在西方人心中造成了一种癔病，它挥舞着精神之剑攻击没有防卫的军队。

在汤因比看来，20世纪40年代西方人对共产主义的恐惧，和他们面对纳粹德国和好战的日本的军事进攻时的恐惧并不相同。凭借着在工业上的压倒性优势和对原子弹技术的垄断，美国能够有力地反对苏联的军事侵略。对于莫斯科而言，有这种企图纯粹是自杀，也没有任何迹象表明克里姆林宫有这种愚蠢的打算。让美国心惊肉跳的共产主义武器是精神上的宣传工具。在汤因比看来，美国对这种威胁的反应比起欧洲国家更为神经质，这是很奇怪的。共产主义宣传是莫斯科的一种手段，莫斯科以此揭露和扩大西方文明的阴暗面，并使得共产主义以另一种理想生活方式的面貌出现在西方人面前。共产主义还积极争取那些既不是共产主义者也不是资本主义者，既不是俄国人也不是西方人的人类的大多数，这些人目前仍然处在相互竞争的两大对立的思想体系之间那片还没有被占领的中间地带。和西方人一样，这些人现在面临着变为共产主义者的危险。尽管共产主义也面临着变成资本主义的危险，然而这并不能消除紧张的局势。

对手通过揭露西方的弊病威胁西方而不是以武力来压倒西方的长处这一事实表明，对手向西方提出的挑战最根本的不是来自于对手那一边，而是来自于西方自己。汤因比指出，事实上，这种挑战来自于西方人对技术需要的巨大增长。在技术上取得的惊人进步，给了西方人的父辈们信心，然而也欺骗了他们自己。在他们看来，历史已经安详地终结了。西方中产阶级通过机械装置的成功，造成了三个并不是事先设计的结果，而这些结果积聚起来的冲动已经使得加格拿特神车[①]带着复仇的心继续向前。在地球的全部可居住的表面上，西方人的技术把整个世界统一起来了。但同时它也使两个伴随文明而来的疾病——战争和阶级——变成真正的致命伤。这三个预料之外的成果向人类提出了可怕的挑战。

自从第一个文明约于五六千年前进入原始人类的生活时起，战争和阶级就一直伴随着人类。除了西方文明之外，西方历史学家所知道的其他文明都已经灭亡或者濒于灭亡，而灭亡的原因不是战争就是阶级，或是这二者的结合。迄今为止，这两个灾害已经扼杀了人类社会进化而成的二十

①加格拿特神车为印度教教义中主神加格拿特所乘的神车，比喻使人盲目崇拜、牺牲的事物。

个文明中的十九个。但是，对于这些灾难性的致命伤，现在已经有了拯救的药方。尽管能够摧毁单个样本，但它们却无法损害人种本身。一些文明产生后又消亡了，然而，文明每次都能够成功地投身到新的类型上去。尽管战争和阶级对社会的破坏很大，但并不能把任何东西都毁灭掉。当炸毁一个社会的上层结构时，它们常常无法阻止残留下来的多多少少没有受到损害的下层社会继续存在下去，并且不受遮掩地沐浴在阳光和空气下，开出春天的鲜花。另外，一个社会在世界的某个地方崩溃，也并不必定会让其他社会和它一起崩溃。公元前 7 世纪中国早期文明的解体，并没有阻止和它同时代的旧世界另一端的希腊文明萌芽并且上升到鼎盛阶段。而在 5、6、7 世纪，古希腊－罗马文明消亡于战争和阶级这两种疾病时，也没能阻止一个新文明成功地于三百年中在远东诞生。①

由于现代西方资产阶级的技术发明，文明已经不能像过去的几千年那样在从失败到失败、痛苦和衰落的道路上继续前进了，因为这些利用非人性的自然力的诡计离开了永恒的人性。然而，科技上的惊人进步并没有消除个人罪孽的社会影响。不仅如此，从生理潜能的意义上说，它们不但没有被消除，而且还受到极大的鼓舞。现在，阶级已经能够不可阻挡地瓦解一个社会，而战争则在毁灭整个人类。那些以往只是作为可耻和苦痛的邪恶，现在已经变成难以忍受和致命的了。因此，处在现代西方化世界中的人

① 指后来创造了高度文明的隋唐王朝在中国的建立。

们面临着一种其他社会总能逃避其主宰的选择，虽然这种选择就其自身而言有可怕的后果，不过还不至于付出人类终结这种最高代价。于是，人类正面临着自己的前辈从来没有遇到过的挑战：人类必须消灭战争和阶级，并且现在就消灭它们。汤因比指出，如果由于痛苦而退缩，眼看它们在人类取得胜利，那么，这一次挑战的应战失败将会具有决定性的意义。

西方人对于战争已经很熟悉了。人们清楚地知道，原子弹和许多新型的杀伤性武器在另一场战争中不仅将消灭好战者，而且将消灭整个人类。可是，技术怎么会加强阶级这一邪恶呢？人并不只靠面包生活。无论物质生活怎样提高，也无法解决人在精神上对社会公平的需要。在这个世界上，有特权的少数人和没有特权的多数人之间不平等的物质分配，已经使得技术发明由一种不可避免的不幸变成一种不可忍受的不公平。

在汤因比看来，在用审美的眼光欣赏大金字塔杰出的石工技术以及建筑艺术或者古埃及T型墓穴的精致家具与珠宝的时候，人们的心灵在为这样的人工艺术成就而骄傲和对造成这些成就的人类代表的道德谴责之间形成了某种冲突——强加给许多人艰苦的劳动，生产出仅为满足不劳而获的少数人的穷奢极欲的珍贵的文化之花。在最近的五六千年里，文明的主宰们冷酷地夺走了他们的奴隶在全社会共同劳动果实中应得的份额，就像我们攫取蜜蜂的蜜一样。不公平的道德的丑恶毁坏了艺术效果的美感。然而，迄今为止，还极少有文明的受益人具有明确的意识接受对他们的这一指控。

文明的成果要么归少数人所有，要么就是根本没有成果——这已经成为少数人为自己进行辩护的一个理由。这些人说，我们控制自然的能力很有限，我们既没有足够的体力，也没有足够的劳动，以使我们能够在几分钟内就过得舒适。如果只是由于不能做到你们都拥有它们而否定这些，那么，我们就不得不停业，而让人最好的天赋束之高阁任其生锈。然而，那当然不是我想看到的，就长远来看，也一定不是你们想看到的。我不喜欢为了自己的利益而独享这舒适的环境，我的爱好至少有一部分是和你们能产生共鸣的。在接受你们思想的过程中，我就像一位受托为整个人类的下一代服务的人。汤因比剖析道，即使是在技术先进的西方世界，这一辩护从表面上看好像也有道理。然而，在今天，过去一百五十年间史无前例的技术进步已经让这样的辩护变成无效的了，财富分配上的极不公正已经变成道德上的最大罪恶。

汤因比总结道，这些困扰并破坏了其他文明的问题在当今世界里达到了顶点。被两个超级大国分割的当今世界已经发明了原子武器。美国和苏联分别代表了两大思想阵营，它们极端对立，看起来似乎不可调和。在这危险的困境中，人类应该如何找寻拯救之路呢？这不仅是关于西方而是关于整个人类的生死抉择。或许，拯救像通常那样在走中间道路。在政治上，最佳方案也许是既非不受限制的地方性主权，也非集中的世界政府的专制；在经济上，则是既非不受限制的私人企业，也非没有缓冲的社会主义。拯救既非来自于东方也非来自于西方。在 1947 年，美国和苏联是现代人巨大的物质力量的两种选择的体现。“他们的路线已经贯穿全球，他们的话语已经能到达世界的尽头。”处在这种扩音器的喇叭口处，人们再也听不见始终较小的声音了。启示也许仍然会来自于基督教和其他高级宗教的箴言，而作为补充的话语和行动可能来自于预料之外的方面。

2. 历史是否会重演

汤因比讨论了历史是否会重演这一重大的历史哲学问题。他说，西方世界曾经于 18 和 19 世纪对历史是否会重演这个问题进行过学术探讨。令人们心醉沉迷的富裕生活让当时的西方人眼花缭乱，从而得出了他们是与众不同的这样一个古怪的和肤浅的观念。他们以为，现代西方文明不会陷进导致其他文明毁灭的那些错误和灾祸中去。

在汤因比看来，历史是否会重演这个古老的问题相当出乎意料地在 20 世纪的西方人中出现了现实的新意义。西方人已经认识到他们以及他们的德行并没有比已经消失的阿兹特克人、印加人、苏美尔人和赫梯人的文明更加完美。因此，20 世纪的西方人急切地查阅以前的文献资料看是否能找到启示。汤因比强调，历史的启示并不像占星术用的天宫图，而是像航海用的航海图，它给予有智力使用它的航海家更多的希望，能够让有勇气和经验使用它的人避开岩石和暗礁向前行驶。

汤因比指出，在回答这一问题之前，应该先对问题加以明确。应该明确“历史是否会重演”是问“历史在过去是否经常会重演”还是问“历史是否受某些不可抗拒的规律的支配”，这些规律不仅在过去适用它的每一个事件中发挥作用，也必定在将来的每一个相同的情形中发挥作用。从而，“历史是否会重演”中的“会”字的第一种解释是“可能会”的意思，而在第二种解释则是“必定会”的意思。汤因比认为，理解人类生活之谜不应该持宿命论的观点。他相信，有生命就有希望，在某种程度上，人是他自己命运的主人。

对于“历史是否会重演”这个问题，汤因比的结论是这样的：迄今为止，在一些地方，人类历史的确时常发生很有意义的重演，这种重演甚至出现在人的意志最接近于主人而最少受物理循环支配的那些情况下。但是，这并不表明决定论者最终是正确的，他们认为那看上去像自由意志的东西不过是幻觉。汤因比认为，正确的结论恰好相反。这种在人类事务中表现出来的重复趋势，只不过是创造机制的一个实例而已，创造成果往往成批出现。这些重复的价值是难以觉察的。任何一个新的创造物如果不能博采众长，那么创造活动就难以取得成功。如果人类历史会重演的话，那么，这种重演应该是根据宇宙的总的节奏进行的。

但是，这种重演模式的意义恰恰在于把创造活动推向前进。由此看来，历史的重复性因素表现为创造活动的自由的手段，而不是上帝和人作为命运奴隶的象征。

上述这些结论在一般意义上和历史有关，而在特殊意义上和西方文明的前途有关。西方世界在20世纪中叶突然担心起它的将来了。在汤因比看来，这种担心是对西方当时所面临的艰难形势的必然反应。西方当时的形势的确很艰难。直到20世纪中叶，历史在产生西方所属的这种人类社会中已经重演了约二十次，所有那些被称为文明的社会种类的代表都已经灭亡或即将灭亡了。更进一步地仔细研究、比较这些已经灭亡或即将灭亡的文明时可以发现这样一些迹象：在这些文明衰落、崩溃和消亡的过程中表现出一种重复的模式。因此，西方人很自然地问自己，历史的这一特定章节是否也一定会在他们的发展中重演呢？他们是否也会轮到那种文明的衰落与消亡，轮到那种早已为他们准备好的并且没有一个文明能逃脱得了的命运呢？在汤因比看来，这个问题的答案断然是否定的。不管是创造一种新的软体动物还是一种新的社会形态，创造一种新生命从来都不是一蹴而就的。创造绝不是简单的事业，而是通过不断的探索以取得最终胜利的。事实上，以前失败的尝试提供了通过从痛苦中汲取智慧以获得成功的机会，而并不注定以后的尝试也同样要相继地失败。当然，对于之前的一系列失败，人们并不能诅咒其失败以试图保证下一次的成功。如果它愿意的话，没有什么能够阻止西方文明重蹈历史的覆辙，即自取灭亡。但是，西方人完全可以通过自己的努力给历史以某种史无前例的新的发展形式。人富有选择的自由，不能把自己肩上的责任推给上帝和自然，而必须让自己担负起这种责任。这就看人自己的了。

汤因比为西方人考虑了一些拯救自己的道路。他认为，在政治方面，应该建立起一个符合宪法的密切合作的世界政府机构；在经济方面，应该根据不同时间、不同地点的不同实际要求，在自由资本主义和社会主义之间寻找可行的折中方案；在精神生活方面，应让上层建筑回归于宗教的基础。如果西方人达到了这三个目标，那么西方人或许可以宣传自己争得了为自己的文明生存的这场战斗的胜利。

不过，汤因比也强调，以上这些都是雄心勃勃的事业，要实现其中任何一个，都需要最辛勤的工作和最大的勇气。从长远看，宗教方面的任务是这三项任务中最主要的，但其他两项则更为迫切。因为，如果不能在短期内取得成功的话，那么西方人将永远丧失获得精神重生的机会，这种重生不是随便胡思乱想就能够实现的，它只会以从容不迫的步伐来临，这种步伐是这种最深刻的精神创造的潮流所必定遵循的步伐。

在汤因比看来，政治方面的任务最为紧迫。尽管当时有这样的前景：在有着相互依赖关系和武器装备的情况下，整个世界处于用这样或那样的方法实现政治上的统一的前夜，但是，必须避免以武力导致统一这种灾难性的结局。对于诸如罗马帝国把和平强加于被征服者的方式，西方人并不陌生。但是这可能是解体整个世界的可怕的政治势力。汤因比考虑，美国和其他西方国家是否能够通过联合国和苏联进行合作呢？在他看来，如果联合国能够发展成为一个有效的世界性政府，那将是解决关键性政治问题的最佳方法。但是，同时又得考虑到这一事业失败的可能性，并且还得有所准备。万一失败了，还能求助于其他的办法。汤因比还在思考，联合国是否会在违背和平的基础上分成两个集团呢？而且，如果世界划分为美国范围和苏联范围的话，同一个地球上的两个世界能否在非暴力、不合作的基础上长久共存，以创造机会调整它们在社会和意识形态上的差别呢？在汤因比看来，对这个问题的回答，有赖于能否根据这些条件赢得时间在自由资本主义和社会主义之间找到一条中间道路。

汤因比指出，这些谜语可能很难解读，但它们明白无误地告诉人们最需要了解的是什么，告诉人们未来主要依靠人类自己。人类并不听任冷酷的命运的摆布。

3. 欧洲在衰退

汤因比认为欧洲在当代衰退了。他说，在第一次世界大战以前，欧洲在世界上拥有无可争议的优势。在之前的一千两百年中，在西方生长起来的那种特殊的文明形式似乎将蔓延到世界的任何一个角落。欧洲的优势是以这样的事实为标志的：在世界八大列强中，有五个（即英吉利帝国、法国、德国、奥匈帝国和意大利）都植根于欧洲的土壤。第六个强国俄罗斯帝国，地处欧洲半岛的中大陆内地，并在最近的两个半世纪中被结合到欧洲。这一方面是由于农业的俄国和工业的欧洲的贸易大量增加，另一方面则是由于带有欧洲文明传统的邻国，如波兰、芬兰和其他波罗的海诸国同俄国的政治联合，还有一方面是由于一部分俄国人采纳了西方的技术、制度和思想。剩下的两个强国日本和美国，在地理位置上不属于欧洲。正是由于这个原因，他们在第一次世界大战之前很少参与国际政治的戏剧，因为这是一出在当时的欧洲舞台上演出的戏剧。可是，和俄国一样，日本也是通过部分地接受源于西欧的西方文明而上升到列强地位的，而美国则是西欧的产儿。直到 1914 年，美国还在很大程度上依赖欧洲的资本发展其潜在的自然资源，包括通过移民形式带来的人力资本和由欧洲贷款资助的商品与服务的物质资本。

在汤因比看来，欧洲在世界上的优势和西方文明在世界上的传播共同发展，相辅相成、互为因果。当然，西方文明的传播是由欧洲的优势造成的，因为强者总是被弱者部分出自必需、部分出自羡慕地仿效。另一方面，西方文明的传播使得那些土生土长的人们在和外来者的竞争中获得了无法估量的利益。从 19 世纪初到 1914 年，世界不仅在经济上为新的西方工业体系所征服，而且也被创造了这一体系的西方国家所征服。在第一次世界大战中，装备着本国生产的武器的入侵者在战争中显示出了明显的优势。

这次世界大战是按照西方的军事技术进行的，这造成了德国在军事上对于俄国的绝对优势，尽管当时德国的人力只有俄国的一半。由此，汤因比认为，在决定命运的1914年前夕，西方文明对于整个世界的优越性确实是空前的。也就是说，虽然许多文明在欧洲文明之前已经影响了远离其故乡的某些地方，但是没有一个文明曾把它的影响扩展到整个世界。

西方人为这一无可争议的上升地位和特殊文明而自鸣得意。它为自己建立起来的文明逐渐成为世界范围的进步途径。然而，虽然这个地位是空前的和光辉的，但它并不安全。不安全主要是由于正当扩张接近极点的时刻，由于欧洲社会生活中的两种基本力量——工业主义的力量和民主的力量——的出现和释放，使文明的根基出现了松动。民族主义的观念把这两种力量引入一种仅仅是暂时和不稳定的平衡之中。很明显，经受可怕的内部变革和外部扩张这双重痛苦的欧洲，不可能不由于它的资源被浪费、物质财富和人力被无益地消耗、肌肉和神经的能量被用竭而不受惩罚。如果说它所控制的资源比其他文明曾经拥有的资源多得多，但这些资源对于它们的需求而言也只是相对的。更何况，欧洲在1914年前夕所承担的义务和其所具有的资产同样空前地巨大，甚至无力为第一次世界大战提供军费开支。

在某种意义上，欧洲仍然保留着其世界中心的地位，而在某种意义上，世界也仍然为源于西欧的西方文明所影响。可是，汤因比强调，使这两种表述仍然成立的背景已经发生了巨大的变化，以至于如果只强调其中一句而不把两句话放在一起理解就会犯错误。欧洲不再是能量和创造力向外扩散的中心，而是非欧能量和创造力集中的中心；世界不再是欧洲的活动和竞争的演出场，欧洲自己处于第三次成为非欧力量冲突场所的危险之中。在两次世界大战中，欧洲成为世界在此进行战斗的斗鸡场之后，虽然这块地方或许仍被看作世界的中心和公众场所，但却不再是荣誉和安全之地了。

在汤因比看来，西方文明确实还对世界其他一些地方起着作用。如果纯粹从定量的意义上测度的话，这种作用还在加强。比如说，在第二次世界大战以前，只有欧洲人和美国人中的少数富人才能享用新的旅行工具。在战争期间，这些工具不仅运送欧洲人和美国人，而且还把亚洲人和非洲人运往世界的各个战区，让他们参加战斗，在战争前沿和后方劳动。在最近的二三十年间，新增加的机械通讯工具，不再仅仅为少数人使用，而且也为社会的大多数人使用。汽车征服了沙漠，而飞机又超过了汽车；无线电加强了电话和电报的即时通讯；和铁路与电报不同，汽车和收音机可以完全由个人掌握和使用。随着人民在两次大战期间的广泛交融以及新设备对于通讯的帮助，西方文明的激发作用比过去更为广阔、深刻而迅速地渗透到世界各地。在生活记忆中似乎早已被孔子和伊斯兰社会遗产牢牢捆住手脚的中国人和土耳其人，现在不仅吸收西方的物质技术（工业体系和它的全部成果），不仅吸收西方的文化形式（像毡帽和电影院这样的小东西），而且采用了西方的社会政治制度，包括妇女的地位、教育方法和议会代表制的政府机构。在这一意义上，在这场遍及整个伊斯兰世界、印度世界、远东和热带非洲的运动中，中国和土耳其是令人瞩目的参与者。由此可见，整个世界的彻底西化似乎不可避免。人们对于这一特殊的西化过程的态度已经在不知不觉中改变了。以前，它把人们的注意力引到两个完全孤立的例子——日本和俄国，人们也曾把这两个国家的情况作为笑料。也许是由于这两个国家的社会遗产中存在着某些使它们的人民特别不同于西方的特殊性质，也许是由于个别政治家的个人才能和坚定性，如俄国的彼得大帝、加德琳女皇和一批从 18 世纪 60 年代起就有意识地强迫他们的大多数同胞接受西方思想的早期日本政治家。现在，日本和俄国成为全世界西方化运动的先驱。看着世界西方化过程在他们的眼皮底下聚集着力量的时候，欧洲人也许会得意洋洋地宣称：“如果整个世界都变成了欧洲，即使欧洲真的不再具有优越性，又有什么关系呢？欧洲将成为人们的永久需要，全世界都将洋溢着欧洲的芳香！”

然而，汤因比强调，如果这种宣称的口气的确表现了西方人的内心感受，那么这种得意之情将很快被怀疑所驱散。从量上说，西方文化由欧洲向世界的传播可能是一件伟大的事情。但从质上看，又怎么样呢？如果欧洲被从历史上抹去，已经迁移到外国环境中的西方文明能否继续维持欧洲的水平呢？西方文明还能残存吗？或者，虽然还存在，但欧洲已被从以前至高无上的地位上免除，而这显然是它正面临的命运，那么虽然不致绝灭，但西方文明能够逃脱退化的命运吗?

汤因比指出，欧洲和美国的关系很清晰地反映了欧洲的衰退。1914 年以来欧洲和美国关系的倒转给了人们一个尺度。按照这个尺度，世界相对于欧洲的运动已成为一种向心运动而非离心运动。正如 1914 年的欧洲一样，美国已成为之前三个世纪中欧洲能量向外扩散的纪念碑。美国一亿以上的人口是欧洲人的后裔，直到第一次世界大战爆发这一关键的一年，穿过大西洋到美国定居的人数才直线增长。另外，在美国相当于除去俄国以外的全部欧洲领土的广大领土上，物质资源的开发不仅依靠欧洲劳力的输入，也依靠欧洲物资的进口和欧洲服务的使用。在 1914 年之前，以移民、物资和服务形式出现的经济流通的顺流从欧洲流入美国，而以赊账方式使用货物和服务所需偿付的报酬则以汇款和现金支付形式的逆流从美国流入欧洲。然而，由于两次世界大战，这种流向戏剧性地倒转了。

这些事实十分引人注目，在人们的意识中留下了深深的印记。自从第一次世界大战爆发，欧洲向美洲移民的潮流就停止了。而到一战结束时，过去不仅欢迎而且还派一大批雇主在各主要航道和欧洲边境上寻找并把欧洲移民带入国内的美国，已经逐渐感到欧洲移民并不是民族财产，而是民族危害。美国对于欧洲移民态度的重大改变在 1921

年和 1924 年的两个限制性行动中很快地表现出来，这对欧洲经济生活的影响极为深远，尤其是对那些向美国大量输出移民的欧洲国家。意大利就是一个这样的典型。1914 年，意大利进入美国的移民为二十八万三千七百人。而根据 1924 年通过的法案，在柯立芝总统于是年 6 月 30 日正式公布的当年移民定额中，意大利人减为三千八百四十五人。结果，意大利移民流被大规模地堵住了，并部分地由美国转向法国。

18 世纪中叶，法国和英国海军横渡大西洋，在俄亥俄和圣罗伦斯海岸开战，目的是为了控制北美的权利。而在 20 世纪，美国军队横渡大西洋，是为了决定处于欧洲前线的世界命运。移民去美国的欧洲人的宽阔河流直到 1914 年还在增加流量，1921 年，这股河流被强行阻塞。而在两次大战期闻，这股移民流又为从美国到欧洲的旅游者的细流所取代。当然，两次大战期间由美国去欧洲的旅游者的这股细流很小，和早先从欧洲向美国移民的滚滚洪流根本无法相比。但是，它和先前的非经济目的的旅游运动相比，要巨大得多。并且，这种旅游交往能够提供经费的事实表明了欧洲和美国关系颠倒的第二点，即美国几乎在顷刻之间从世界上最大的债务国变成债权国。尽管对于欧洲人的纠缠有天然的厌恶，但出于新的经济形势的需要，美国人还是努力地为美国的货物和服务在欧洲寻找一个赊账的市场。战争前欧洲人在美国的投资和战争期间美国人在欧洲的投资有幸与不幸的差别。1914 年以前，欧洲向美国所提供的是生产费用的贷款，而两次大战期间，欧洲则向美国借入导致自身毁灭的手段。而战争之后，它又一次危险地向美国借债，不是为了开发新的资源，而是为了修补战争带给它的创伤。

面对和美国关系的痛苦倒转，欧洲人自然会扪心自问：这是一场偶然的、因而也是可以挽回的暂时性灾难吗？或者有更为古老而深刻的背景和难以代替的作用？汤因比提出，第二种可能更为合理。虽然两次世界大战突然地引起欧洲和美国关系的倒转，但是，这种倒转却是蕴含在先前的形势中的，并且是一定要发生的，尽管是不动声色、逐渐发生的。汤因比提出两点论证他的这一观点。一是在一个半世纪以前欧洲发明的、现已传遍全球的工业体系，二是如中世纪的意大利和古代希腊这样的早期文明中心的命运。

工业体系是在大不列颠发明的，那时正是议会代议制政府体制成为英国人生活固定基础的决定性时期。工业系统可以在大不列颠版图上拥有凝聚性和独立性的共同体中发挥作用并获利。工业主义从大不列颠向整个欧洲大陆的传播是造成德国和意大利的邦国联合的一个主要因素。大约在1875年，通过组织成一些工业化、民主的民族国家——大不列颠、法兰西、德国和意大利的各组成单位的联合，就像从1817年到1914年的情况那样，欧洲似乎将找到平衡。然而，在国家单位的基础上对于平衡的期望是虚幻的。工业主义和民主是基本的力量，18世纪70年代的它们还处于幼年时期，尚无法预见它们长成后的最后尺度或者预言它们可能的状况。但到20世纪中叶就可以肯定欧洲的民族国家只是容纳这些力量的过小而又脆弱的容器。工业主义和民主主义的新酒被装到了这些旧瓶子里头，而且已经把这些瓶子涨得粉碎。

汤因比强调道，工业体系必然会将地球的全部可利用表面和全体人类都包含在自身之中。同样，在政治层次上，随着工业主义在世界范围内的扩展，它的最小单位也表现出扩展其规模的倾向。由于一些世界组织的出现，在政治领域中的这种扩展趋势正和经济领域中的趋势并驾齐驱。在汤因比看来，这样的世界组织有联合国和它的前身国际联盟。然而，只有世界范围的联合国组织还是不够的，在今天的政治版图上，还有一些固定的、有弹性的自治国家的团体，如不列颠联邦、泛美联邦等。在这些团体中，相当数量的民族国家聚集在一起。在这些组织中，有一些政治实体是比所属的团体更小而更紧密地结合在一起的政治实体，但又不像典型的欧洲民族国家如法国和意大利那样小。

在汤因比看来，这些超国家的非欧洲的政治组织已经找到了一种适合它们的新的政治形式。它们放弃了法国式的单一集中的组织，而赞成能把多样性与忠诚的优点和为整个团体的共同目标而统一行动的优点结合起来的联邦制。直到20世纪中叶，美国还是具有这种新形式和一定质量的产生于那个时代的唯一国家，它已经提供了这种新的政治组织形式所能产生和释放的令人惊讶的经济实力和能量的证明。不过，美国只是众多在相似的联邦政治基础上和相同地理规模上组织起来或正在组织的年轻国家中的第一个成熟国家。除了美国之外，大多数这种形式的非欧洲国家还缺乏充分发挥潜在力量的基本要素。澳洲联邦和阿根廷联邦共和国缺少人口，南非共和国不仅缺少人口而且还面临着比美国更棘手的种族问题，而其余的联邦共和国则缺乏人口、教育、政治经验和稳定等各种要素。这些严重的障碍使它们不能充分发挥潜力。在 20 世纪中叶还无法预见巴西、墨西哥、中国、印度和巴基斯坦的新生政治制度的将来，苏维埃联盟的命运也不可预测。汤因比推测，尽管这些还年轻的联邦国家中的一部分可能会被历史所抛弃，然而他们极有可能在下一代人手中成熟起来，组建像美国那样的联邦政府，并拥有像英国、法国和意大利那样强大的力量。汤因比认为，将出现不止一个其重要性能够和整个欧洲相比的非欧洲国家。

和一些海外国家相比，作为一个整体的欧洲已经相形见绌了，而这些海外国家的强大都是由欧洲造成的。汤因比问道，面对这种情形，欧洲能够期待怎样的将来呢？和过去相比较或许有助于认识将来。虽然在规模上是空前的，但欧洲在世界上所完成的业绩的特性却是古已有之。古希腊和中世纪的意大利就是这样的先例。这些早期的社会曾经分裂为众多城邦国家，每一个这样的社会都创造出了著名的文明。尽管存在内部分裂，但是古希腊和中世纪的意大利都在它们的时代成功地在周围广大的异教地区建立起了政治、经济和文化的优势。在其伟大昌盛的时代，它们中的每一个国家也都蔑视这样一句格言：破裂的房子无法站立。而它们后来的结局却悲惨地证明了这一格言的正确。希腊城邦们发现在更强大的力量——马其顿王国、叙利亚和埃及的君主国家、迦太基帝国和罗马共和国面前，自己显得太矮小了。希腊文明在亚历山大时期向外扩张之后，上述这些国家在地中海周围快速兴盛起来。希腊曾一度成为聚集处，成为一所大学和这些新的希腊化力量的战场。中世纪的意大利的情况也是如此，而且情节还特别相似。自 15 世纪末起，由于阿尔卑斯山脉另一边的意大利文艺复兴的传播而逐渐兴起的新兴强国就削弱并统治了米兰、佛罗伦萨和威尼斯等城邦，这些城邦国家和西班牙、法兰西这样的受到美利坚合众国削弱的欧洲民族国家很相像。

正如 16 世纪的意大利人和公元前 3 世纪的希腊人一样，20 世纪中叶的欧洲人清楚地知道他们的危险。他们完全认识到局面有多么严重，并懂得自己应该去完成什么以避免危险。1914 年以来，欧洲人对欧洲统一的问题已经考虑得很多了。虽然时事评论家们可能在指明道路，但在工业、财政甚至在外交领域行动的人们也都已经就这个问题展开努力了。而在第二次世界大战以后，欧洲统一的运动再次出现，并且以马歇尔计划的名义得到了美国的大力支持。

马歇尔计划在欧洲人那里激起的热切而真诚的反应表明，欧洲人的确认识到了他们的危险，知道什么是防御的正确措施，并渴望获得这些措施。但关键的问题是：欧洲有对于保留或恢复从前的世界地位的渴望，这是否足以成为克服前进道路上的障碍的强大力量呢？汤因比指出，最明显的障碍有三个：一是由英联邦和苏维埃联盟提出的特殊问题；二是工业系统扩大其活动规模的持续趋势，这一趋势已经冲破了民族国家的疆界，在迈向世界统一的进程中，它也许会顺利冲破最大的地区性联合；三是欧洲传统的拖累，这样的统一将造成一个没有独立主权的英国或没有独立主权的法国的欧洲。这样一个欧洲当然不会得到英国人、法国人的热爱和珍惜。对于他们来说，这种情形甚至是不可想象的，犹如公元前3世纪到前2世纪的雅典人和斯巴达人不可想象一个没有独立的雅典和独立的斯巴达的希腊一样。上述三个障碍中的任何一个或者全部有可能得到解决吗？

汤因比指出，必须坦白地承认，在第二次世界大战之后，由苏联造成的障碍比在此之前更加难于跨越。和沙皇俄国不同，第一次世界大战后的苏联实际上已经处在欧洲之外。在第一次世界大战以前，它尚不包括那些带有西方文化传统的边缘国家，而从前的沙俄帝国正是由于具有这些西方文化传统而成为欧洲国家的伙伴的。作为第一次世界大战中德国人对俄国的成功入侵和1917年俄国两次革命的一个成果，俄国的一些西方联邦和它分离了。为了各自的利益，芬兰、爱沙尼亚、拉脱维亚，立陶宛和波兰这些独立的民族国家成为了西方的伙伴。而作为第二次世界大战的结果，情况发生了变化，一切又重新变得和 1914 年以前十分相像。三个波罗的海国家已经作为苏维埃联盟的加盟共和国而重新合并到俄国。不仅是芬兰和波兰，而且罗马尼亚、保加利亚和捷克斯洛伐克也都作为卫星国进入了苏联的势力范围。苏联的西部边界已经推向了中欧，这条边界的南北两端从波罗的海一直延伸到亚得里亚海。苏维埃政府会允许战后欧洲的苏维埃这一半和另外一半结合成全欧洲联盟吗？汤因比指出，莫斯科只会在一种条件下允许，就是欧洲围绕着俄罗斯的原子核旋转，并在苏联的统治下形成联盟——但这是所有西欧国家都不能接受的条件。这就是说，如果说马歇尔计划引导欧洲团结，那么这种团结很可能只能局限于苏联以西的那些国家。

另一方面，如果说俄国对于欧洲联合所造成的障碍变得较为难以克服，那么，英国的障碍则变得较为容易克服。欧洲联合的任何计划必定把大不列颠置于进退维谷的境地。如果一个泛欧联盟或范围小一些的西欧联盟已经由它的大陆伙伴们建立起来，那么，大不列颠就很难提出要站到这个联盟之外。但是，它同样很难以割断和海外英语国家如美国与其他关税同盟的成员的联系为代价进入这个联盟。然而，当邀请大不列颠加入欧洲联盟得到美国的赞许，并将其作为欧洲和美国关系的基础来加以设计时，那么这种进退维谷的境地便会得到一定程度的缓解。事实上，大不列颠已经因为那些对苏联不适合的马歇尔计划的意图和假想而摆脱了困窘。马歇尔计划的条款允许大不列颠进入其欧洲大陆邻居的联盟，并且不会对它已有的海外联盟产生危害。在这些意义上，欧洲联盟无疑能够得到大不列颠的全力支持。

不过，“联盟”并非就是欧洲人预期的那些力量的美好称呼，“参与”其实是一个更准确的名词。因为，如果东欧在苏维埃的领导下和苏联合作，西欧在美国人的领导下和美国合作，那么，欧洲被这两个强大的非欧洲势力分裂这一点就成了欧洲人眼中最有意义的特征。由此，汤因比得出结论，通过克服已经成为致命伤的不团结以恢复欧洲在世界上的地位，是一件超出欧洲自身能力的事情。欧洲传统的拖累轻如鸿毛，因为欧洲的命运不再为欧洲的传统所决定，它的将来取决于两个巨人，这两个巨人把阴影笼罩在它身上。

在汤因比看来，马歇尔计划为解除欧洲联合的另一个障碍提供了慰藉。工业体系具有继续把规模扩大到整个世界的趋势，这严重打击了起初的欧洲小组联合的期望。如果马歇尔计划能够收到成效，那么，其结果也就是把苏维埃地区以外的所有西欧国家拉进以美国为中心的经济体系中去以拯救它们。当美国把拉丁美洲国家和中国拉进来时，西欧也将把它们在亚洲和非洲的殖民地和附属国以及不列颠关税同盟的海外成员国拉进来。就这种经济活动的规模而言，即使包括了整个欧洲，欧盟也只是一个与法国规模类似的民族国家或者与中世纪威尼斯规模类似的城邦国家，而并不是一个合适的经济单位。从经济计划的眼光看，“泛欧”的概念好像已经成为一个时代错误，欧洲人没能掌握时机把它创造出来。如果欧洲曾经有过不容置疑的世界优势这一点被证明不过是一个命中注定的历史遗物的话，那么，马歇尔计划至少给了西欧一个宽慰，让它可以看到自己被给予了基督教葬礼的死亡的庄严。可惜，安魂术既不是复原，也不是再生。在第二次世界大战之后，欧洲的衰退是一个不可回避的事实。

4. 国际展望

在20世纪40年代末，汤因比就对世界的未来进行了展望。他分析了第二次世界大战造成的影响。在汤因比看来，两次世界大战的后果有很多明显的相似之处，但也有一个显著的差别。人们相信，1914至1918年的战争只是文明历史进程中的一次可怕然而并没有什么重要性的中断，人们把它看成是诸如一次火车相撞或者地震这样的偶然事件。而且，人们猜想一旦掩埋了尸体、清除了残骸，就能过上舒适而宁静的生活。这种生活被看作理所当然的，好像它是人类与生俱来的权利。持这种观点的是西方民主工业国家中以中产阶级为代表的一代人中的少数享有特权的人。事实上，敌对态度的结束远不是故事的结束。

汤因比问道：引起包括美国、加拿大、欧洲、欧洲的伙伴和俄国在内的整个世界担忧的问题是什么呢？在汤因比看来，这个可怕的争端是一个政治问题，而不是经济问题，也不是世界是否会在不久的将来实现政治统一的问题。无论如何世界都将在不久的将来走向政治统一，这是一个不可避免的结果。只要考虑人类相互依赖的程度和武器的致命性，并把这二者联系起来，就只能得出这样的结论。由此，汤因比指出，在20世纪中叶，重要的、真正可怕的政治问题不是世界能否达成政治上的统一，而是在两条可能的道路中选择哪一条才能使这种统一早日达成。

汤因比指出，有一条古老但又令人不快的熟悉的道路，在一场连续不断的战争临近结束的时候，一个残存的强国“击败”了它的最后一个弥留的对手，从而以武力把和平强加给世界。正是通过这一道路，希腊－罗马世界于公元前的最后一个世纪被罗马强行统一起来。在那之后，在世界合作政府问题上，也有过一些不算新鲜的尝试。在寻找摆脱麻烦的合作道路的过程中，罗马和中国都曾经试图以武力强行把各自所处的地区引向这一目的。然而，在20世纪中叶，人们所追求的比较圆满的解决毕竟是一种有效而又自觉的解决方式，以至于人们可能公正地把它当作一个新的起点。在这方面，人们的第一个尝试是国际联盟，第二个尝试是联合国。很明显，这是一场对于一个巨大的未知领域进行政治探索的艰难事业。如果这一事业获得成功，甚至如果只是把人们从反复的“毁灭性打击”中拯救出来，那么它就会为人类展开一个相当崭新的前景——我们人类在对文明作了一些尝试的五六千年中从来没有见过的前景。但是，在从地平线上看到一线希望之光之后，如果不意识到人们实际的位置和目标之间的道路十分遥远和艰险的话，那么人们就会陷入空想的王国。除非对将造成这种艰难的环境有所认识，人们也同样不能避免“毁灭性的打击”。

人们必须提醒自己认识到“毁灭性的打击”将带来怎样可怕的灾难，以便去争取较好的解决方式。它将使人类至少再经历一两次世界大战。第三次世界大战将使用原子弹和其他更为可怕的新武器。此外，诸如秦王朝之于中国，或者罗马帝国之于希腊－罗马的武力统一这样的先例，通过“毁灭性的打击”实现了长久的政治统一，但是这一统一是以给其社会造成致命伤害为代价取得的。

如果从物质的意义上理解这些伤害，并试图评价不同文明重建和破坏的能力，那么，既为现代的西方文明又为希腊、罗马和中国文明起草严格的可供比较的平衡表并不容易。毫无疑问，现代西方人已经拥有比中国人和罗马人更大的重建和毁灭的能力。另一方面，比起复杂的社会结构，一个比较简单的社会结构要拥有更大的自我恢复的力量。汤因比说，当他看到人们在大不列颠的重建规划受到缺少熟练工人和高度处理的材料而非受行政机构的阻碍时，他就想到 1923 年自己在土耳其一个村庄里曾经一闪而过的念头。

那个村庄叫耶尼克艾，是在 1919 到 1922 年的希土战争[1]最后阶段遭到毁坏后重建起来的。这里的土耳其村民不依赖外来的材料和劳动重建房屋，并用双手代替家用和农用的工具。谁能预计，在第三次世界大战之后，纽约在物质上是否能和1922年之后的耶尼克艾一样好或者和公元前146年之后的迦太基一样糟[2]呢？然而，是否导致文明毁灭的内伤并不是一种物质上的创伤。从前的历史证明，精神创伤才是无可挽救的。由于在各种文明中，人的精神本性具有一致性，因此可以猜测，从那之后，由于那“毁灭性的打击”产生的精神毁灭，在各种情形中有着大致相同的致命程度。

如果说求得世界政治统一的强制方法会带来无比的痛苦，那么，另一方面的合作也是困难重重。列强们正试图——也许是不可避免地——同时做两件事。这两件事不仅不同，而且相互对抗，并且长远地看是不能相容的。列强们试图提出一种合作的世界政府的新体系，但却不能预言它成功的时机。另一方面，他们正在防止那种以古老的方式、在各种势力政治游戏的持续斗争中被击败的可能，从而保护他们自己。这种斗争如果持续下去，只会导致第三次世界大战和“毁灭性的打击”。

① 1919至1922年的希土战争，是土耳其反抗希腊入侵、捍卫国家领土主权完整、争取国家独立的民族解放战争。第一次世界大战以后，土耳其政府接受了协约国强加的丧权辱国条约，但土耳其人民在凯末尔的领导下奋起斗争，将侵入土耳其的希腊军队赶出了国界。

② 迦太基帝国于公元前146年输给了罗马，彻底输掉了同罗马争夺地中海地区霸权的布匿战争（公元前264至前146年），此后国势衰微。

在汤因比看来，可以把联合国描绘成一台政治机器，这台政治机器为美国和苏联这两个可能在最后一轮赤裸裸的政治势力斗争中成为主要对手的大国的合作提供了最大的可能性。联合国现在的结构表明了美国和苏联现在所能达到的最密切的合作程度，这种结构就是一个极不牢固的同盟。这种松散的联合形式的政治协作，从没有被证明过是稳定和永久的。

汤因比认为，第二次世界大战之后的联合国和独立战争之后的美国政府处于同样的地位。在这两种情况中，战争期间对于危险的共同敌人的强烈忧虑都造成了邦国之间的松散合作。共同敌人的存在就像是一条救生带，保证了合作而不至于沉没海底。然而，当共同的敌人由于战败而消失，建立在其上的联系纽带就将沉没或漂离。这种纽带的存在并非是可有可无的，它是共同的敌人提供的最有效的帮助。在这样的战后环境下，一个松散的同盟不可能长期保持原来的状态，它迟早要破裂，或者干脆转变为一个真正有效的联邦。

为了确保长期的成功，一个联邦看起来需要其组成成员之间的高度同一性。确实，可以在瑞士和加拿大见到成功而有效地克服了语言和宗教的巨大差异的联邦政府。但是，汤因比强调道，在20世纪中叶，又有哪一位头脑冷静的观察家敢说，美国和苏联之间的同盟将在某一天成为现实的政治呢？如果同盟要把我们从第三次世界大战中拯救出来，那么这两个国家就必须联合起来。

汤因比指出，在通向世界统一这一既定目标途中的这些明显的困难，决不会把我们吓倒，因为这种合作带给我们其他选择所不会有的好处。汤因比认为，需要有世界政府的某些立宪模式。在这些模式中，强国继续作为强国——并且真的扮演这样的角色——尽管它们之间可能的战争不再能够同美苏之间可能的战争相提并论。在一些甚至只是部分立宪的世界共同体内，如大不列颠、西欧大陆国家和英国自治领，在它们相对于“两个超级大国”来说要大得多的战争可能性的范围内，仍对一些国际的协商问题具有影响。在一些半议会制的国际法庭中，这类国家的政治经验、成熟程度和现代化水准将在力量对比的平衡中增加自己的砝码。另一方面，在一个纯粹的武力政治的世界中，这些高度文明却资源贫乏的国家将无法同美苏相比。所有这些国家——可能不包括南非、澳大利亚和新西兰——在第三次世界大战中都要变成战场，这尤其会是大不列颠和加拿大的结局，这是加拿大人也是英国人十分清楚的前景。

汤因比也仔细分析了美国和苏联的关系。他问道，美国和苏联当时正进行着的在一个又一个的三十年、五十年、一百年间实践“非暴力、不合作”的前景如何呢？如果分界线可以环绕世界一周，那么是否能够为它们各自留下足够的活动空间呢？如果可以单独使用经济学术语来回答的话，那么问题的答案将是充满希望的。因为这两个巨人都有着广阔的经济活动空间，不仅在它们各自的影响范围内是如此，而且在它们的政治边界上也是这样。使纳粹德国和同时代的日本统治者陷入侵略战争的一个原因，是他们不能为远非少数的年轻人提供满足他们希望的工作，甚至不能提供任何一种工作。通过对比，可以看到今天的美国和苏联在许多年以前就为正在成长的一代人准备了足够的位置。如果人只是经济人，那么在下一代，苏联和美国之间的冲突就没有理由再次发生了。

汤因比指出，很不幸，人不仅是经济的而且也是政治的动物，人不仅必须同欲望和恐惧作斗争，而且还得在思想和意识形态上作斗争。苏联和美国不会通过逗留在自己的“土地”上各自耕耘而轻易地避开各自前进道路上的障碍，在这一点上，两个大国的社会环境无疑会互相影响，但这种互相影响在任何意义上都不会趋于和平或者相互同化。它可能在其中的一个国家产生一场雷雨或者导致一次爆炸。既非资本主义也非共产主义的世界能够免除来自任何一方压力的颠覆活动，因为美国和苏联没有一个是它们所声称的人间天国。并且，在保护中立国防止受到另一方影响所采用的方法中，这两个大国泄露了它们的恐惧，苏联试图隔绝这些小国和外部世界交往的“铁幕”很明显地表明了这一点。而在资本主义这一边，有一种相应的对于共产主义宣传活动的恐惧，而且当民主国家中的这种恐惧由于私人交往方面的禁令而不能自我表达时，它就很容易引起恐慌的臆病。

然而，恐惧能够在俄国和美国的冲突中做到一些难以办到的事。汤因比说，人们也许会问，实力如此不均衡的对手之间的较量如何能造成一场公开的考验？美国拥有工业设备方面的绝对优势，又拥有制造原子弹的技术，而苏联并没有实现使已经由它控制的一些国家摆脱其敌人的控制意图。美国比苏联强大得多，对于美国来说，最大的可能性就在于冒苏联诉诸武力反对的小小危险，在美苏势力尚没有到达的地区中维护为扩大自己势力而选择的被保护国。美国能够肆无忌惮地把它的保护伞放到希腊和土耳其就充分说明了这一点，即使希腊和土耳其紧挨着号称为苏联粮仓和军械库的乌克兰和高加索地区。这意味着，美国已经把美苏之间的分界线划到了紧靠苏联政治版图最边界的地方，获得了被瓜分的地球的最大的势力范围，而这又将很显著地进一步扩大美国的优势。

不过，另外的一些思想可能会修正这一结论。在这样一种世界划分之下，在统计学的意义上，美国的优势的确是压倒性的。但是，这毕竟只是一个理论上的并且很可能是一种会引起误解的比较。政治、社会和意识形态上的力量对比和国家的面积、人口和生产率是否相同呢？或者，从另一个角度提出最后一个问题，即我们假定的美国影响范围内的大多数居民如何才能受现在相当保守的极端个人主义的美国福音书的吸引呢？

在汤因比看来，美国现在的意识形态在很大程度上强调的是自由的价值，但这对于社会公正的需要来说似乎并不那么具有活力。对于一个土生土长的意识形态来说，这一点不足为奇。因为美国的最低生活水平是如此之高，以至于无需迫切需要限制有才华的人、强者和有钱人的自由，以使无能的人、弱者和穷人分享一部分基本的社会公正。当然，美国人的物质生活在世界上是格外优厚的，同时代人类中的绝大多数——从处于美国下层的外国移民或他们的后代到近十亿的中国和印度的农民和工人——仍然是穷困的，而且由于他们越来越意识到自己所处的恶劣境地，从而变得越来越难以驾驭。在一个分配不均的行星上，数量庞大的长期受苦的多数人位于美苏分界线的美国一边。对于美国的领导人来说，重视非美国的穷人的问题需要某种超人的想象力和慈悲的同情心。在这一点上，对于美国而言，这将是它的阿喀琉斯之踵。而对于俄国，这正是它在对手的土地上播撒种子的好机会。以俄国人的眼光看这一情况，或许会发现这样的环境中存在一个相当有希望的前景，即通过宣传的手段部分地修补被美国人发明制造原子弹的技术而打破了的平衡。

在一个分裂的世界上，美国不得不因为俄国人向美国支持的美国以外的大量人群展开宣传攻势而害怕。而在苏联政府这一边，也正为可能受到资本主义生活方式的渗透而担忧，因为任何一位苏维埃公民都有和资本主义生活方式接触的可能。在这样的情况下，如果没有其他因素，稳定而和平的前景显然是无望的。然而，很幸运，第三个因素——一个建设性的因素将由大不列颠和几个西欧大陆国家提供。

在战后的历史阶段中，这些西欧国家处在英美的海外自治领和那些政治和经济都很落后的国家的中间位置。战后西欧的条件并不像共产主义所描述的那么坏，这种共产主义不仅可能对英国人、德国人、比利时人和斯堪的纳维亚人具有吸引力，而且对穷困潦倒的墨西哥人、埃及人、印度人和中国人也有吸引力。但是同时，西欧也并不繁荣。在这样的情形下，不列颠和它的西欧邻居们都试图在不受限制的自由资本主义和无限发展的社会主义之间实现一种有效的折中，寻求一种适合它们自己此时此地的经济条件并能随时根据这些条件的好坏修改方向的生活模式。

在汤因比看来，如果西欧的这些社会试验能够取得某些成功，那么它们也许会对整个世界的福利做出某种有价值的贡献。这并不是把它们作为“蓝图”为其他地方的自动应用服务，因为世界各地相互分离的人们虽然由于西方的许多科技发明突然间走到了相当接近的境地，但仍然在政治、经济、社会制度和大众心理等方面有着需要花时间去克服的差别。在这样一个变革的时代中，任何一个对于全球性问题的特殊的、局部的、暂时的答案都不能应用于它所代表的范围以外的国家。严格地说，美国意识形态和苏联共产主义意识形态关于自由资本主义的一个令人困惑的问题是，在每个已知的社会形态中，它对于每一个可以想到的社会病都提出了一幅作为灵丹妙药的社会“蓝图”。然而，这并不适合于真实的生活现实。在真实的生活中，无论是第一次被看到的社会系统还是可以根据记录重建的社会系统，都是复杂的社会系统，它处于无限制发展的社会主义和不受制约的自由资本主义这两种极端理论之间的某一点上。政治家的责任是根据他的时代和地方的社会环境寻找适当调和自由资本主义和社会主义的政策，以推动此时正行驶在特别陡峭的坡地的国家卡车。总而言之，世界需要的是把自由资本主义和社会主义相对抗同它的意识形态基础分离开来并处理它们。

汤因比认为，在即将到来的历史阶段中，如果西欧能够影响世界的其他部分沿着这一方向前进，那就不仅是对世界繁荣的巨大贡献，也是对人类和平所作的巨大贡献。也许逐渐打破美国和苏联之间的社会、文化和意识形态的障碍是这种影响的一部分，但世界上应该有一个最小的立宪合作政府，以允许具有英国或荷兰这样物质能力的国家实践它们对于世界－社会的影响。在这样一个世界－社会中，作为于我们物质生活领域时时的发生变化的一个结果，从纯粹战争能力的意义上说，当前只剩下的强国就是苏联和美国这两个具有可怕能量的巨人了。另一方面，要是联合国能够成功实现在不平等地划分成美国势力范围和俄国势力范围的世界中发挥有效的统一作用的话，就再好不过了。汤因比说，他要最诚挚地告诉人们，这是应该始终尽全力奋斗的目标，决不能被困难吓倒。

5. 经受着考验的文明

20 世纪中叶，西方人的历史观变得特别矛盾。尽管历史的地平线在时间和空间这两个维度上都大幅扩大，但就实际上所见到的和所能见到的东西来看，西方人观察历史的眼光已经迅速收缩到一个狭隘的领域，就像一匹戴着眼罩的马或者一位潜艇艇长通过潜望镜所能见到的领域。这确实很特别，然而它还只是现代西方时代特征中诸多矛盾现象中的一种，还有其他一些笼罩大多数西方人的例子。比如，人道主义情感在世界上已经被提高到空前的水平，所有的阶级、民族和种族的人们都认识到了人的权利，但是，与此同时，人们又落入空前的阶级斗争、民族主义和种族主义的深渊之中。这些恶的情绪在冷血的、有科学计划的残忍行为中寻求发泄。在汤因比看来，这两种不相容的心理状态和行为准则，不仅共存于一个世界中，而且共存于一个国家中，甚至共存于同一个灵魂中。再者，虽然有了空前的生产能力，但人们也同时有了从前所没有的缺点。人们发明机器为自己工作，然而，与过去相比，人们却更少地把劳动用于为人的服务，甚至是像帮助母亲照顾孩子这样的基本服务。人力持续缺乏，但同时又出现普遍的失业。由此，扩展着的历史地平线和人们收缩着的历史视阈的强烈对比，是现代的某种特征。可是，就它自身而言实在太矛盾了！

汤因比认为，作为一些特定文明连续扩张的结果，全部可居住的世界已经在20世纪中叶统一为一个单一的伟大社会。西方基督教文明的扩张最终实现了这一过程。但是，人们应当记住两点：第一，西方基督教文明的这种扩张，仅仅是完成了世界的统一，而并非造成这一过程持续下去的因素；第二，尽管世界的统一最终是在西方框架中完成的，但是，西方在世界上的优势肯定不会持续下去。

在统一的世界上，十八种非西方文明——有四个还存在，另外十四个已经消失——肯定会重新加强它们的影响。经过几代人、几个世纪的时间，统一的世界逐渐走上了通向不同文化相互平衡的道路。西方文化的成分将会逐渐降到适度的地位，这就是有待于由其内在价值和其他文化相比较之后所能保存下来的全部东西。在这样一种展望中，汤因比感到，历史向他们这一代和以后的历史学家们发出了这样的召唤：如果要提供他们能够为人类作出的全部服务——帮助人类在一个统一的世界中找到自己的方向——历史学家们就必须在想象和意志上做出必不可少的努力，打破他们自己国家和自己文化的局限，打破他们短暂的历史所造成的束缚，必须使他们自己习惯于采用历史的整体观。因此，历史学家的首要任务是把所有已知文明的历史作为一个整体进行理解并提供给其他的人民，不管是仍然存在的还是已经消失的文明。汤因比认为有两种方法能够实现这一任务：一是研究文明之间的冲突，二是对文明各自的历史作比较研究，把文明作为人类社会的某些特殊阶段的代表来考察。

汤因比预言，如果人类在统一的世界上的未来在总体是幸福的，那么，旧大陆的未来属于中国人，而北美的未来则属于法裔加拿大人。在北美洲，无论人们的未来是什么，这些说法语的加拿大人总会一直呆在那里直到故事结束。汤因比又说，如果人类的未来倾向于毁灭，他已经在几年以前预言，不论未来怎么样，它总会有利于西藏人和爱斯基摩人，因为他们占据着不一般的避难所。“避难”指的是从因人类的愚笨和衰弱而引起的危险中避开，而不是指从自然环境的严酷中避开。就实际的目的而言，自从旧石器时代中期起，人类就已经成为自然环境的主人。从那之后，人类仅有的危险仅仅来自于人类自身，但是这些危险是致命的。而在不久之前，西藏人和爱斯基摩人的家还是避难之处，因为如果要到达那里需先完成飞越喜马拉雅山脉和北极的任务。不过，汤因比说他也想到，北加拿大和西藏都有可能成为将来美苏战争上演的地方。

汤因比说，如果人类打算成为拥有原子弹的杀人犯，他个人期待看到中部非洲的黑人抢救人类现代文明遗产的某些部分，而他们在菲律宾和马来半岛的东方亲属可能将和人类中的一些人一同毁灭，因为这两个地方的人生活在危险的地方。据人类学家所说，非洲黑人对上帝的本质和上帝与人的关系的本质有着出乎意料的纯洁而高尚的观念，他们可能给人类一个新的开端。虽然人类将因此失去六千到一万年的成就，但和人类已经存在的六十万或一百万年相比，这一万年又算得了什么呢？

汤因比指出，可能发生的最极端的灾难是人类可能灭绝整个人类，包括非洲黑人。尽管并不很相似，但地球上的生命史证明了这一点。如果说人类在旧石器时代的中期就建立起了现在的优势，那么，人类在地球上的统治也就只持续了大约十万年。这又怎么能和生命存在于地球表面的五亿年或八亿年相比呢？其他生命形式曾经在长得不可思议的时期统治地球，然而它们的统治最终也结束了。巨大的甲壳类爬行动物的统治大约持续了八千万年，但它们的统治也早已结束。而在那之前——大概是三亿年以前很长的时间中，是巨大的甲壳鱼类的统治，这种动物已经实现了用于咀嚼的能活动的下颚的进化，然而，这种鱼类的统治也结束了。

在两亿五千万年前，有翅膀的昆虫就存在了。汤因比说，或许较高级的有翅昆虫正在等待统治地球的那一天的到来，这些社会性的昆虫在人类之前就创造了制度化的生活。如果有一天蚂蚁和蜜蜂获得了人类现在所具有的一丝理解之光，并以它们自己的眼光看历史，它们就会看到哺乳动物的进步和人类统治地球的短暂性，这段历史几乎是一段离题的插曲，如莎士比亚所说，“充满噪音和愤怒，却什么意义也没有”。

最后，汤因比指出，对于他们这一代人而言，这种挑战是告诫他们，不要让对历史的这种解释变成真的。

6. 未来的历史学家会怎么说

汤因比指出，受到大肆宣传的那些事件吸引了人们的注意力，因为它们处于生活之流的表面。这些事件导致人们的思想不能专注于无法直接感触和衡量的变化比较缓慢的运动，因为这些运动隐藏在生活之流的表面下。然而千真万确的是，正是这些比较深沉和缓慢的运动最终造就了历史，并在那些耸人听闻的事件成为明日黄花，给人们的心灵造成的影响缩小到一定程度时，在人们的回忆中凸显出来。

汤因比说，心灵的透视和眼睛的透视一样，只有观察者和他的对象保持一定距离，对象才会进入焦点。比如说，从盐湖城乘飞机到丹佛旅行时，落基山脉最近的观察点并不是最好的点。将目光扫过山峦时，除了朦胧的山峰、山脊、溪谷和悬崖峭壁之外，什么也看不见。直到把群山丢在身后，飞越这片草地时，回首望去，它们才会在人们的眼前一片接着一片地以宏伟的气势扶摇直上。只有在这时，才能一览落基山脉的全貌。基于这个观点，汤因比相信，未来的历史学家将以比他们那个时代的历史学家更好的尺度去观察他们的时代。

汤因比推测，未来的历史学家会说，20 世纪的伟大事件是西方文明对世界上所有其他人类社会的影响。这一影响非常之巨大和普遍，以至于完全改变了它的牺牲者的生活。它以一种内在的方式，影响了个体的男人、女人和孩子的行为、观点和感情，触动了没有被外部物质力量触动过的灵魂深处的心弦。然而，这是沉重的并且让人恐怖的。汤因比确信，在他们那个年代之后很短的时间内，如公元 2047 年，回顾那个时代的历史学家就会提到上述那些观点。

那么，公元3047年的历史学家又会说些什么呢？汤因比问道。在他看来，如果生活在工业革命以前，人们将不得不为玄思那些只是在遥远的将来才能说和做的事的荒唐想法辩护，因为对于那些确信世界是在公元前4004年创造出来的人而言，一千一百年是一段相当长的时间。然而，汤因比认为他并不必为自己的想法道歉，因为自从他那一代人的曾祖父的时代以后，人们的时序表就有了十分巨大的革命，以至于如果要在自地球诞生以来的历史篇章中划出一页，一千一百年已经显得十分短暂。

由此，汤因比认为，比起公元2047年的历史学家们，公元3047年的历史学家们会有更多有趣的事情可说。因为，他们在他们那个时代可能知道得更多，也许就包括在相当早的历史片段中的关于20世纪中叶人们的故事。汤因比相信，公元3047年的历史学家将主要对这样一种极端相反的状况感兴趣：从前的受害者对侵略者的生活造成了影响。到公元3047年时，人类已经从黑暗时代诞生之后延续了约一千两百到一千三百年了。到那时，西方文明已经几乎不为人知地完全转变了，而这正是由于来自其他世界的反影响造成的。20世纪中叶的西方正处于来自东正教、伊斯兰教、印度教和远东地区影响的汪洋大海之中。

汤因比继续推测道，到公元4047年，作为侵略者的西方文明和作为受害者的其他文明之间的差别可能已经不重要了。在各种文明相互影响之后，能够保存下来的将是人类共同的伟大经验：其他文明的传统的冲击虽然使某些社会文化遗产受到损害，但正因为这样才找到了一种新的生活——一种新的公共生活——从而逃脱了毁灭的命运。公元4047年的历史学家将会说，在公元纪年的第二个千年中，西方文明对于它同时代文明的影响是那个时代的划时代事件，因为它是朝全人类团结成一家迈出的第一步。汤因比说，在公元4047年，人类的统一或许已经成为人类生活的一个基本条件。那时的人们可能需要费很大的劲才能想象在人类诞生之后的最初六千年中的区域文明。古代雅典人从最远的边境到首都只不过是步行一天的路程，而现代人却可以在十六个小时内从这个大洋飞跃到那个大洋，他们不可能相信他们的国家就是整个宇宙。

汤因比继续追问道：公元5047年的历史学家又会说些什么呢？他猜想，5047年的历史学家们会说，人类社会统一的重要性并不在技术和经济领域，也不在战争和军事领域，而是在宗教领域。

四、世界和西方

1952年，汤因比应BBC广播电台的邀请作了一系列讲座，《世界和西方》一书即是在这些讲座的基础上写作完成的。本书的主题是非西方世界和西方的碰撞。汤因比认为，世界和西方的碰撞是近现代史上最重要的事件，也是文明的碰撞的一个突出例子。在他看来，对同一时代中不同文明碰撞的过程与结果的比较研究，是理解人类历史的一把钥匙。

看到《世界和西方》这个题目后，读者们或许会有些困惑，可能会提出这样的疑问：西方真的成了世界的另一个代名词了吗？为什么要按目前的顺序排列“世界”和“西方”这两个词呢？为什么不把西方放在首位，用“西方和世界”代替“世界和西方”呢？汤因比解释道，之所以采用这一标题是为了突出对主题理解的两个最基本的要点。其一，西方从来就不能代表一切和世界有关的事情；其二，甚至在它的势力发展到顶峰的时候，西方也不是近现代历史舞台上唯一的表演者。在已经持续了四五百年的世界和西方的碰撞中，是世界而不是西方获得了有益的经验。这就是把“世界”放在“西方”前面的原因。

想要深入这个主题的西方人必须用几分钟时间努力摆脱西方人的天性，以占人类大多数的非西方人的眼光观察世界和西方的碰撞。虽然世界上的非西方人在种族、语言、文化和宗教等方面互不相同，然而，当被问及对于西方的看法的时候，无论是俄国人、穆斯林、印度人、中国人、日本人还是所有其他人都会做出同样的回答。他们将会告诉西方调查者，西方人是现代最大的侵略者，因为这些国家中的人们都有过因西方的侵略而产生的敌视西方的亲身经验。俄国人将会提醒西方调查者，他们的国家曾经于1610年、1709年、1812年、1915年和1941年多次遭到横跨大陆的西方军队的侵略。亚洲和非洲人民也会提醒西方调查者，自从15世纪开始，西方传教士、商人和士兵就穿越大洋闯入他们的国家。亚洲人还会提醒西方调查者，在同一时期，西方人还占领了位于美洲、澳大利亚、新西兰、南非和东非的世界上仅存的空地的大部分。非洲人将会提醒西方调查者，为了西方主子对于财富的贪婪，他们曾像工具一样被贩运到大西洋的彼岸，为美洲的欧洲殖民者服务。北美土著居民的后裔也将会提醒西方调查者，他们的祖先曾被赶到一旁，以给西欧侵略者和非洲奴隶们腾出地方。

这些指控会引起大多数20世纪的西方人的惊讶、震动、伤心和愤慨。从1945年开始，西方的荷兰人有意识地撤出了印度尼西亚，英国人撤出了印度、巴基斯坦、缅甸和锡兰。在1899至1902年的南非战争之后，由于自愧，英国人再也没有发动过侵略战争。而在1898年和西班牙的战争之后，美国人也是如此。但是，西方人忘记了，在第一次世界大战和第二次世界大战中，两次侵略包括苏联在内的其他邻国的德国人也是西方人；西方人忘记了苏联、亚洲和非洲的人们很难准确区分不同国家、不同阶层的“法兰克人”。在这些人们心中，“法兰克人”是世界各地的所有西方人的统称。在从1500年开始的四个半世纪中，西方给世界造成的形象基本上就是侵略者的形象。汤因比认为，如果说苏联和中国转而侵犯西方的话，那也是直到第二次世界大战结束之后才开始的新的历史篇章。西方人对于近年来苏联和中国侵犯西方利益的行为，表现出了很明显的惊恐和愤怒。因为对于西方人来说，在世界的压力下经受苦难仍然是陌生的，而世界曾经在西方的压力下经受这种苦难长达几个世纪。

1. 俄国和西方

汤因比首先分析了俄国和西方的关系。俄国是世界上广大的非西方国家的一部分，虽然大多数俄国人曾经是基督徒，并且其中的大部分至今仍然信教，但他们从来都不属于西方的基督教派。和英国一样，俄国的基督徒并不皈依罗马教廷，而是皈依君士坦丁堡。虽然这两个教派有共同的起源，但东方和西方的基督教徒是互不相干并时常彼此反感和充满敌意的。

在汤因比看来，俄国和西方关系的整个历史是不幸的，不过却曾有过一个良好的开端。虽然生活方式不同，但在中世纪早期，俄国和西方曾经相当友好地共处过。人民相互通商，王室也相互联姻，英国国王哈罗德的一个女儿就嫁到了俄国王室。直到13世纪被鞑靼人征服后，俄国才开始和西方疏远。由于鞑靼人是来自于大草原的游牧民族，总是无法适应俄罗斯的田园和森林，因而鞑靼人对俄国的统治是短暂的。然而，俄国人不是把鞑靼人的占领给俄国造成的持久损失归咎于鞑靼占领者，而是归咎于它的西方邻居们。因为乘俄国被征服的机会，这些西方人割占、吞并了在白俄罗斯西部边缘和乌克兰西部的大片西方基督教教派的区域。直到1945年，俄国才最终收复这一大片领土。

中世纪后期，西方对俄国的征服对于改变俄国的生活和俄国同它的西方进攻者的关系造成了重大影响。西方对于俄国的压力不仅使俄国开始疏远西方，而且也使俄国人民屈从于设在莫斯科的本土的新的强权政治。抵抗西方是以独裁为代价的。要使国家继续存在下去，就必须把政治统一强加给人民，因此，在莫斯科产生一个新的专制的中央集权政府不足为奇。因为莫斯科处在西方侵略者进入俄国的交通要塞上，1610年的波兰人、1812年的法国人和1941年的德国人都是从这条路线入侵俄国的。从14世纪上半叶到20世纪中叶，专制和中央集权一直是历届俄国政权的主要特征。这种莫斯科式的俄国政治传统，可能一直是连俄国人自己也难以接受的事。当然，更让它的邻国们讨厌和惊恐。然而，很不幸，俄国人已经学会容忍这一切了。虽然这可能在某种程度上同他们的本性相违，但俄国人却毫无怨言，因为他们感到由此引起的痛苦要比被邻国侵略者征服好得多。

在汤因比看来，让俄国人放弃对于专制统治的这种已经成为习惯的看法，而代之以和西方人相同的观点，是20世纪中叶的俄国和西方关系进一步发展的一个主要障碍。绝大多数西方人都认为，专制制度是一种无法忍受的社会灾难。当以法西斯主义和国家社会主义形式出现的专制主义在西方抬头的时候，西方人为制止它付出了惊人的代价。由此，西方人对所有俄国式的专制制度都感到厌恶和不信任，不管它自称为沙皇制度还是共产主义。西方人不希望俄国的这种专制主义的影响继续蔓延下去。尤其让西方人担心的是，西方的自由理想正面临着这样一种危险：西方人自从1682年至1683年土耳其人第二次包围维也纳以来，第一次被推到了招架防御的位置上。

对于战后西方遭受苏联威胁的担忧，在西方人的观念中被明确确证了。不过，汤因比指出，西方人同时也必须防止由于他们和苏联的关系自1945年之后的倒转而忘记过去的合作。当用历史学家而不是记者的眼光看待西方和俄国的冲突时，就会明白在1945年前的几个世纪中，俄国人敌视、厌恶西方的原因和1945年后的西方人仇视、怀疑苏联的原因是相同的。在最近几个世纪中，西方从13世纪开始到1945年对俄国的威胁，随着西方技术革命的爆发而变得更为严重。西方的技术革命不仅已经成为一种长期的趋势，而且没有显出任何趋于减弱的征兆。

西方人开始使用枪支的时候，俄国人也跟着使用起来。16 世纪的时候，伏尔加河流域的人们就开始使用这些从西方得来的新型武器攻击鞑靼人。然而，西方武力的优势使波兰于 1610 年占领了莫斯科，并且占领了长达两年。而差不多同时，瑞典人也夺走了俄国的波罗的海口岸。俄国人对于西方人 17 世纪的这些侵略行为的回应就是大量采用西方技术，大量引进同这些技术不可分割的西方生活方式。专制而中央集权的莫斯科制度的特征是，通过彼得大帝这位天才人物的命令，在 17、18 世纪把科技革命和随之而来的社会革命强加给俄国这样一个比较落后的国家。彼得是理解西方和世界任何一个地方（不只是俄国）的关系的一个关键人物，因为他是最早强行实行西方化的改革者。从 18 世纪开始，他率先通过强迫世界用西方的武器训练自己、抵御西方侵略的办法，使世界免于完全受西方的统治。无论是有意识还是无意识的，苏丹萨里姆三世、穆罕默德二世、土耳其总统穆斯塔法·凯末尔·阿塔特克以及 18 世纪 60 年代在日本发动西方化变革的政界元老们，都是步的彼得的后尘。

在汤因比看来，彼得把俄国推入了一场和西方的技术竞赛，直至 20 世纪中叶这一竞赛仍在进行。俄国不敢稍微休息片刻，因为西方一直不断地创造出新的飞跃。例如，彼得和他 18 世纪的继任者使俄国几乎达到了和西方齐头并进的水平，并使俄国击败 1709 年入侵的瑞典侵略者和 1812 年入侵的法国侵略者，然而，19 世纪的工业革命让西方再次把俄国甩在身后，以至俄国在第一次世界大战中被德国入侵者击败，就像两百年前被波兰和瑞典击败一样。汤因比认为，苏联的共产主义政府之所以能够取代沙皇政权，正是因为俄国在1914至1917年间被西方工业技术击败造成的。在这之后，这个共产主义政权在1928至1941年间为俄国所做的事情不过是彼得两百三十年前为俄国人所做的事情的重复。

作为俄国近现代史上的第二次，苏联也被一个独裁的统治者驱赶着追赶再一次大幅领先它的西方技术。和彼得一样，斯大林这一强制施行的技术西方化的过程最终在战争的考验中被证明是正确的。就像彼得的技术革命击败1709年的瑞典侵略者和1812年的法国侵略者一样，共产主义的技术革命在第二次世界大战中击败了德国侵略者。之后，在1945年，在被德国占领的国土完全解放的几个月后，苏联的美洲同盟者在日本投下了一颗原子弹，这宣布了西方第三次技术革命的爆发。由于西方技术再次超过了苏联，所以苏联不得不在赶超西方技术的道路上进行第三次强行军。在当时的汤因比看来，苏联和西方长期竞争的这第三个回合的结果还不好预测，但有一点已经很明显，技术竞赛的更新是困扰这两个前基督教社会关系的另一个十分严重的困难。

在汤因比看来，还必须进一步分析，在这场使用工具进行的竞赛中，被视为手段的工具究竟是什么？电动织机、机动车辆、枪支、飞机、炸弹等都是实现这种目的的工具。

不过，汤因比强调，并非所有的工具都是物质性的，还有一些精神性的工具，而且这些精神性工具是所有人造工具中最有效的，比如说信仰。在苏联和西方从 1917 年开始的新一轮竞赛中，苏联就借助了其信仰，这一信仰的力量足以同它的西方竞争者的物质工具相抗衡。共产主义确实是一件武器，并且同炸弹、飞机和枪支一样，这也是一件是产自西方的武器。如果共产主义不是被 19 世纪的一对西方伙伴——卡尔·马克思和弗里德里希·恩格斯，两人都在莱茵河畔长大，并分别在伦敦和曼彻斯特度过了他们的黄金时期——发明出来的话，那么共产主义永远不会成为苏联官方的意识形态。在苏联的传统中，没有任何东西可以使苏联人自己发明共产主义。而且可以肯定的是，如果西方没有这样一种现成的共产主义的话，那么，俄国人怎么也想不到 1917 年它会被革命的俄国政权运用于俄国。

不仅通过从西方输入工业革命，而且还从西方引进意识形态作为反对西方的武器，这是布尔什维克于 1917 年创造的俄国历史上的一个伟大的新起点。因为，从西方引入信仰，这是俄国人历史上的第一次。基督教并不是从西方而是从拜占庭传入俄国的。基督教在拜占庭具有独特的非西方的形式和精神。西方社会想把西方的基督教加给俄国的企图早在 15 世纪时就遭到过失败。公元 1439 年，在佛罗伦萨举行的一次教会会议上，拜占庭帝国仍然保留着的东正教代表很不情愿地承认了罗马教廷的最高权力，希望以西方世界从土耳其人的统治下救出君士坦丁堡作为回报。

莫斯科的大主教也出席了这次会议，并和代表希腊正统教的他的兄弟共同投了赞成票。然而回到莫斯科后，不仅对教皇最高权力的承认被拒绝了，他本人的职务也被罢免了。在这之后的两百五十年，当彼得大帝到西方学习西方技术的时候，已经没有任何要求俄国以采用西方的宗教形式作为传授技术的代价问题了。在 17 世纪末之前，由于内部令人厌倦的宗教战争，西方人出现了一场情感的剧变，他们不仅反对宗教狂热而且还反对宗教本身，因此，在彼得时代俄国所要拜为师父的西方已经是一个非宗教的世界了。作为推动俄国西方化的先驱，少数有经验的俄国人学着使俄国逐渐地转向俄罗斯式的基督教，而不是以纯粹的西方式基督教取而代之。所以，苏联于 1917 年接受共产主义，在其历史上第一次全盘引进了西方信仰，这对于俄国传统来说的确是一个突破。

在汤因比看来，苏联所接受的共产主义是一种特别适合于俄国反对西方的精神战争的西方武器。在共产主义诞生的西方，这种新的信仰被看作异端。汤因比指出，共产主义实际上是西方人对自许为基督教社会的西方在经济和社会生活中没能坚持基督教原则的批判。虽然发端于西方，但共产主义这种信仰却正是控诉西方实践的精神武器。这一武器被西方世界的对手所掌握，并用来反对它的制造者。一掌握了这种西方的精神武器，苏联人就像西方人那样把战火用精神飞机运向敌对国家。在让西方人良心不安的共产主义被创造出来之后，当苏联的宣传反而把它用于西方时，就有可能引起一些西方人良心上的不安。因此，在17世纪之后，在第一次皈依伊斯兰教的趋势几乎结束的时候，西方人再次发现了来自内部的精神上的分裂对于他们自身所造成的威胁，这种威胁和来自外部的冲击一样严重。在产生于西方自己家园中却挖西方文明墙角的威胁下，苏联人手中的共产主义已经被证明是比以往任何物质武器都有效得多的武器。

共产主义还成为苏联把占世界人口四分之一的中国人和那些占世界人口大多数的既不倾向于苏联也不倾向于西方的国家拉入苏联阵营的一种武器。谁赢得同这些中立国结盟的斗争，对于苏联和西方碰撞的结局也许是决定性的。在苏联和西方争夺世界权力的竞赛中，这些既不倾向于苏联也不倾向于西方的世界人口的大多数将证明他们拥有表决权。尤其是向被压迫的亚洲、非洲和拉丁美洲的农民宣传共产主义的声音来自苏联时，共产主义对他们具有双重的感召力。苏联发言人首先可以对亚洲农民说："如果你们照着苏联的道路走，那么共产主义将给你们独立于西方的力量，就像共产主义苏联傲然屹立在西方面前一样。"共产主义的第二个感召力在于，它宣布自己能够消灭亚洲的少数富人和大多数为贫穷所困的人们之间极端的不平等，而这是私有资本既不能也不愿做的。对生活不满的亚洲人并不是被共产主义吸引力的唯一群体，共产主义几乎对所有人都具有吸引力，因为它宣称自己能够创造出人类大同，而这正是原子弹时代人类面临自我毁灭威胁时唯一可取的出路。

在和西方的碰撞中，苏联虽然还没有在技术上领先，但是精神上的优势已经从西方转到了苏联。西方人不能让自己顺从于共产主义，因为对于绝大多数西方人来说，共产主义这个被苏联人接过去的西方异端看起来是一种荒谬的、将人引入歧途的、灾难性的教义和生活道路。一位神学家或许会评论说，这是我们伟大的现代西方异教创始人卡尔·马克思制造出的具有异教特征的智力错误和道德偏差，在指出正统实践需要改革的时候，他忽略了所有其他的考虑，从而开出了一张会造成比原有疾病后果更坏的药方。由于接过了这种被称为共产主义的西方异端，并在反西方潮流中把它传播到全世界，苏联人成功地从西方人手中夺走了主动权。不过，汤因比认为，这并不意味着共产主义必定会取胜。在非马克思主义者看来，马克思的观点太过狭隘、有太多曲解，以至于无法永久满足人们的心灵和头脑。所有共产主义的胜利，都同样如此。就共产主义的发展而言，它预示了这样一件即将到来的事情：当前世界和西方的碰撞正从技术层面转向精神层面。

2. 伊斯兰和西方

其次，汤因比考察了伊斯兰世界和西方的关系。他说，人们把共产主义称为基督教的异端，伊斯兰教也一度有过这样的称呼。在汤因比看来，和共产主义一样，伊斯兰教也创造了为革除同时代的基督教实践所表现出的种种恶习的斗争方式。而且，伊斯兰教早期的成功表明，当异教所攻击的正统教派不愿修正它原来的方式时，革除异教的呼声将多么的强烈。在公元7世纪的时候，穆斯林的阿拉伯人解放了从叙利亚到北非再到西班牙的一大批希腊－罗马统治下的东方国家。从亚历山大大帝征服波斯帝国和罗马人推翻迦太基的时候起，这些地区被希腊、罗马统治了将近千年。在那之后，在11到16世纪期间，穆斯林逐渐征服了整个印度。他们的宗教也顺利地传播到一些更远的地方。在东方，传入了印度尼西亚和中国，而在西南方向则传入了热带非洲。在中世纪后期，俄国也曾被皈依伊斯兰教的鞑靼人统治过一段时间，而在14和15世纪时，其余所有小亚细亚和欧洲东南部的东正教徒都被土耳其的穆斯林征服过。在1682年至1683年前不久，维也纳遭到了土耳其穆斯林的第二次包围。这次包围的失败标志着西方同入侵的土耳其帝国的碰撞的有利方面开始转向西方，但是，土耳其的穆斯林旗帜直到1912年仍然飘扬在亚得里亚海东海岸上。

汤因比指出，伊斯兰教早期的这些军事和政治上的惊人胜利，解释了为什么土耳其和其他穆斯林民族迟迟不肯响应彼得大帝采纳西方的武器、工具、制度和观念以同西方相抗衡的政策。彼得大帝在俄国发动了技术西方化的运动，而其他国家的这种西方化进程要缓慢得多。与穆斯塔法·凯末尔·阿塔特克鼓励他的国民全心全意、毫无保留地接受西方生活方式的时候，已经离土耳其人 1683 年在维也纳的失败有两百三十六年之久。

由于土耳其在 1768 至 1774 年的土俄大战中的失利，1789 年即位的苏丹萨里姆三世所倡导的军事改革大为推进了。直到土俄大战失利之前，土耳其人还认为俄国是他们很轻视的东正教国家希腊和保加利亚的兄弟，而现在，土耳其人被这些精通西方军事技术的俄罗斯庄稼汉打败了。如果土耳其人不是在第一次世界大战之后发现他们正不可避免地要在全盘西化和彻底毁灭之间进行选择的话，那么凯末尔在 1919 年发起的全盘西化运动和他那富有想象力的见解和超凡的魄力是否能够成功地推动土耳其人摆脱长期束缚他们的保守主义，是很值得怀疑的。

汤因比强调，在 1683 年土耳其包围维也纳失败之后，西方对于伊斯兰世界的冲击是注定要发生的，只不过由于西方人对于历史上土耳其人和其他穆斯林民族勇猛作战的深刻印象而推迟了。西方对土耳其人在 14、15 世纪征服东正教的反击，不是沿损失重大的失败的十字军东征的路线发动一场对伊斯兰世界的新的正面进攻，而是通过征服海洋包围伊斯兰。莫卧儿人是印度的最后一伙穆斯林侵略者，在他们从中亚经陆路到达印度的若干年之前，环绕非洲的航行就把葡萄牙水手带到了印度洋的西海岸。西班牙人穿过大西洋和太平洋，经墨西哥，在菲律宾群岛上开发出了一条新的基督教和伊斯兰教的东亚边界。直到那个时候，这两种不同教派只在地球的另一侧即多瑙河流域和地中海接壤相邻。事实上，在16世纪结束之前，西方就已经庆幸它对于海洋的征服成功地把套马索套在了伊斯兰的脖子上。然而，直到19世纪，西方人才壮着胆子把这个套马索拉紧。因为直到这个时候，对于穆斯林勇猛作战的记忆仍然既让西方人维持着谨慎，另一方面也维持着穆斯林们的得意。在汤因比看来，逐渐摧毁穆斯林们这种自满情绪的是鄂图曼帝国及其他穆斯林政权再次被以西方武器和科学技术装备起来的对手打败。在那个时候，科学技术已成为西方战争的关键。穆斯林们对于这段经历的反应和俄国人的反应完全相同。

就像俄国人在1699至1825年一样，在1789至1919年的土耳其，带有典型的革命性的西化倡导者是一位年轻的海军军官。在西方人看来，这是很让人惊讶的。因为，在西方国家，现役的专职军官不仅不可能成为革命的温床，而且必定是保守主义的要塞。然而，俄国执行彼得西方化政策最出色的就是他年轻的警卫官。在彼得时代过去一百多年之后，为反对保守的尼古拉一世而发动的以失败告终的1825年革命的组织者也是一群军官。他们在占领法国的国际部队中服役时，受到1814年前后西方政治思想的感染。19世纪俄国革命领袖具有代表性的一种履历是，出生于富裕的土地所有者家庭，之后成为军队的一名文职官员，并在文学杂志上发表一些探讨哲学的文章。通常，他们在很年轻的时候就退出了沙皇帝国的机构，而作为一名领年金者将其后半生全部贡献给了在俄国实行西方化和政治社会改革的伟大事业。实际上土耳其和俄国有相同的经历。没有获得成功的推进西方化的先驱萨里姆三世和他颇有成效的继任者穆罕默德二世，都曾经致力于以西方模式训练他们的军队。1908年的土耳其革命是没有成功的1825年俄国革命的翻版。在这场土耳其革命中，年轻的军官们也是运动的灵魂。

年轻的军官们能够在土耳其革命中成为西方化运动骨干的原因是很明显的。土耳其1908年革命的目的是重新确立1876年提出的倡导西方议会制的土耳其宪法。这一宪法甫一提出就遭到了反动的苏丹阿布达尔·哈密德二世的攻击。为了不让西方自由主义思潮在土耳其重新高涨，在他绝对统治的三十年中，阿布达尔·哈密德推行了一整套镇压一切形式“危险思想”的政治措施。哈密德几近病态地害怕革命，不过，同时他又很清醒地认识到，如果不能让土耳其军官们保持和西方军事科学的同步发展，那么他将被其他军事发达的外国政权征服从而失去帝国。当然，他力图把这些军官接受的西方教育限制在尽可能狭窄的专业限度内。然而，这些年轻的土耳其人由于需要研究西方军事教科书而被允许学习西方语言之后，就再也不可能把他们的心灵和西方政治思想隔绝开来了。结果，这些年轻军官在哈密德时代的土耳其成为一个特殊的阶层，他们能一直把心灵的窗户向西方敞开。这也就是在蒙昧主义暴虐地统治了三十年后的1908年，军官们中的年青一代成为土耳其西方自由主义新一轮攻势的先锋部队的原因。

土耳其军事西方化的必要性这一甚至连哈密德二世这样一个极端反动分子也不得不承认的事实，早在这个暴君之前的一百年就被他不幸的前任、有自由主义思想的萨里姆三世认识到了。然而，在这一历史的第一阶段，对于正谨慎引入的完全异己的西方文明，即使那些坚定地主张土耳其西方化的人们也毫无爱意，他们只希望获取刚好能维持“病态的欧洲人”生命的最少量的西方文化。这种勉强的学习态度导致了土耳其的西方化改革一次又一次地流产。西方化的改革者们希望通过让土耳其士兵身着西方军服、手持西方武器，让土耳其官员接受西方的职业训练，使土耳其能够在战争中像澳大利亚这样的西方强国或俄国这样的西方化政权一样强大。然而，他们希望仍旧保持土耳其人生活其他一切方面的传统伊斯兰教基础。这种最小限度西方化的政策之所以失败并且必定失败的原因就在于它违背了一条真理：任何一种文明、任何一种生活方式，都是一个不可分割的整体，它的各个部分相互联系、相互依赖。

彼得大帝认识到了这一真理，从而显示出了他的天才，然而早年的土耳其军队的改革者们却浑然不知。西方之所以从17世纪起就在战争艺术上占优势，并不只靠武器和军事训练，甚至也不只靠用于军事装备的技术。如果不把那一时代西方社会的内在精神因素作为一个整体来考虑，就完全无法理解这一情况。事实上，西方的战争技术是它的生活方式的一个因素。因此，想要获得技术而又不想尝试西方生活的社会必定无法掌握西方的技术。同样，如果想要在专业上达到正规的西方标准，俄国、土耳其或其他非西方国家的军官就必须获得比在教科书或练兵场上所看到的多得多的西方文明。因此，土耳其曾经更为坚持的对于西方问题的最小限度的解决办法根本行不通。这一历史只有两个可供选择的实践结果：或者最少量地吸收西方文明，从而为此付出代价；或者通过心灵、精神和力量的全盘西化把土耳其从灭亡的危险中拯救出来。在这两条道路中，土耳其人选择了前者。不过，当把自己带到了毁灭的边缘后，土耳其人的确及时地在穆斯塔法·凯末尔·阿塔特克的领导下，转向没有任何约束和限制的全盘西化，从而在为时还不算过晚的时候拯救了自己。

穆斯塔法·凯末尔是哈密德统治的最后时期的一个年轻军官，他在接受西方职业军事教育的过程中吸收了西方思潮，后来又参加了 1908 年革命中的一个活跃的组织。当土耳其在第一次世界大战中作为战败的德国的同盟国被击倒时，穆斯塔法·凯末尔的机会到来了。在汤因比看来，凯末尔有一种智慧令他清楚地看到，对于当时的土耳其来说，总是令其遭受重大损失的半西方化政策是一个致命的错误，凯末尔政策的目的是让土耳其彻底地转向西方的生活方式。1920 年，他使土耳其在极短的时间内进行了一次慎重而有组织的革命。汤因比认为，就像文艺复兴、宗教改革、17 世纪末反宗教的科学精神革命、法国大革命和工业革命在西方所做的那样，这场革命将所有东西都完全纳入了一种单一的生活，并且处处受到法律的强制。在土耳其，解放妇女、废除伊斯兰教和以拉丁字母取代阿拉伯字母作为传递土耳其语言的书写文字的政策，都是在 1922 到 1928 年间制定的。

这场革命是在一个通过实行一党专政而独揽权力的独裁者的指挥下进行的。或许革命在任何其他不如此专制的方法下都不可能进行得如此迅速和彻底。1920 年的土耳其如果不彻底改变，就必定灭亡。而土耳其人选择了不惜一切代价存在下去的道路，他们所付出的一个代价就是在一段时间内屈从于法西斯－纳粹式的独裁统治，尽管一党专政的独裁制度在土耳其从没有到达极权主义的极端。不过，土耳其以这一代价获得了令人印象深刻和前途光明的结果。在 1950 年的普选中，土耳其没有经过暴力和流血就实现了从一党制向两党制的转变。从前那个长期主张独裁统治的政党开始为选民所接受。它先是让选民们自由投票，然后又把自己的选举失利作为从政府机关撤离的信号，并让反对党接管政府。而反对党也表现了同样的拥护宪法的精神，在掌握权力之后，他们也没有滥用权力，采取任何报复措施反对那些自愿让位给选举的获胜者、尊重自由选举结果的对手。

土耳其经过这么多代政治家的努力，似乎真正确立了西方的议会立宪制度，和战争艺术相比，这一制度距西方文明的核心要近得多。如果真是这样，那么它对于适度的竞争和政治上相互制约的意识将很有益处。在西方人看来，这是西方能献给世界的一件美好礼物。自从 1917 年之后，诸多部分地或仅仅只是名义上实行民主政治的民族已经堕落为完全相反的专制，而且像意大利和德国这样的民族，并不是在很近的时候才转向西方文明的，它们从来就是西方家族中的成员。汤因比认为，土耳其1950年普选中西方立宪精神的胜利是一个里程碑，可能标志着整个世界政治趋势的转折。

汤因比强调，有一些西方观念和制度是值得怀疑的，其中一个就是国家主义，这是必须警惕的。像接受其他有益或有害的西方观念一样，土耳其以及其他很多跟随它的伊斯兰民族都强烈地感染上了国家主义。西方人必须扪心自问，这种狭隘的政治观念侵入伊斯兰世界之后会造成什么结果？本来，那里有着世代相传的天下穆斯林皆兄弟的观念，尽管种族、语言和居住的地方不同，但是，通过共同的信仰，他们就亲如一家。在西方技术进步消灭了距离的世界上，对于满足不同时期的社会需要而言，人人皆兄弟的伊斯兰传统似乎是比在相互分离的各民族之间保持完全独立的西方传统更好的理想。西方社会发现，在第二次世界大战之后它们自己被划分成了大约四十个完全独立的国家，这种危及自身的分裂将造成它们所共同居住的房屋的坍塌。然而，由于西方在世界上仍然享有的很高威信，将导致西方国家主义病毒的继续传播。不过，西方这种政治弊病的传播或许会遭到伊斯兰人团结合一的传统感情力量的抵制。对于整个人类的未来和拯救当代而言，建立世界范围的政治和社会的联合非常必要。特别是在今天的原子时代，它变得比以往的任何时期都更为紧迫。

在凯末尔的鼓舞下，土耳其人民毫无保留地采用了包括国家主义在内的全部现代西方生活方式，为整个伊斯兰世界解决共同面临的“西方问题”作出了努力。不过，其他一些伊斯兰国家就没有必要拘谨地按照土耳其留下的足迹亦步亦趋了。在一些阿拉伯语系的穆斯林国家，如从大西洋沿岸的摩洛哥到靠近西方的波斯，人们用各种不同的方言表述同样的思想。但在书写的时候，人们遵守统一的书面语标准。在开罗、大马士革和贝鲁特出版的书籍和报纸，发行到了整个辽阔的阿拉伯读者区。此外，在那些不以阿拉伯语为日常生活用语的伊斯兰国家中，阿拉伯语还时常被用作宗教语言。

在伊斯兰世界的所有边缘地区，如非洲、印度、中国和苏联，都有作为少数民族的穆斯林广泛散布在占多数的非穆斯林人中间。据说这些分散的穆斯林有数百万人。这些穆斯林不可能在地理上把他们的成员聚集起来，形成紧密的可能成为独立的主权国家的社区。在汤因比看来，对于所有这些分散的穆斯林来说，具有诱惑力的国家主义信条不是对新生活的召唤，而是对于死亡的宣言。

在英国于 1947 年撤离印度之后，西方的国家主义仍然在印度占有市场。在它的作用下，之前联合的次大陆分裂成了两个互相对立的后继国家：信奉印度教的印度共和国和加入穆斯林世界的巴基斯坦。这次分裂对于这两个国家都是一场大灾难。比起原来的印度联邦，印度共和国小得多，而巴基斯坦则是由被印度共和国的整个国土分割的两块断片构成的。在这一分割之后，数百万的印度教徒和印度穆斯林都发现他们生活在新国界的错误一边，因而，他们面临着一个痛苦的选择，要么离开家乡，要么落入并不喜欢他们的政府的统治。巴基斯坦人有了一个他们自己的、幅员辽阔且深得人心的国家，然而，这些穆斯林为此不得不付出比土耳其人、埃及人昂贵得多的代价。从自己的亲身经历中，他们看到了西方国家主义的价值和缺陷，因此，巴基斯坦人和土耳其人学习的这些政治经验，不仅对于伊斯兰世界，对于整个人类世界而言都很有价值。

3. 印度和西方

再次，汤因比考察了印度和西方的关系。他指出，印度和西方的碰撞有世界上其他任何社会都没有分享过的经验。就其自身而言，印度本身就是一个完整的世界，是一个和西方社会同样庞大的社会。这个非西方的大国不仅受过西方军队的进攻和打击，而且被西方军队占领和征服过；不仅被西方军队征服过，而且还被西方的行政管理者统治过。在孟加拉国，西方的统治持续了将近两百年，在旁遮普，这一统治达一百多年。在西方统治下，印度所承受的痛苦和耻辱比中国和土耳其多，更比俄国和日本多得多。不过，也许正是由于这个原因，印度和西方更为接近。印度人和西方人的个人交往非常的密切，西方的很多思想都已经渗入进印度人的心中了。

如果印度先是被穆斯林军队征服的话，那么它或许不会被西方军队征服。1498 年，葡萄牙航海者率先登上印度大陆，在这之后没几年，印度莫卧儿的穆斯林统治者们便来到了印度。这些莫卧儿的穆斯林抢在英国人之前把整个印度置于他们的统治之下。虽然莫卧儿时期的社会秩序不如之后英国人在其统治达到顶峰时期的社会秩序那么井然有序，但它们持续的时间大体相同。莫卧儿人的统治于 18 世纪崩溃，它所留下的许多遗物使英国后继者们很容易地重新建立起莫卧儿的制度。其中一个遗物就是土地税收制度。在 18 世纪印度的无政府主义时期，这一制度由于自身的内在能动力延续了下来。之所以能够延续下来，是因为它已经成了印度的一种风俗，由于这种习俗的力量，印度人在内心中默认了外国侵略者强加在他们头上的义务。

莫卧儿统治者的英国后继者使莫卧儿的统治走向了终结，18 世纪 30 年代，他们毫无顾忌地想改变他们的前任在印度人头脑中建立的观念。在 18 世纪 30 年代，印度的英国统治者以西方高等教育取代伊斯兰教和印度教，从而把英国统治者的西方观念如自由、议会政府和国家主义灌输给印度人，从而打开了印度人了解西方的窗口。印度人从内心上接受了这种西方的政治教育，这使他们产生了在印度建立一个英国人欣赏的自治政府的愿望，并最终使英国人承认了这一政府。20 世纪中叶，英国统治者在印度的印度教后任，和在巴基斯坦的穆斯林后任，都沿用了他们的前任从1688年开始的统治方式。

在汤因比看来，特别值得注意的是，印度次大陆大部分地区的现任印度教统治者都选择沿用曾被外国占领者放弃的统治方式。自八九个世纪前穆斯林征服印度开始，印度教徒第一次成为他们自己家园的主人。18世纪，在莫卧儿穆斯林统治瓦解的时候，似乎会立即建立起一个继任的印度教国家。在18世纪对于莫卧儿遗产的争夺中，马拉他的印度教力量一度可能赢得最大份额的遗产。由于西方更强劲力量的干涉，这一以马拉他的印度教统治取代莫卧儿统治的尝试破灭了。不过，好在取代马拉他统治的英国统治的建立，并没有使印度教徒在他们家园上的复苏停止下来。18世纪印度教复兴军事阵线的努力在军事上失败的时候，已经聚集起来的印度教的各股势力又分离开了。和18世纪的政权空白阶段一样，在英国人的统治下，19世纪的印度教徒们获得了权力。但是，他们在英国的统治下取得权力，并不是通过军事力量，而是通过掌握在西方化世界中作为政权关键的教育、管理、法律等一系列的西方制度实现的。

汤因比认为，印度教徒比印度的穆斯林更快发现和抓住了印度历史上由西方人统治的时代所提供的这一机会，他们有效地掌握了西方的和平艺术。和印度的穆斯林不同，印度教徒没有在近期丧失权力和光荣的痛苦记忆，这种权力和光荣会使人沉湎于过去而不向未来前进。从18世纪无政府主义时期开始的反对穆斯林的权力倾斜，在19、20世纪英国人统治下仍然继续着。英国统治者以设立智识上的能力的奖励代替鼓励军事上的勇猛，并以此作为印度教徒在同印度穆斯林持续的竞争中获胜的条件。当然，印度的穆斯林们最后还是效仿了他的印度教伙伴，开始掌握西方文明的艺术了。然而，当英国统治者自愿放弃在印度的统治的倾向日益明显时，在印度穆斯林们坚持英国统治者把权力归还给印度人民时，必须把印度分为信奉印度教和信奉伊斯兰教的两个不同的国家。在汤因比看来，这一坚持分裂的主张实际上表明：印度的穆斯林们担心，如果只是成立一个包括整个南亚次大陆的印度教徒和穆斯林的联合政府，他们将被占人口大多数的印度教徒们吞没。

虽然穆斯林占优势的巴基斯坦于1947年同印度教占优势的印度共和国断绝了关系，但直到1952年为止，这两个英属印度帝国的后继国家的目标仍然完全一致。在建国初期，这两个国家的权力都由受过西方教育、被西方思想鼓舞的那部分人所掌握。汤因比认为，如果这些人继续留在印度、巴基斯坦和锡兰的政权中，那么他们就将利用他们的影响说服他们的国民挽留住西方自由世界的成员。这些领导人都会继续要求，在将成为西方国家和亚洲国家的共同大家庭的自由世界中，不应该有任何对亚洲成员国不公正和令人反感的歧视待遇。汤因比指出，如果西方人真诚地认为这个世界是自由的，那么西方人理所当然要在这一点上满足亚洲兄弟。除非自由世界的西方成员国不实行西方前辈们所制定的自由主义原则，印度、巴基斯坦和锡兰的那些受过西方训练的领导人将会继续同西方合作。

在汤因比看来，西方各国一个最大的兴趣是保持同印度次大陆各民族的合作，因为这些民族占了亚洲人口的将近一半。而且，英国为缓和西方和亚洲的关系而放弃对锡兰、巴基斯坦、印度和缅甸的统治刚过去两年，差不多是亚洲人口另一半的中国就摆脱了西方阵营，投入了苏联人的怀抱。在失去了中国大陆的友谊之后，如果再失去和印度次大陆的友谊，那么，除了西欧和非洲这两个堡垒，西方就将把旧世界的大部分都给了苏联。这是自由世界和共产主义权力斗争的一个决定性因素。在美苏两国及其同盟国争夺世界霸权的斗争中，拥有印度次大陆大部分面积的印度共和国有着举足轻重的地位，因此，汤因比对这些印度教徒是否将继续走西方的道路很感兴趣。

在 18 世纪建立起对印度的统治的英国人，对待他们的印度臣民随心所欲、为所欲为。他们肆无忌惮地使用他们的政治权力压迫和欺诈印度人。在和印度人的社会关系上，他们不受任何禁令的约束。不过，汤因比也认为，虽然英国统治者在工作的时候和印度工人疏远，但下班之后却十分亲密。在 18 世纪，一些很有才智的英国侨民喜欢和印度同事玩波斯诗歌的游戏，而那些好动的印度人则乐意参加英国的体育运动。佐法尼于 1786 年作的画《莫当特上校在勒克瑙的斗鸡比赛上》表明，在那个时期，印度人和英国人是好朋友。

在汤因比看来，20 世纪中叶的印度人和西方人的私人联系比以前更加密切和友好了。很多英国人都曾经为印度人对他们过度的友情所惊讶和感动。汤因比自己在 1947 年后也多次感受过这种情况。在国外处于显要地位的印度人曾经过分强调他们和英国人从前的那些不愉快的隔阂，但这种情况现在也彻底消失了。汤因比指出，当英国人确实完全践行了撤离印度的诺言时，印度人好像大吃了一惊。或许他们从来也没有完全相信过英国人会真的践行他们对印度的诺言。因而，当英国人确实做到的时候，印度人心里发生了从敌意到友善的转变。印度人的一个漂亮举动是和英国建立起新的友谊。在汤因比看来，印度和英国关系的这一良好转变，推进了整体的自由世界的形成。

20 世纪中叶，印度人再一次实现自治，康沃利斯勋爵[①]关于如何才能使西方统治者在印度的行为公正的问题不再存在，因而，似乎没有任何力量可以阻止印度人和西方人建立既友好又公正的关系。但是，汤因比认为还有很多需要考虑的问题。指出，在众多的印度教徒中，只有一小部分人和那些被西方观念和理想同化了的少数统治者保持一致，因为西方的生活观念和印度教极其不同。汤因比指出，从表面上看，吸取了科学技术、语言文学、管理和法律等各种层面的西方文化的印度教徒，显得比俄国人更为成功地协调了他们本国的生活方式和他们比俄国人更为陌生的西方生活方式的冲突，然而，印度人精神上的紧张必然也达到了极限，而它迟早必须找到某种自我解放的途径。

① 康沃利斯于 1786 至 1793 年任英国驻印度总督。

在汤因比看来，无论印度人最后为自己找到的精神上的自我解放的办法是什么，有一点是很清楚的，他们不会通过向共产主义打开大门以从西方文明的强压下解脱出来。因为，和西方生活方式一样，被俄国接受的作为一种西方异教的共产主义是希腊－犹太遗产的重要部分，而所有这些文化传统都和印度教的精神不同。不过，汤因比也认为，在印度 20 世纪中叶的经济和社会形势下，有一个能为共产主义提供机会的因素，尽管这种外来的共产主义可能会被印度教所包围。这个将导致印度根本改变的因素，就是日益增长的人口对于维持生存的压力。在汤因比看来，这一点十分重要，因为这一因素也在 20 世纪中叶的中国、日本、印度、印度尼西亚和埃及起着作用。由于经济上的严峻局面，共产主义可能在印度和其他亚洲国家中赢得立足点，这些国家对于共产主义和西方生活方式同样陌生，因为共产主义提出了一个大规模的强制实行集体化和机械化的规划，试图以此作为解救陷入困境的亚洲农民的貌似合理的解救办法。另一方面，对于这些人来说，建议他们采用美国的方式解决他们所面临的问题，或许是对他们的一种嘲弄。

4. 远东和西方

汤因比最后考察了远东和西方的关系。他指出，由于印度教的生活方式几乎没有作为伊斯兰、俄国和西方共同遗产的希腊－犹太精神的成分，因而西方的生活方式对于印度教徒们比对俄国人和穆斯林们更加陌生。而比起印度教世界来，远东的文化背景和西方更少有共同点。虽然希腊文明对于远东艺术的影响是很明显的，不过这些影响都是经过印度的渠道才到达远东的。它通过一种印度的宗教——佛教，到达并占领了远东世界，就像当年希腊－罗马世界被犹太教和基督教占领一样。另外，另一种犹太教——伊斯兰教通过扩张，传遍了印度次大陆的大部分地区，并以和平渗透的方式传到了中国的西部边境。因此，和印度一样，在受到现代西方文明冲击之前，远东早在16世纪就受到了希腊－犹太文明的影响。不过，比起对印度的影响，希腊－犹太精神对于远东的影响要小得多。这种影响实在太小了，以至于不能为有着相同起源的西方文明的进入铺平道路。所以，当现代西方文明的开路先锋葡萄牙人于16世纪首次登上中国和日本的海岸时，他们的到来简直像是其他星球到来的神秘来访者。

现代西方文明的第一次出现引起的远东各民族的情感上的反应是复杂的。它是一种时髦和反感的不稳定的混合物。在这第一次的碰撞中，反感的感情最终占了上风。这一16世纪西方侵略者的入侵浪潮，很意外地在远东海岸上被粉碎，重新退回到了它的发源地。在这之后，日本、朝鲜和中国都闭关自守，长期过着一种与世隔绝的独立王国的生活。不过，这并非历史的最后结局。在17世纪被日本击退、18世纪被中国击退之后，现代西方侵略者又在19世纪发起了新的进攻，他们把西方生活方式引入远东的这第二次尝试取得了成功。

汤因比认为，造成占领远东的两次尝试的不同结果的一个显著差别，就在于技术的不同。在16和17世纪，西方在舰艇和武器上并没有绝对优于远东，因此没能取得对远东的支配地位。在和西方文明的第一次碰撞中，远东人保住了主人的地位。当他们断绝和西方的关系时，他们的西方来客并没有力量抵制。然而，当西方人于19世纪再度出现在中国和日本的海岸线时，力量的天平已经明显倾向于西方这一边。因为，当时中国和日本的军队武装仍然停留在两百年前的水平上，而西方在此期间已经经历了工业革命，这种新式的武器装备让远东无法抗衡。在这种情况下，远东就不得不打开门户接受西方的影响了。这种接受可以有两种方式。一种方式是，在西方的重炮轰击下被迫打开关闭的大门，这是那些试图以不理睬的态度对待西方新技术挑战的远东独立王国的人们很快就看到的事实。另一种方式，也可以说是唯一明智的选择，是通过努力学习19世纪西方武器装备的秘密，把西方侵略者的侵略控制在尽可能小的范围内，但这只能在西方以武力强行攻入之前主动打开大门才能实现。日本在把对抗西方的政策改变为学会使用和制造西方新的武器装备的政策上比中国果断。不过，到最后，中国也采用了这一政策，从而及时挽救了自己，而不至于遭到被西方武力完全征服的印度那样的命运。

不过，在汤因比看来，这还不是问题的全部。虽然由工业革命带来的西方对远东的技术优势或许能够解释19世纪远东各民族被迫向西方文明打开大门，但远东为什么在17和18世纪驱逐西方来客并断绝和西方的联系仍然需要解释。远东和现代西方的第一次碰撞的结局乍看起来很令人吃惊，因为当西方人于16世纪第一次出现在远东的海岸线上时，比起三百年后，远东各民族是以显得更有学问和更神秘的形象迎接和选择西方生活方式的。而在三百年之后再度出现时，西方人带上了第一次去远东时留下的对远东各民族的不好印象。第二次碰撞由于远东各民族不愿和西方交战，便以接受西方的生活方式而告终。而在第一次碰撞中，远东各民族先是以欢迎的面目出现，而又以冷漠的态度告终。汤因比认为，在这两种情形下，远东对西方文明持不同的态度并不是随心所欲和变幻莫测的。他们的不同行为，是由于在这两种情形下，他们面临的挑战不同。西方文明在19世纪主要是以新兴技术的面貌出现的，而在16世纪则主要是以陌生的宗教面貌出现的。汤因比指出，从入侵的西方文明表现出的这种差异，可以解释远东各民族的两种不同行为。这是因为，接受一种新技术要比接受一种新宗教容易得多。由于技术发生作用的是生活的表层，所以，采用外来技术看起来不会让自己陷入丧失自我支配的危险境地。

汤因比还指出，认为采用外来技术所承担的责任有限这样一种观念是错误的。事实上，一种文化形态的所有不同要素都存在着一种内在的联系。因此，如果人们采用外来技术取代传统技术的话，那么，技术对于生活表层变化的作用不会仅仅局限于这一表面。它会逐渐达到更深的程度，甚至使全部传统文化的地基都发生动摇。因此，外来文化通过技术松动传统文化的土壤，一点一点地渗透进传统文化。在现代西方技术首次渗透进中国、朝鲜和日本这些国家之后的一个世纪或更长一些时间，技术革命对这些国家的全部文化发生着进一步的作用。20 世纪中叶，所有人都能感受到的技术革命所带来的结果是一百年前远东各国人民无法想到的。当时，他们并不愿意在自己的国家内采用外来技术，和当时的土耳其人一样，为了军事安全的需要，他们只想在最小的范围内接受西方的技术，而决不想超出这个范围。然而，即使他们对这种由机械推动的特洛伊木马的潜在力量还有所怀疑，他们也仍然可能决定使用这种木马。因为他们清楚地看到，如果仍在是否采用现代西方技术上犹豫的话，他们就会立即成为有武器装备的西方侵略者的牺牲品。西方的武力征服是一种直接的威胁，19 世纪的远东政治家们不得不全力应对。相比之下，西方生活方式迷惑人们的肉体和精神是比较间接的威胁。

在 19 世纪，接受西方新的、强大的高级技术，对当时的远东政治家们而言，既是合理的冒险，又是实在迫不得已的举动。这就清楚解释了为什么他们在这一时期所吸收的西方先进技术会那么少。因为在他们看来，和被手持新式武器的西方人彻底征服相比，借助西方的武器维持军事和政治上的统治，罪过要小得多。然而，在另一方面，看似远东政治家17世纪的先辈们就应该处理的“西方问题”，却以另一种方式表现了出来。

汤因比认为，在和西方的第一次碰撞中，日本政治家们企图避开的直接危险，并不是看到他们的国土被手持锐不可当的新式武器的西方士兵征服，而是看到人民的信念被西方传教士以极具诱惑力的说教逐渐转变。或许，17世纪的日本政治家们对基督教本身也并没有很强烈的反感。和他们17世纪的西方基督教来访者不同，17世纪的远东人并不受那些盲目的宗教信仰的影响。而他们同时代的西方圣徒们各自炫耀自己继承了耶稣的真传，在欧洲大陆上挑起一场场宗教战争。中国和日本的政治家接受的是更为宽容的孔学和佛学的教育，如果不怀疑隐藏在传教士宗教活动背后的政治动机的话，那么，他们不会反对给西方宗教一席之地。日本政治家们害怕的是那些改信了基督教的国民会吸收西方宗教的狂热精神，并且在日益堕落的风气的影响下甘心被他人利用。用20世纪中叶西方的话说，他们可被称为“第五纵队”[①]。如果这种可疑的计划获得成功，那么本身对日本并不构成严重威胁的葡萄牙人或西班牙人接着可能会图谋通过日本“叛徒”之手来征服日本。事实上，17世纪的日本政府下令禁止基督教传播的动机和今天西方国家政府禁止共产主义传播的动机是一样的。

① 意指混在内部的敌人。最初用于总称1936至1939年西班牙内战期间在共和国后方活动的叛徒、间谍和破坏分子等反革命分子。

对于一个已经被侵入的社会，外来宗教会比外来技术具有更直接和严重的威胁。外来技术只是在生活表层发挥作用，而宗教则会向纵深发展。虽然外来技术最终会对这个社会的精神生活造成深刻的瓦解，但是，这毕竟需要一定的时间。然而，以宗教形式出现的外来文化却很容易产生强大的作用力，这是以技术形式出现的外来文化所不能比的。这就解释了为什么西方文明在远东甚至俄国先是遭到排斥后来才在第二次冲击时被逐渐吸收。在15世纪的俄国和17世纪的远东，当人们的信仰转向需求基督教的西方形式时，西方文明便被拒绝了。不过无需意外的是，只要当人们对其祖先的传统宗教从热切的信仰转向冷淡的怀疑时，那么在这一宗教领域中，外来的西方文明便会从明显的失败转为极大的成功。在众多宗教派别互相倾轧、进行了百年的野蛮杀戮和毫无结果的内乱后，在让西方人不仅对宗教战争而且对宗教本身产生普遍厌恶的时候，这场伟大的宗教革命终于在17世纪末让西方世界赶上了。觉醒后的西方世界对由宗教狂热引起的苦难作出的反应是收回用在宗教上的物资而将其重新投给科学技术。

汤因比认为，有一条规律不仅能够解释西方对远东的两次攻击的不同结果，而且也适用于任何文化力量的相互碰撞。这条规律大意是说，一种从文化整体分离出来的分支，在自发地向外的过程中，不容易遇到很大阻力，从而将比整个文化传播得更快更广。从基督教分离出来的西方科学技术不仅为中国、日本而且也为俄国和其他很多非西方国家接受，尽管它们曾经在那里遭到过长时间的排斥。

到17世纪末，西方的科学技术已经在整个世界范围内得到了很大的传播和推广。和西方生活方式在现代早期的失败相比，它的确具有深刻的意义。然而，在20世纪中叶，西方人征服世界的愿望遭到了苏联的挑战，人们可以发现西方文明在科学技术层面上的优势暗藏着危机，这种优势太缺乏深度了。西方人通过将技术从基督教中解放出来的策略把技术了推向世界，然而，这种没有深层依靠的科学技术被苏联人捡起来并和共产主义结合起来。这一西方技术和西方宗教的异端相结合的具有潜力的新结合，正被提供给远东地区的人民和其他地区的人民，成为一种和西方生活方式相竞争的生活方式。

在19世纪，西方人一度高兴地看到，曾经拒绝西方文明的中国和日本又接受了它的非宗教性的内容，并把科学技术推上了极其崇高的地位。19世纪60年代的日本明治维新和20世纪20年代的中国国民革命，都表明了非宗教的西方文明在东方的胜利。可惜，西方文明在这两个国家的结果都让人失望。它在日本滋长出了军国主义，而在中国则造成了政治腐败，这一灾难在这两个国家都使政权走向了暴力。在中国，旨在让中国人适应世俗的西方文明的努力遭到了彻底失败之后，共产主义却在中国获得了成功。究竟是什么造成共产主义的中国成功呢？目前能够指出的一点，恐怕是人们对于国民党以世俗的西方文明统治中国的彻底失望和对于共产主义的巨大热情。在汤因比看来，有理由相信，如果日本走他们自己的路的话，也极有可能步中国人的后尘，拜倒在共产主义的脚下。

在20世纪中叶的日本和中国，有两个因素有利于共产主义：一是对以往企图过世俗的西方生活的经历的彻底失望，二是快速增长的人口给生存条件造成的压力。事实上，在给中日两国提供西方文明的世俗内容的过程中，西方人只给了他们石头而非面包。然而，在提供共产主义和科学技术的同时，苏联人还给了他们一种面包——带沙子的黑面包。它毕竟是一种可以吃的东西，包含着一些能维持精神生活的营养。

不过，汤因比也提出了问题，如果中国和日本既不能接受16世纪含有宗教内容的西方文明，也不能依靠19世纪剔除了宗教成分的西方文明生活的话，那么，共产主义是否就是唯一的选择呢？汤因比指出，在16、17世纪的中国和印度，早在人们梦想共产主义之前，西方基督教的传教士们就发现并试图推行另一种选择了。当然，结果很惨。但是，这并不是它本身的错误，而是由于基督教的耶稣会和其他罗马天主教的激烈纠纷和竞争所致。耶稣会在日本犯过错误，它在日本的传教活动曾被怀疑是为了政治利益，即为西方世界侵略东方服务的，而在中国和印度没有犯过这样的错误。他们在中国宣传基督教的手法也是与众不同并且相当有前途的。如果忽视了耶稣会当年在中国和印度开创的这些“业绩”，那么关于东西方人碰撞问题的讨论就将很不全面。和现代西方人尝试把世俗的西方文明从基督教中分离出来不同，耶稣会曾经尝试把基督教和西方文明的世俗成分相分离，以此作为一种并不仅限于西方地区而是全人类普遍适用的宗教工具提供给中国和印度。他们剔除了基督教的一些零碎的不相关的西方附属物，将精华提供给中国人和印度人，删去内容和文字上的各种不协调的西方式修饰，以免刺激亚洲人的感情。然而，由于当时罗马天主教的发泄私仇，这种努力在刚开始尝试的时候就流产了，这和基督教或中国、印度没有关系。但是，汤因比认为，考虑到印度、中国、基督教都仍然存在于地球上，那么就可以期待看到这种努力的再次尝试。共产主义在中国对于从基督教分离出来的西方文明的最近的胜利，并不表明基督教将来在中国没有前途。这一历史篇章目前还处在历史地平线之下。

5. 文明碰撞的规律

分析了俄国、伊斯兰、印度和远东这四个非西方文明同西方文明的碰撞之后，汤因比探究出文明碰撞的一般规律。在这四个非西方文明和西方文明所发生的碰撞中，有着一些共同的特点，他希望通过进一步的研究，找到几个不仅是现代世界和西方的碰撞而且是任何两种文明之间所发生的碰撞的共同特点。汤因比说，各种文明的碰撞似乎有某种相同的心理，这是当代一个具有重要意义的话题。因为在当代，由于西方科技的发展而造成的“距离消失”

把人们带到了面对面的最近距离。而直到昨天，还有半数的社会独立于自己的近邻，以各自的方式生活着，就好像每个社会都被安放在一个属于自己的行星上，而不是和自己的其他同类生活在同一个星球上。

在将西方文明对远东的两次冲击进行比较时，有一个现象值得注意。在第一次冲击中，西方人试图让远东各民族完全采用西方的生活方式，包括宗教和技术。这一尝试没有成功。在第二次冲击中，西方人只向远东民族提供了西方文明的一个部分——技术，把宗教的内容分离出去，以技术代替宗教作为西方文明的鲜明特征。从西方文明上剥离下来的技术确实成功地挤进了远东的社会生活。汤因比指出，当一种向外辐射的文明的文化射到一个外部社会机体的时候，如同一条光线由于棱镜的阻挡分解成光波一样，被冲击的外部社会机体也把这种文化射线分解成各种成分。在光谱中，有些波长的光比其他波长的光更有穿透力，文化射线的各种成分也是如此。在对远东的冲击中，西方文明射线中的科技成分克服了远东的抵抗，而这种抵抗阻碍了西方文明的宗教成分的传入。科技和宗教在穿透力上的不同，并不是远东和西方这两种文明的关系所特有的。汤因比说，在这里，他偶然发现了文化辐射规律的一个实例。

汤因比提出，当一条运动着的文化射线由于它所碰撞的外部社会机体的抵抗而分解成科技、宗教、政治、艺术等等成分时，其科技成分要比宗教成分穿透得更快和更远。

在汤因比看来，这一规律可以以更一般的术语系统地阐述。通常，文化辐射的各种成分的穿透力和这一成分的文化价值成反比。被冲击的社会机体对于不重要的成分的阻力，要小于它对于决定性成分的阻力，因为不重要的成分不会对被冲击社会的传统生活方式造成那么猛烈或者痛苦的动荡。自动选择价值最低的文化成分使其传播得最广泛，是文化交往的一条不幸的规律。不过，这种对于不重要文化成分的重视还不是文化交往最坏的地方。作为文化交往本质的文化衍射过程，对于外部社会来说，有损害它的社会生活的威胁，这个社会机体已经被分解了的文化射线的各种成分所穿透。

在世界和西方的一系列碰撞中，有一种造成毒害的典型例子。被从原来的社会环境中分离出之后，一种制度能够完全靠它自己去征服世界和毒害世界。在19世纪和20世纪上半叶，现代西方的政治制度——民族国家——冲破了它的出生地西欧的疆界，传到了东欧、西南亚和印度。在这些地区，"民族国家"都不是它们原有社会系统自生的部分，而是从西方谨慎引入的外来制度。在传到这些地区的过程中，它引起了一连串的迫害、驱逐和屠杀。这种制度之所以能够输入，并不是由于试验证明这个制度适合这些非西方国家的当地条件，而是由于西方的政治势力使西方的政治制度在非西方人眼中产生了不可抗拒的威望。

汤因比指出，比起那些"民族国家"并非从外部输入的新发明而是本土产物的国家，从外部输入"民族国家"

这种西方制度的国家由于运用这种制度造成的破坏要大得多。为什么同一种制度在这两种不同的社会环境中会造成如此不同的结果呢？“民族国家”制度在西欧相对无害的原因和它在那里发端的原因相同。在西欧，民族国家同语言分布和政治边界定位的区域关系一致，通常，说着相同语言的人在一个地方密集地聚集起来，相当确定的共同语言把它和操其他语言的地域区分开来。语言版图为政治版图提供了基础，因而，“民族国家”是西欧社会环境的自然产物。西欧大部分有历史影响的国家的疆域和它们的语言分布区域相吻合，这大多数是自然发生的。不过，由于西欧人没有意识到他们的政治“容器”被他们的语言“模型”所塑造，从而总体而言，民族主义精神比较容易在西欧自由游荡。在西欧各民族国家中，那些处于错误的政治界线一边的语言上的少数民族，在大多数情况下都忠诚于他们的国家，而他们也得到了人们的尊重。因为每个人都明白，这并不是什么人故意造成的。所有的人都承认和接受，和操“民族语言”的大多数人一样，这些语言上的少数民族也是共和国的公民。

然而，世界上其他地方的语言分布并不像西欧这样清楚和紧凑、类似块状。在 18 和 19 世纪之交的鄂图曼土耳其帝国，土耳其人是农民和行政官员，雷兹人是水手，希腊人是水手和店主，亚美尼亚人是银行家和店主，保加利亚人是马夫和市场园丁，阿尔巴尼亚人是水泥匠和雇佣兵，库尔德人是牧羊人和搬运工，维拉奇人是牧羊人和小商贩。

这些民族不仅在地理上混居，而且在经济上和社会上相互依赖。汤因比指出，如果要按照西方模式把鄂图曼土耳其雕琢出民族国家，唯一的办法是按照西欧的语言模式，把交织在一起的土耳其变成块状的土耳其。而要做到这一点，就只能采取野蛮的方法。事实上，从 19 世纪到 20 世纪中叶，土耳其曾经采取过这种野蛮的方法，结果在从苏台德岛到东孟加拉的大片区域里，造成了一次又一次破坏性的结果。由此，汤因比强调，一种从它原来的环境中被分解出来单独向外辐射的观念、制度和技术进入同本土的社会生活模式相冲突的社会环境，将会造成非常巨大的破坏。事实上，每一个历史文化模式都是一个有机整体，它的各个部分是相互依存的。如果把任何一部分从原来的整体分离出来，那么，这一孤立的部分和剩下的残缺不全的整体，都会有不同于它们在模式完整时的表现。这就是为什么一个人的佳肴可能会成为另一个人的毒药的原因。

汤因比还指出了文明碰撞的另一个规律。如果一种文明的因素被从原来的文明中分解出来输入一个外国的社会机体，那么，这个孤立的裂片就会被它原来所在的那个文明系统的其他文化成分拖在后面，带进它已定居的外国社会。已经破碎的文明，具有在自己某一部分已经强行开辟出道路的外国社会机体中重建自己的趋势。汤因比讲了两个有趣的故事说明这一点。

1839 年埃及亚历山大城的主要妇产科医院位于海军兵工厂的围地里头。到这一年，埃及的鄂图曼总督穆罕默德·阿里已经为给自己的军队配备西方先进武器而工作三十二年了。他从拿破仑埃及远征队的失败中认识到海军的重要性，于是决定建立一支装备有当时的西方军舰的海军。在他看来，如果不由埃及人自己在埃及自己的海军造船厂制造自己的军舰，那么埃及海军的装备便不能自给自足。而如果不雇佣西方的设计师和其他专家训练埃及人，那么埃及就不会有海军技师。为此，穆罕默德·阿里登广告招聘西方专家。阿里提供的优厚工资吸引了不少合适的西方侯选者，但是，如果不能把家眷一起带到埃及去，他们就不愿意签订合同；而如果埃及没有达到当时西方医疗服务水平的机构负责健康问题的话，他们就不愿带上自己的家眷。由此，穆罕默德·阿里发现，只有同时雇佣西方的医学博士照料这些海军专家的家眷，才能雇到他所迫切需要的西方海军专家。于是，雄心勃勃地要建立一支埃及海军的他就真的同时雇佣了那些医生。结果，医生、专家和他们的家眷一起从西方迁来了。专家们造起了兵工厂，医生们照顾专家们的家眷。在完成对他们的西方病人们的应尽责任后，医生们还有一些剩余的时间。由于精力充沛并且热心公益，因此他们决定也为当地的埃及人做点事。而妇产科的工作是最首要的需求，结果，妇产科医院就在海军兵工厂的围地里兴建起来了。可见，由于一系列的连锁反应，这一颇为有趣的事情就不可避免地发生了。

可以从这个故事看到文化交往中一个事物引发别的事物的速度，以及这一过程所可能达到的革命程度。18 世纪的土耳其还非常严格地执行着穆斯林女人一生不能和自己丈夫之外的其他任何男人接触的传统制度，即使是苏丹最心爱的妻子病得快死的时候，伊斯兰民俗允许西方医生为这个高贵的皇室病人所做的事情的最高限度，也只是为紧拉着的帘子外一只羞怯地伸在那个不露面的女士床前的手把脉。这是当时西方医生被允许的接近女病人的最近的距离，而这个病人的生命是统治者最重要的财富之一。那时的苏丹软弱得压不倒伊斯兰社会的传统习俗惯例，即使在他的爱妻生死攸关的问题上也是一样。几十年过去之后，穆斯林女人们已经能够勇敢地走进兵工厂的围地，接受那些不信教的西方妇产科医生的服务。对伊斯兰两性社会关系的传统观念的可怕破坏，是穆罕默德·阿里为自己建立西式海军的决定所造成的结果。在汤因比看来，这段有趣但具有代表性的历史表明，19 世纪鄂图曼土耳其帝国的那些自欺欺人地设想为自己的国家装备充足的西方兵器之后就阻止西方化进程的政治家们是多么错误。在穆斯塔法·凯末尔之前，土耳其人就承认了在文化交往过程中一个事物会不可避免地造成另一个事物的出现。除了穆斯林妇女的解放之外，采用西方的武器、操练和制服带来的必然结果，还有阿拉伯字母被拉丁字母代替和停止兴建伊斯兰教堂。而在过去，它们曾经不受任何挑战地统治了整个生活领域。

在 20 世纪中叶的印度，圣雄甘地也认识到，在文化交往中，一个事物会不知不觉地造成另一个事物。甘地看到，印度生产的棉花可能在兰开夏郡被纺成线并被织成衣服回到印度给印度人穿，这样，印度就面临着被西方世界缠在同一个蛛网上的威胁，而且这个蛛网可能很快变得像钢铁一样牢不可破。如果继续穿西方人用西方机器制成的衣服，那么印度人很快就会乐于在印度使用同样的西方机器制作这些衣服。他们先是会从英国输入纺纱机和动力织机，接着，他们会学会制造这全套用具，再接着，印度人们会离开自己的田地，在新建的棉纺厂和机械厂工作。而在变得习惯于从事这些西方工作的时候，印度人也会喜欢把自己的闲暇时间用在各种西方的娱乐活动上，如电影和赛狗等等，直到他们形成西方式的心灵，忘记怎样做一个印度人。带着先知的远见，甘地知道，这颗种子会逐渐长大成树，它那散开的枝丫将遮蔽整个大地。因而，这位印度先知要求他的同胞们砍断这棵繁茂的西方文明之树的树根，以拯救他们的印度灵魂。甘地每天用一段时间，以古老的印度方式用手纺织印度棉布给印度人穿，以为他的同胞们树立榜样。他认为，这种切断印度和西方原初经济联系的做法，是唯一能把印度从全盘西化过程中拯救出来的办法。

在汤因比看来，圣雄甘地的看法是完全正确的，他预见到并试图避免的印度的全盘西化，很快就由种子生长出来了。甘地对于在印度消除西方影响的措施也是正确的，只是这位先知没能引导他的门徒们跟随他，以经济上的节制为代价保护印度文化的独立。不再降低印度农民已经不堪忍受的生活水平，不消灭已经在孟买和甘地的家乡艾哈迈德阿巴德市等印度国土上兴建的企业、技术工人与工厂主等新的阶层，甘地时代的印度人就不会放弃穿由机器制造的棉织物。汤因比认为，在印度乃至世界的历史上，甘地留下了一个巨大的并可能会是永久的印记。但这似乎是历史的一个嘲弄，因为并不是由于甘地把印度从经济西方化中拯救出来，而恰恰是由于他通过把印度引到国民自治政府这一西方政治目标上，使印度沿着政治西方化的道路快速前行，才使他留下这个印记。即使是圣雄甘地的天才也不足以同社会“规律”的无情作用相对抗。在文化碰撞中，一旦在被冲击的社会防卫上打开了一个哪怕最小的缺口，一个事物就会无情地继续引发另一个事物。

汤因比认为，他的探究将表明接受外来文化和接受危险任务一样痛苦。受冲击的一方对于根本改变其传统生活方式的新事物的本能抵触，使这个过程变得对它更加糟糕。由于抵抗，被入侵的文明把入侵的外国文化射线分解成了各种成分，然后勉强地接受这些外国生活方式中那些看起来毒害最小的部分，希望能够免去更进一步的让步。然而，由于一个事物会不可避免地导致另一个事物，被入侵的文明仍然不得不逐渐接受入侵文明的其他部分。在汤因比看来，受冲击的文明对入侵的异己文明的一般态度，总是一种会导致自己失败的对立和充满敌意的态度。他指出，在受西方冲击的非西方国家里，有一些具有远见卓识的政治家，看出了一个受到更有力的外来文化辐射的社会必须控制或者消灭这种外来的生活方式。彼得大帝、萨里姆三世、穆罕默德二世、穆罕默德·阿里、穆斯塔法·凯末尔和明治时代的日本政治家们都是这样的人。这种对文化入侵的挑战的积极的、建设性的反应，是政治才能的证明，因为它战胜了自然的倾向。自然的反应是像合起壳的牡蛎，缩进壳里的乌龟，把自己卷成刺球的刺猬，把头埋进沙子中的鸵鸟那样消极的反应。在俄国和伊斯兰同西方碰撞的历史上，都留下了这种消极反应的典型例子。

汤因比最后总结道，对于入侵的异己文明的挑战的应对，最后的故事既不是对新奇的异己技术的掌握，也不是对传统生活方式的热心保护。如果想知道最后的结论是什么，就必须继续向前看世界和西方相互碰撞的尚未结束的历史。不过，人们可以结合希腊－罗马的碰撞获得一些启示。在希腊人和罗马人以武力征服了世界后，这些征服者变成了新宗教的俘虏。新宗教宣扬，在统治者和臣民、希腊人和东方人及未开化人之间不得有歧视。汤因比说，目前还无法知道类似希腊和罗马这样的故事是否还会在世界和西方未来的碰撞中再现，因为人们不能预测未来。但是，这段历史为人们提供了未来的一种可能性。

五、人类必须抉择

《人类必须抉择》是汤因比晚年和日本思想家池田大作的著名对话录。两位作者在伦敦会面，谈了数天。日本出版者把本书书名改为《展望二十一世纪》，国内学界过去沿用了这一书名。在这部饱含思想和真情的书中，汤因比和池田大作深入反思了现当代文明，并且热切谋划和憧憬了人类的未来。

本书讨论的话题十分宏富。其中有些是当代紧迫的课题，有些则是自遥远的古代在人类祖先产生自我意识之后，人类就一直不断思索的重要的永恒问题。只要人类作为身心统一体生存于物质环境中，也就是说生存于处于地球表面的生物圈之中，这些永恒问题可能就要一直讨论下去。

在本书中，汤因比列举了一些理由来预言，西方将把它的主导权转交给东亚。在过去的五百年中，由于西方各民族把它们的活动范围扩展到了全球，人类在技术上实现了统一。汤因比和池田大作在本书中一致预言并期待人类将在历史发展的下一阶段实现政治和精神上的统一。但是，他们强调，这一巨大变革必须以全人类的平等为前提，以自主的形式加以实现，而不是以一部分人继续统治另一部分人的方式实现。这种统治是一种罪恶。以往，但凡出现大规模（尽管达不到全世界规模）的政治与精神上的统一，往往都要付出这种代价。汤因比确信，人类需要从根本上改变其态度、目标和行为，这是人类继续存在下去的不可或缺的条件。不过，汤因比认为人类要进行这种根本改变，必须付出高昂的代价。

汤因比和池田大作在目标和世界观上有着惊人的相似之处。他们都认为宗教是人类生活的源泉，人类应该不断努力克服企图利用宇宙万物的天性，而把自我奉献给宇宙万物，使自我和终极的实在合为一体。这种终极的实在绝不是以人的形态出现的人格化的神。汤因比和池田大作还认为，人类的永久性精神课题是超越自我中心主义，扩展自我，把自我主义扩展为和终极的实在同样宽广的东西。事实上，自我和终极实在不能分割。在汤因比看来，这需要通过严格的精神努力在现实生活中实现。每个人都做出这样的精神努力，是使社会向上的唯一有效手段。人们和其他每个人的关系构成了人类社会的网络。只有作为上述每个人的精神变革的表征和结果，各种制度的改革才是有效的。

汤因比和池田大作指出，当代人类面临着许多迫切的共同问题。贫穷和富有，技术先进和技术落后，这些问题苦恼着所有人。过去五百年中西方各民族活动范围的扩大，形成了世界范围的技术、经济关系的网络，人类的各种共同问题如此明显地普遍化就是这一过程的产物。技术和经济关系的密切造成了政治、伦理和宗教关系的密切，一个共同的世界文明诞生。虽然发端于西方的技术结构，但由于一切历史性的地区文明的贡献，这个共同的世界文明正在精神上丰富起来。

1. 个人和社会

世界的末日

汤因比谈了他对于世界末日问题的看法。他说，在旧世界的最西部，即印度教和佛教的流传地以西的地方，人们一直相信，世界将在全能的神事先规定的任何人也不知道的某一天突然迎来末日。这种由神的意志决定世界末日的信仰起源于祆教，后来被犹太教徒、基督教徒和穆斯林所采纳。虽然人类并不是在当代第一次面临这个问题，但是可能有一天人类将会终结，当前的这种状况是以前都没有过的。过去，由于超出人类能够控制的范围之外的自然力量，人类曾经几次濒临灭绝的威胁。现在，人类第一次知道自身的行为或错误将直接决定未来的命运。

汤因比指出，面对当前威胁人类生存的各种罪恶，人类不能采取失败主义、被动挨打、漠然和逃避的态度。如果这些罪恶是由人类无法控制的力量造成的，也许人类只好悲观和屈服。但是，如果这一切都是由人类自己造成的，那么人类就应当控制自己。

在汤因比看来，人类所面临的各种人为的罪恶，都是由人的贪欲和侵略性造成，而贪欲和侵略性是由人的自我中心主义激发的。因此，根治这些罪恶的办法必须从克服自我中心主义上寻找。以往的经验告诉人们，克服自我中心主义是一项困难而痛苦的任务。但是，经验同样也告诉我们，人类中已经有一些人实现了这个目标。当然，他们也不是完全实现了这个目标，但是无论怎样，他们使自身的行动发生了充分的变革，一些以他们为榜样的人的行动也发生了变化。一部分品格高尚的人革命性地克服了自我中心主义，这说明所有人都能够在某种程度上做到这一点。因为圣人归根结底还是人，他们所做到的事情并没有完全超过一般人的能力。

当代对人类生存造成的威胁来自人类自己，这是可耻的。而只要在精神上努力克服自我中心主义，明明有能力自救，但人类却不这样做，这就更是可耻。这种羞耻应当激励我们努力克服自我，认识到我们有能力获得成功，让我们获得希望、勇气和力量。由于超出人类控制范围之外的力量所造成的破坏性的前景会使人瘫软无力，因为这种前景让人没有通过自己的行动自救的希望。但是，由于这种情况产生的消极和悲观，并不是不道义的，因为由于无力阻止而听天由命并不可耻。另一方面，应引以为耻也不道义的事是，明明力所能及，可以努力，只要有意志就能够自救，却公然拒绝这种努力，眼看自我毁灭。这种状况之下的不作为无异于自杀，是实际上的自取灭亡。

在汤因比看来，对当代的危机表现出可耻的软弱将使年青一代的心灵变得荒芜。年轻人觉得没有生路而自暴自弃或者反叛社会，这种反动实际是以各种方式毁灭自己的生命的表现。年轻人对于先辈们不能解决的各种社会问题只好由自己承受的残局束手无策。但是，走上这种道路的年轻人并没有正视这样一个事实：作为人类，和父辈们一样，年轻人也具有同样的本质从而也具有一定的自由。尽管现在还没有父辈们那样大的能力，但他们也负有决定人类命运的一部分责任。这些年轻人还忽视了另一个事实：和他们自身的自由是有限的一样，他们的父辈们的自由也是有限的。

汤因比指出，虽然所有人都被自己的宿命限制了自由，但是人们也有自由通过自己的行动使自己的命运得到改善。当代的状况确实危险，但是人们也具有很大的自由，足以根除人为的各种罪恶。当然，这并不是说这种自由是绝对的，因为即使可以改善自己的宿命，人们却不能抛弃宿命本身。

国民生产总值还是国民总福利

汤因比指出，现代国家应该重视的是国民的总福利而不是国民生产总值。他强调，在人类事务中，应该以维护人类尊严作为目的，并以之作为标准判断用以实现该目的的手段正确与否。人类的尊严同时要求自由和平等，这两种必需的东西并不是相互排斥的。人们的生活和活动在很多不同的方面展开，每个方面都有自己的要求。在经济方面，应该平等并限制贪欲。为了人类的尊严，人类应该以社会主义的方式管理自己的经济活动，这是实现社会正义和人类生存所付出的正当代价。另一方面，在精神方面，自由是人类尊严所不可缺少的。这可以和人体功能作类比。经济的严格控制使人类获得解放，并且人类又能在精神方面自由活动，这正如在身心相关的生命中，心肺自律的机能帮助人脑自由活动，并使大脑作为意识和意志的物理中心。因此，汤因比希望21世纪建立一个在经济上是社会主义的而在精神上是自由主义的全球人类社会。汤因比指出，一个人和一个社会的经济自由有时会剥夺他人和别的社会的自由，但是，精神方面的自由就没这种弊端。所有人都可能不侵犯他人的自由而获得自己的自由。事实上，精神自由的扩展意味着共同富裕而不是贫穷化。

汤因比说他有幸长寿，看到英国成为福利国家。这一不流血的社会革命很快受到了由于大幅度地实现社会正义而失去特权的少数过去的特权者的欢迎。但是，英国的福利制度是不完全的，因为英国经济的主要基础仍然是追求利益的竞争性私人企业。现在，工会的产业工人们也和资本家一起在经济上进行无意义的竞争，而且少数被遗弃在贫困线以下的人仍然存在，在经济上处于资本家和工会会员之间的人可能占国民的一大半。

汤因比指出，所谓的发达国家都在向福利国家制度的引进方向过渡，这些发达国家（事实上，除了像缅甸等少数例外，几乎大部分所谓发展中国家）都在谋求经济发展，以提高个人的物质生活水平。然而，提高全世界的物质生活水平是不可能实现的。到目前为止，成功提高物质生活水平的各个国家和这些国家中的阶级，都是通过剥削经济力量薄弱的同胞实现的。即使这些少数的富有者也不可能无限地增加他们的财富。地球上不可再生的物质资源是有限的，少数富有者以加速度消费了这些资源。同时，地球上的人口也在以加速度增加，这在生活水平最低的贫穷国家和贫困阶层中最为明显。或许，在最近的将来，世界范围内的经济稳定是唯一可以替代世界性灾难的选择。

现代社会是从不断增加的经济财富的角度来评价成功和幸福的。这样的目标不仅在经济上实现不了，而且也无法在精神上得以实现。但是，它的确能刺激人们积极努力，鼓起勤奋工作的积极性。反过来说，经济上自由竞争的社会会加剧人们对于贫困的恐惧心理。在福利国家，由于有了经济上的保证，劳动的积极性的确会下降。一旦国家提供了儿童教育、养老金和全民医疗等生活上的必要保证，成人将会像孩子们对待零花钱那样对待工资。也就是说，他们将会认为工资不过是一点小小的赏赐，可以用来像孩子一样满足一下眼前的需要。这样，人们就不会再把工资看成主要用在教育和医疗上的东西，也不会再认为应该把它储蓄起来以备不时之需。的确，福利国家鼓励了这样的思想：即使自己非常懒惰、毫无效率地工作，或者虽然干得少而差却又要求高薪结果导致失业都不用怕，反正自己的基本需要有保证。在汤因比看来，这种经济保障不仅会导致生产率下降，而且也会给人们带来不幸。一旦无所事事却有所获，人们就想巧妙地利用这种机会。刚开始时人们可能会感到高兴，但是不久之后就会消沉。没有刺激而失去干劲，人们会感到人生无聊乏味。

在福利国家中，阶级之间、职业之间的物质生活水平的差距将变小。另一方面，在生活必需品都有保证的意义上，所有人都得到了经济保障的恩惠。在这种体制下，由于没有经济上的刺激，如果把物质上的成功和满足作为衡量幸福的标准，那么人们一定会不幸福。因此，如果不使人们转变追求的目标，就不会得到幸福。也就是说，人们必须放弃经济上的目标，而去开拓精神上的目标。为实现这种精神革命，人们将需要自觉分析人生的意义和本质。

汤因比指出，其实 GNP① 连作为衡量一个国家经济的繁荣程度的指标都算不上。统计人员把 GNP 所得除以一个国家的人口的商数作为"国民人均收入"是没有意义的。把这件事数字化本身就是难以想象的错误，反倒是把它作为"人均物质受损"的指标或许还有点意义。因为，虽然在住房等方面，经济上自由竞争的社会的人们受 GNP 的增长而带来的损害不会相等，但是在空气、土地、水和其他自然环境的物质污染方面，一个国家的所有人民的受害程度都是同等的——无论是对于贫穷母亲的孩子，还是对于富裕母亲的孩子，污染都是同样有害的。

把 GNP 的增长作为首要目标的国家容易使个人和阶级

① Gross National Product 的缩写，即国民生产总值，指一个国家或地区所有国民在一定时期内新生产的产品和服务价值的总和。

之间的经济竞争激化，从而，GNP 分配上的不平等可能会更加严重。举例说来，在部分实现了福利社会的英国，生活在贫困线以下的少数人的居住条件之恶劣令人震惊。也就是说，在英国，这方面的生活必需品还不能保证所有人民享有。

汤因比指出，人们应该追求的不是国民总产值，而是国民总福利。衡量福利的尺度有以下这些：一、社会成员间的协调程度和亲切程度。二、人均的精神福利。这决定协调程度和亲密程度。三、自我克制的平均水平。这是精神福利的关键。四、社会为防止物质和精神污染而对追求利润的控制程度。这是检验一个社会在使精神福利优先于物质福利上取得多大程度上的成功的试金石。

自然灾害和人为灾害

汤因比指出，在当代，人类所面临的灾害——甚至能够消灭人类的灾害——大部分都是人为造成的。在不久之前，人类实际上还和刚开始在地球上生活的早期一样，完全听命于大自然。人类和自然的关系的转变是很近的事情。这一事实很难被认识到，因为人类以往对自己支配和改变环境的程度评价过低。在最近发生的自然灾害中，除了能够确认为是人为灾害的，肯定也还有其他人为造成的灾害，尽管还不能认定人类就是灾害的根源。

在汤因比看来，人类力量对于环境的影响已经达到了会导致人类自我灭亡的程度。如果为了满足贪欲而继续使用这些力量，那么人类必将自取灭亡。人类是有贪欲的，因为贪欲是生命的一种特征，人类和其他生物都具有这种贪欲。和非人物种不同的是，由于人类具有意识，因此能够意识到他的贪欲。人类能够认识到，贪欲在某种情况下会具有破坏性从而变成罪恶。同时，人类也可以做出艰难的伦理努力，在实践中进行自我控制。

对付人类力量所带来的恶果，需要的不是智力行为，而是伦理行为。科学是一种伦理中立的智力活动。用伦理学上的善恶概念来说，科学是会被善用还是被恶用？不能用科学本身来根治科学所造成的各种恶果。汤因比强调，如果人们以为自然是为人存在的并在这一假设基础上行动的话，那么科学可能就会被用于破坏性的目的。这种集体性的自我中心主义的假设，只有在每个人的精神生活中才能被克服。每个人都必须克服自己的自我中心主义。无论是个人还是集体，只有宗教是人类唯一的本性，只有它才能激发人类心灵、控制人类自己。

在汤因比看来，对于人类和他们所生活的环境的关系，只有采取宗教的态度才能再次认识到人类祖先所认识到的那些问题，即虽然有惊人的巨大能力，但人类也仍然不过是自然界的一部分；如果想使自然存续下去，自己也要在自然环境中继续生存下去的话，那么人类就必须同自然共存。对于一个有意识、有力量而不得不进行选择的存在者来说，宗教是其生存不可缺少的东西。人类的力量越大，就越是需要宗教。如果科学的应用不受宗教的启迪和引导，那么科学就会被用于满足贪欲，就会极有成效地为贪欲服务，从而导致毁灭性的后果。

城市的问题

汤因比指出，现代城市生活存在着诸多严重的问题。在他看来，城市化是现代生活方式的一种特征和趋势。当代城市生活就像一面凸面镜，把现代生活的各种污点夸张地暴露出来。在高速发展着的世界各个城市中，现代的弊病已经达到了最高的程度。剧增的世界人口的大部分都流入了城市，而日益缩小的农村地区的生活也逐渐城市化了。通过高速公路这种形式，城市把触手远远地伸向边远的农村，农耕和畜牧也随之机械化了。

汤因比指出，地价暴涨是一个世界性的问题。它在当代英国也成了紧迫的课题，英国的各种报刊充斥着数也数不清的住房问题报道。不过，世界上住房问题最严重的恐怕是香港，因为那么庞大的人口不得不住在十分有限的地方。在香港，十年中四分之一的人口，即四百万人中的一百万人都迁入了高层公寓中。由英国官员陪同，汤因比夫妇参观了几个公寓。他们看到，在十分艰难的条件下，中国人秩序井然地生活着，非常令人感佩。因为中国人家庭的内聚力很强，孩子也受到严格的教养，所以才能生活在这种欧洲人根本无法忍受的环境中。中国人在这方面表现出来的能力令汤因比惊叹不已。

在英国，从事土地和建筑投机的商人都成了大亨。为了等待建筑和土地价格暴涨的机会以便从中牟取巨额利润，这些人让住房成年成年地空着。土地是人类生活的必需品，而且可供使用的土地资源有限，所以，搞土地投机给自己谋取巨额利润是不对的。和其他生活必需物如水和矿物等一样，土地不应该交到那些自私自利的个人手中。

汤因比指出，为了公共利益，应该控制土地价格。土地是紧缺的生活必需品，而且其他所有物资和人的各种活动都受到土地有无的影响。所以，土地和建筑应该公有化。汤因比认为可以这样做：在收购的时候，政府可以给房产主自用的房产较高的补偿，给办公楼和工场等较低的补偿；没收投机者控制的土地和建筑。即使给这些投机家们补偿，也不能太高，要比他们用于投机这种反社会的活动所用的钱少得多。

汤因比希望除了医生的用车外，一律禁止其他私人轿车进入市区内。在禁止通行的区域内，交通最好只由公共交通机构负责。这样就可以增加公共车辆的数量，提高车速，也可以减少费用。要明令规定从郊区到城市来的私人轿车全部停在城市周边的停车场，就像已经在威尼斯实行的那样。需要进入城区的商业性卡车也只能限制在公共交通流量最少的时间，而且时间要短。在工作日早晚的上下班高峰时间段，应该禁止商用车辆在市内通行。

汤因比提出，准许在禁止区域以外行驶的私人轿车的总数量也要限制。另外，取得驾照的条件要更严格。针对汽车的所有政府政策都应该把社会利益放在第一位，而不应优先考虑经济利益。当前，汽车制造厂家努力最大限度地生产，根本不管自己的行为会给社会造成什么影响，因为最大限度的生产可以获得最大限度的利润。这是一种为了商业利润而牺牲生活所采取的政策，它所导致的恶果是说明人类需要根本改变自己对价值等级的认识的众多事实中的一个。

停止环境污染

汤因比强调，人类必须停止环境污染，否则就会走向自我灭亡。他说造成环境污染主要有两个原因，一是工业废弃物，二是现代城市居民的过多消耗。在汤因比看来，防止污染，解决后者比解决前者困难得多。排出废物造成污染的是为数有限的一些商业企业，这可能能够通过法律予以有效制约。然而，却无法限制个人的消费。与工厂的规章制度不同，节俭令一类的东西通常没用。除非受宗教意识的激发，自愿的限制消费的行为似乎也不会奏效。

在共同贫困的时代，由于衣食住等生活必需品的不足，人类祖先的生存不断受到威胁。在那种状况下，节俭被看作美德，奢侈被看成恶习。但是，工业革命之后，节俭使得生产者的产品缺乏市场，结果又反过来使工人失业。因此，从生产者和被雇佣者的角度看，消费者的节俭就不再是美德，而成了恶行。生产者势必采取广告这种人为的手段刺激消费，因此，广告业伴随工业革命同时出现并不是偶然的。但是，一部分生产者和被雇佣者通过刺激消费所获得的利益却违背了全社会的利益。受广告的刺激，人类的贪欲产生了全面的污染，对当代人的健康以至生命构成了威胁。把不可再生资源消耗殆尽，现代人的贪婪将剥夺掉后代的生存权。不仅如此，贪欲本身就是一个罪恶，它是藏匿于人性之中的动物性的一面。但是，人类并不只是动物。如果一味地沉溺于贪欲，那么人就将失掉人的尊严。因此，如果要治理污染、继续生存，人类就不但不应刺激贪欲，而且还要抑制贪欲。在汤因比看来，即使不会由于贪婪导致现代人被污染、子孙后代处于绝境，这也是不能改变的原则。工业革命之后，生产者第一位的目的是通过广告左右大众，最大限度地满足大众的欲望。现在人们就应该将这个顺序颠倒过来，要把抑制贪欲、厉行节俭放在第一位。这样做至少有三个根据：一是维护人的尊严，二是保护现代人不受污染，三是为子孙后代保存有限的资源。人们应当抛弃广告所鼓吹的那套理想，而代之以佛教和基督教的修习生活所展示的理想。

汤因比说，当代所谓发达国家的人们总是蔑视发展中国家的人们，以怜悯或者轻侮的态度对待他们。但是可以预料，到他们的子孙一代时，他们的地位就会颠倒过来。在所谓发达国家的生活方式中，贪欲是作为美德受到赞美的。然而，允许贪欲肆虐的社会是没有前途的，没有自制的贪欲将导致自我毁灭。在当代发达国家中，围绕着生产成果分配的斗争已经出现了使生产瘫痪的苗头。同时，固定在某一程序上进行单调的操作使工人们无法忍受，即使可以获得再大的利益也无法减轻心理上的负荷。工人的厌倦和生产的瘫痪或许将会结束发达国家的生活方式，虽然这些国家现在或许比发展中国家富有，但最后可能会更加贫困。

汤因比指出，当前各个发展中国家也在努力追赶发达国家，争相进行最大规模的工业化和城市化。但是，看到发达国家开始面临的各种问题，它们用不了多久就会改变这种认识。听说缅甸已经决定放弃这一政策，正在制定把现代技术的引进只限于衣食住及公共卫生等基本生活必需品方面的政策。缅甸人想把现代化限制在最小的程度之内，想在这个范围内保持传统的田园牧歌式的以农业为中心的生活方式，而不追求富有。由于缅甸代替锡兰成为小乘佛教的中心，因此缅甸的做法不会没有影响力。不过它毕竟是一个小国，如果中国和非洲各国能够以缅甸为先例执行这一政策，那么不久就会证明这一变化是未来的潮流。

汤因比总结道，只有通过每个人的内心的革命性变革，才能消除对于人类生存的威胁。为了产生出意志的力量将艰难的新理想付诸实践，这种心灵的变革必须借助宗教加以实现。

母亲的职业

汤因比非常重视母亲的作用，认为幼儿期是孩子人格和气质形成的阶段，母亲对孩子所起到的教育作用是不可取代的。孩子是双亲性结合的产物，他性格中的一部分是从双亲那里物理地继承下来的。但是与性格不同，人格是个人的遗传性状与周围环境相互作用的产物，它还会在人生的不同阶段发生变化。但人们比较有共识的一点是，人格在五岁之前定形。这个阶段，如果孩子是由母亲抚养，那么，孩子这一生人格形成的主要因素就是母亲给他的教育。汤因比举出了一个反例。二战中，英国为了让妇女响应战时动员，把很多孩子都送进缺少人情味的看护场所，让他们离开了母亲的怀抱。这些孩子长大后，心理学家们调查他们当中一些人的经历后发现，幼儿时期经历的这种生活给他们后来的生活留下了后遗症。

汤因比指出，要使妇女既能把自身的才能发挥出来，又能把她们的知识和爱献给孩子，就必须抛弃那种以男性或以女性为中心的社会，努力开创两性利益一致的人类社会。人的自由解放，应该是能够使人的各种潜在能力发挥并实现的自由。这其中当然就包括发挥不同性别的潜在能力的自由，即由两性的生理和心理上的差异而造成的男女不同的潜在能力。

汤因比认为，实现这一目的最好办法就是重新调整劳动力的分配，让那些处于生育期和哺育期的女性也能兼顾其他各种非全日性的工作。比如使用机器帮助处理家务，那么母亲们就会有工作的时间。但这一做法并不一定会解决她们心理上的困扰，因为对这些母亲来说，即使工作之外还有时间做一些非全日性的工作，但她们也很难同时兼顾这两方面的工作。结果，总会有一方——或者孩子一方，或者工作一方——感到她没有尽到应尽的责任。

不过，医学的进步延长了人们平均的实际工作年限，汤因比认为这又为问题的解决提供了新的条件。现代女性可以去接受真正的高等教育，从而取得从事脑力劳动的资格。虽然女性们需要结婚生子，但只要在这期间她们接受新事物，使自己跟上形势的发展，那么以后就完全可以继续工作。孩子们长大离开母亲后，她们就可以把全部的时间和精力都投入工作中。而也许那时，她们还处在人生的鼎盛时期。现在的社会，家庭人数可以做到自觉控制，这就让这一方案有了可行性。对女性来说，做一个母亲对她们有着重要的意义，因此，女性渴望成为母亲是极其自然的。

汤因比认为母亲也是一种工作，而人们只有能获得报酬并能得到与工作相称的地位才会愿意做好这一工作。而在私有资本的经济体制下，人们主要的身份象征就是工资。因此，汤因比提出如下方案，即母亲应和其他教育者一样获得报酬。另外，付给母亲的报酬必须是高工资，并且应把工资直接付给她们，这样就能保证她们能拥有自己独立的收入了。对于母亲工资的资金来源，汤因比认为应该从整个社会的工资总额中提取。同时他也指出，这样一来，就会大大削减以前支付给男人们的工资。但在现代社会中，在男女之间进行这样的社会总收入的再分配，对女性是很有利的，这也关系到妇女社会地位的提高。

在女性中也存在这样一群人，比起做母亲，她们更具有从事其他职业的天赋。她们为了充分发挥这些天分，把自己一生所有的时间都献给了事业，因此而放弃了做一个母亲。过去，受尊敬的妇女职业，几乎只限于宗教领域。典型的职业妇女就是佛教的尼姑和基督教的修女。但是，尼姑和修女中也有专门从事幼教和教育的，这两种职业后来才向一般女性开放。女性能够涉及所有男人可以从事的工作领域是在两次世界大战后了，当时几乎所有的男劳力都被征用走了，而当时机械化的发展使很多机器可以代替体力劳动。

在汤因比看来，不想结婚和做母亲，而想把全部的时间都用在工作上，在工作中度过自己一生的妇女，也应该有和男子平等的条件，并得到充分的就职机会。否则，争取妇女权利的妇女解放运动就不够彻底。不过，身为一个女性却放弃做母亲的权利，这和放弃发挥自己宝贵能力的机会是等同的。即使经过了反复的考虑，妇女也会很痛苦。另一方面，如果对某些别的职业具有十分强烈的使命感，那么，即使做了母亲，发挥了母性的能力，妇女也可能会多少感到一些失望。汤因比认为，比较这两种情况，后一种失望感可能会比没能做母亲所带来的心理上的创伤小。在他看来，解决这一问题的最圆满的途径，就是改变当前工作的实际情况，使妇女在做母亲的同时，也能有一部分时间来从事工作。

对于孩子来说，母亲的抚爱和哺育是必不可少的。因此，社会应该让男子不可能在生理上做到的母亲这种职业对妇女产生巨大的吸引力。由此，汤因比强调，只要作为母亲给社会做出过贡献，妇女就应该得到同母亲这一重要职业相匹配的高地位和高工资：母亲的地位应该至少和大学教授、法官或飞行员相同，她们的工资也应该同她们的地位相称。

节　育

现代人需要进行一定程度的科学节育。在汤因比看来，科学近来的进步以两种方式影响着人类的性关系。科学降低了早亡率——特别是婴儿和产妇的死亡率，提高了平均寿命。这在发达国家和发展中国家都能看到。另外，科学还发明了既有效又不会对身体造成伤害的避孕方法，因此，在进行性行为的时候，妇女可以不再担负妊娠这一自然责任了。

降低出生率需要每个人的自觉行动。这首先需要掌握新的科学避孕知识，同时还必须和人类能生多少就生多少的传统观念决裂。和所有的生物一样，这种能生多少就生多少的本能是人生来就有的，为的是传宗接代。在汤因比看来，发展中国家的节育最为落后，而发展中国家的人口在人类总数中所占的比例也最大。

汤因比对罗马教皇保罗六世制定的一个法令感到遗憾。这个法令再次肯定了罗马天主教的传统禁令，不许使用任何人工节育的方法。汤因比主张，不应该以宗教的法令或禁令来作为判断这个问题的标准，而应以维护人的尊严为标准。在汤因比看来，为了人的尊严，人们所应当要求的不是最大限度地生育子女，而是最适量地生育子女。最合适的生育数量是在某个时代和地区的科技状况和社会条件的前提下，能为孩子们和整个社会带来最高生活水平的数量。当然，这种生活水平最终应该是精神意义上的——物质生活水平是达到精神目标的一种手段，而不是目的。

当然，汤因比也指出，防止性交造成妊娠的技术也有可能被错误地用到满足既无尊严又无爱情的性欲上。但是，这种技术还可以有益地用于孩子、母亲和社会本身的福利上。所以，应该尽最大的努力引导年轻人不要错误地滥用避孕这种新技术。不过，不能妨碍把这种技术用于福利事业。在汤因比看来，如果性快乐离开了恋爱、结婚和生育，那么男女两性关系就完全失去了人性，性欲的满足就变得和充饥解渴一样——他和他的性伙伴的身体的关系已经不是人和人之间的关系了，而与他和食物饮料的关系一样。这种非人性的关系会使双方堕落。性的关系只有建立在爱情和有价值的共同的人生目的上，才具有人性。

在发明避孕药物之前，人类就曾经用很不人道的方法限制过人口。比如，在从公元前 8 世纪一直到公元前 2 世纪的希腊人口爆炸中，当时的希腊人用人为的方法阻止人口的异常增加。他们以丢弃婴儿（尤其是女婴）或者让婴儿受风吹雨淋的办法残酷地杀死它们，还用会造成同性恋的习惯阻止人口的增加。

汤因比强调，人们应该尽量自觉减少生育子女的数量。

人们现在仍指望靠自觉改变能生多少就生多少的旧习惯，但这样并不能把子女数量减少到必要的范围之内。汤因比预测，社会特别是公共组织将不得不强制规定子女数量。人们会认识到生育多少子女并不只是父母应该关心的私事，而是整个社会都应该关心的事，而且还应该采取实际的重大措施。

谁都不希望全球陷入悲惨的结局，而减少子女人数是改变这种局势的唯一办法。不过，汤因比也指出，这会造成不良影响。既会造成暂时性的问题，也会造成永久性的问题。一个暂时性的问题是各代人在人数上的正常比例会遭到破坏，能够赡养老人和抚养青少年的壮年的人数会在一段时间内减少。一个永久性的不良影响是家庭规模的缩小。如果只允许每对夫妇在法定限制内生育子女，那么，从全人类的角度或从每个孩子的角度来看，家庭最理想的子女平均人数将会让人觉得太少了。过去，规模较大的家庭很普遍。在汤因比看来，在这样规模的家庭中，孩子们不仅受父母教育，而且还相互教育。孩子们学会和睦共处、相互帮助，这能够培养他们的社会性，而这又正是人类教育的核心问题。如果家庭中的子女人数减少，将不会产生这样的效果。这样就出现了一个问题，即怎样才能为孩子组成子女人数不少于最低需要的家庭？我们应该找出办法，既考虑到孩子自身的利益，让他们在他们的小社会中成长，同时又要考虑到整个人类的利益，降低人口出生率。

知识分子

汤因比很关心知识分子问题。他指出，当某个社会被分成知识分子和普通大众两部分，这两部分之间产生了隔阂的时候，就预示着这个社会已经不健康了。知识分子和普通大众产生隔阂，那么知识分子就容易失去和普遍的现实问题接触的机会。另一方面，普通大众也多半要失去所有人都应该最大限度地享受的知识的教养。汤因比认为，在当代西方社会中有一种不健康的风气，即知识分子形成了一个封闭的小圈子，他们的生活和普通大众相隔绝，他们只为自己的同行工作。这些知识分子轻蔑地认为没有专门知识的普通大众是无知的。而另一方面，普通大众也无视知识分子，他们认为知识分子的话语难以理解并且不切实际。这种疏远的关系对双方都不好，对社会也不利。

汤因比经常为过度的专业化而忧虑。他认为，过度的专业化使专家和普通大众相互疏远。专家们轻蔑地认为普通大众是外行，而普通大众往往贬低专家，认为他们在自己的小圈子之外别无是处。在汤因比看来，普通大众的意见是正确的。即使从事自己特殊领域的研究，如果完全和周围环境相隔绝，专家们也会陷入偏见。对于理解和应对现代世界，过度的专业化是不好的趋势。因为所有的人们、生活的所有方面、所有的活动越来越紧密地相互依存，现代是需要有全球观念的时代。

在汤因比看来，要成为知识分子需要具备三个条件。

一是智能，这是天赋的才能，每个人的智能是很不相同的。二是保持勤奋努力和行为端正的意志，这是可以由每个人自己去实践的。三是长期的教育。这需要钱，必须由学生的家长或者一些公共财政来负担。因为一个知识分子要实现经济生活独立需要相当长的时间，因此，知识分子和他的社会彼此具有道德上的义务。知识分子负有为社会服务的义务以回报公共财政投于自己教育上的经费。相反，为了使知识分子能够给社会创造价值，使知识分子有效率地开展工作，社会有义务为其提供足够的教育资金援助。在汤因比那一代，英国的奖学金还很少，获取奖学金的竞争对于他们太过激烈。当然，即使在最不利的条件下，具有杰出能力的人才也经常会在竞争中获胜，任何时候都是如此。不过，如果条件过于恶劣，最优秀的人才之外的人可能就失去了施展自己的能力为社会服务的机会。

汤因比认为，知识分子和人生的各种问题密切相关，这些问题既包括普遍的、永恒的问题，也包括自己所处时代和地方的特殊问题。知识分子如果忽视普遍的、永恒的问题，将会变得愚蠢。如果忽视这些问题是由于不关心或无知，那就说明这个人的精神还没有启蒙，因而他也不可能去启迪别人的心灵。在一些大思想家中，有的人把自己的精力完全集中在普遍的、永恒的问题上，而不关心自己所处的时代和地方的问题。例如，柏拉图对他的故国雅典并没有精神上的亲密感，歌德也不从政治上或者感情上参与自己的祖国德国和拿破仑的战争，尽管歌德并不是不知道这次交锋是德国历史上的一个转机。与此形成鲜明对照的是，马克思和列宁非常关心自己所处的时代、地方的问题。马克思把自己的哲学转化为进行政治活动的计划，列宁则通过掌握俄国的政权，并以这个权力进行俄国的共产主义革命，从而把马克思的计划付诸实践。

在汤因比看来，知识分子应该对自己生活的时代和地方的各种问题采取中庸之道。知识分子既不能完全超脱现实问题，也不应该完全陷入其中。在哲学家中，斯多葛学派的创始人芝诺和伊壁鸠鲁是奉行这种态度的典范。在这两位希腊哲学家所生活的时代，城邦国家本身已经在社会和伦理上不能满足希腊人的生活，当时的希腊人已经失去了精神生活的目标。芝诺和伊壁鸠鲁为同时代的希腊人树立了新的人生观，使希腊人能够在传统的统治制度——城邦国家崩溃之后，仍然能够生活下去。

汤因比认为，人生来就有道义上的义务。虽然是平民，但苏格拉底和他贵族出身的弟子柏拉图一样，主要关心普遍的、永恒的问题。不过，和柏拉图不同的是，苏格拉底也参与故乡雅典的政治。苏格拉底平时不介入争论不休的政治，但是，一旦他认为有必要采取某种政治手段，他就认定这样做是市民的一项义务而毫不迟疑地实行，即使不为人们欢迎。他有一次在雅典议会上公然投反对票，反对一项很得民心但道义上却很恶劣的提案。结果，苏格拉底受到了惩罚。但是，苏格拉底说，与其违反自己的信仰和真理，说自己的主张在道义上是反动的，他宁可去死。被宣判死刑之后，他本来有机会逃亡国外，但是他拒绝了其弟子们的建议。苏格拉底既不刻意参与政治，也不回避政治，他的这种实践表明了知识分子所应该采取的正确态度。

为了说明知识分子有时候无论如何不能不取中庸之道，汤因比举了他个人的经历作为证明。在第一次世界大战以后，他以拜占庭研究和近代希腊研究的成果获得了教授职位。为了研究现代希腊人的生活，汤因比考察了 1919 年至 1922 年的希土战争。他得出了一个结论：在这场战争中，希腊是非正义的，而土耳其是正义的。在战争中，除真伪之外，正义和邪恶也是一个问题。汤因比说，当时他既然有教授身份，又亲眼看到了实情，当然就得如实发表，并且他还感到有义务表明他对这个问题的正义和邪恶的看法。结果，他不得不辞掉了教授职务。

教　育

汤因比一直主张，教育的目的应该是宗教性的，不能是唯利是图的。教育应该是对于人生的意义与目的和找到正确的生活方式的探索。汤因比相信，这种精神上正确的生活方式基本上是所有人共有的东西。同样，对于以前的所有人来说，亦即在人类社会的组织和技术逐渐复杂化并从中产生出分工的需要之前，实际生活中正确的生活方式也是共有的。在技术上的文明时代，正确的生活方式的教育被相关的专门知识和特殊技能的职业性训练所补充。但是，所有受过脑力职业训练的人在实际就职之前都应当做出“希波克拉底的宣誓”[①],这是自古以来所有从事医学职业的人都要做的宣誓。所有新参加脑力职业的人，无论是哪一种职业，都应该保证用自己的专业知识和技能为自己的同胞服务，而不是榨取他们。他应该把为民众服务的责任放在高于为自己和自己的家庭谋生的位置上，去谋求最大的服务而不是最大的利益，这才是他的目的和应为之献身的理想。

在当代世界，知识一直在增加，对它的解释也一直在变化，因此只进行全日制的青少年教育是不够的。人们需要在一生中继续不断地进行自我教育，青少年时期在学校所学的知识已经不够应付将来的生活了。这意味着，一个学生在学院或大学所获得的学位，已经不能作为对其一生的评价，只应看作是一时的成绩。在成年之后，每个人都需要被反复考试和反复评价，这些考试或许就是每个人在人生的各个时期的实际表现。当一个人才十六岁或二十二岁的时候，只经过一次考试就被终生定为一等或三等，这是荒唐和不妥当的。有的人大器晚成，相反，有的人虽然少年得志，但后来却一事无成。在少年时期，丘吉尔是典型的劣等生，青年时期焕发了才气，中年时似乎遭到了失败，而在六十多岁时却成了无可置疑的伟大人物。

汤因比认为，在成年的时候继续进行教育的一个好处

① 希波克拉底为古希腊医学之父，他用文字记录下在医生中代代相传的医生的誓言，并将其作为从医的基本准则。后世的医生在正式就职之前都要宣读希波克拉底所记录的誓言。

是能够把个人的经验和作为学问学习的事物联系起来。应该在青少年受教育的最早时间段，安排他们通过课外活动和共同生活积累实际经验。英国传统的所谓“公立学校”的教育制度中就有这样的认识。有一些“公立学校”——其实不是公共学校而是私立学校——被批评是权力的温床，这些学校允许高年级学生行使权力以获得责任感。在这一点上，英国的“公立学校”提供了宝贵的典范，这些学校的学生会主席经常被以“权力是人格的试金石”这句希腊格言加以训诫，汤因比本人就是在一所这样的“公立学校”中受的教育。

人的能力是多种多样的，它们都具有社会的价值。应该发掘和培养每一个人独特的能力。要做到这一点，就必须给学生机会，使他们去积累并应用实际的经验。而且，在人的一生中都需要进行理论和实践互相补充、互相促进的一体化教育。在汤因比看来，由国家垄断对教育的投资、控制和领导是要不得的，因为国家总是想要给那些能增加国家权力的研究领域拨出补助经费。国家还往往要在意识形态上对接受政府资金和控制的教育加以干预，这是为了使学生成为政权方面的意识形态的支持者。当然，教育接受国家资金的补助也有好处。比如说，可以给所有的孩子同等的受教育机会。在英国，有不少人出身寒门，但多亏了公费助学金制度才得以受到高等教育，在所有职业的领导层中都有一些这样的人。

汤因比认为，使教育独立地建立在永久性的可靠基础上很重要。为此，需要两个条件：一是不受国家和企业控制的永久性的财政资金，二是有道德有知识水平从而也受到人们尊敬和支持的教员和教育行政人员。汤因比希望所有国家的所有教育机关都接受不可撤回的土地赠与，以维持学生的低学费和教职人员的高工资。只有这样，才能保证教育的自由，而不受国家和大企业的控制。

在汤因比看来，教育机关必须是彻底的自治机关。应该在教育法人的规定上实行代议制，组成的代表不仅包括教育行政人员和教员，在小学和初中还应该包括家长，在高中和大学还应该包括学生。教育是和整个社会都有重大关系的社会活动，因此也应该有一般民众的代表参加。由多方面的代表决定教育政策的制定和实施，能够使多种意见相互交流。

另外，汤因比还考虑，在大学的教育中，应当给教授们从事研究的时间和机会，而且应把研究看作和上课一样的不可缺少的一部分。大学教育的任务是教给学生自我教育的方法。为了有效地完成这个任务，教授们首先必须进行自我教育，而只有从事研究，教授们才有可能进行自我教育。

在汤因比看来，与此不同，研究人员就不需要也是教员。一个人适合从事研究，不一定也适合从事教育。不过，并不是排斥掉其他一切活动，把全部工作时间都投入研究，一个研究人员就会创造出第一流的工作。事实上，如果这样做，他就会脱离人类生活的洪流而被孤立起来，并且无法获得在研究室和书库中得不到的实际经验。最富有创造力的研究人员是经常把研究和其他某种活动结合起来的人。在历史研究领域，最著名的历史学家们虽然并不一定都同时身兼教职，但他们往往同时兼任政治家、行政人员、军人或者实业家。其中有些人同时身兼两种职业，也有些人中途主动或迫于其他原因而辞职然后开始历史写作。正是由于有直接的经验可以参照，他们才能够写出优秀的历史著作。也就是说，正是由于亲身参与了后来作为研究对象的那种活动，他们从中获得了洞察力和智慧。

工人运动

汤因比阐述了他对现代工人运动的特殊理解。他指出，在工业化的初期，资本家就已经开始无情地剥削新兴的产业工人阶级了，而工人们则期待私有资本能够最终被社会主义所取代，并以此聊以自慰。产业工人们希望不久之后，政府能够支配整个国家的经济生活，实现社会主义。因此，英国的工人们在期待社会主义实现的同时组成了工会，希望以此反抗剥削，保护自己的利益。虽然英国没有成为社会主义国家，但是工会的力量已经非常强大，正从自卫转向进攻。在汤因比看来，工会的力量之所以会这么强大，一个原因是工人们自己的力量，他们把整个行业的工人们都广泛地组织起来了。另一个是由于罢工所引起的混乱。在罢工的打击下，英国变得越来越虚弱。随着技术的进步，英国社会对煤气、电气、自来水和邮电等公共事业的依赖性变得越来越高，因而，工会组织中的工人们可以破坏整个国民经济，甚至能够让全部国民的生活瘫痪，由此迫使资方增加工资。作为无操守的私有资本竞争曾经的牺牲品，工人们今天却成了实际的受益者。由此，汤因比提出了一个很有意思的观点：工会中的工人们现在实际上比他们的雇主们更强烈地反对社会主义，反对以法律统制物价和限制收入的最高额度。

在汤因比看来，阶级斗争在当代英国仍然存在，不过斗争的各阶级之间的分界线换成新的了。在当代，企业设备的价值很高，因此，罢工造成的停产会对雇主们产生毁灭性的打击。为此，资本家们采取了新的应对策略。一方面他们经常满足工人们增加工资的要求，另一方面又提高自己产品的价格以弥补损失。因此，当代英国处于阶级斗争中的两大集团是：从事着社会所不可或缺的工作、具有较高的工资或者靠提高生活必需品的价格增加自己收入的人和没有这些能力的人。在第一个集团中，既有劳动力的雇佣者，也有被雇佣者。这就是汤因比所认为的当代英国社会的新景观。

汤因比认为，名义工资和物价的提高会造成一种假象。在时间上，名义工资和物价的提高同增产之间是不一致的。因为在这段时间中，货币也在贬值。但是，产业资本家和工会工人们可以通过不断提高名义工资和物价补偿通货膨胀所造成的损失。而即使货币贬值，其他人也没能弥补自己的损失，只能依靠固定收入维持生活。由此，汤因比断定，可以提高产品价格的人和可以要求增加工资的人实际上损害了那些不具有这两种能力的人的利益。

不过，汤因比又指出，提出增加工资有时也会损害提出这一要求的人的利益，这是具有讽刺意义的。因为，如果一个企业过度频繁地提高工资和价格，那么它就不能在同其他企业的竞争中取胜了。汤因比举例说，随着工资和价格的提高，现代英国失业者的人数急剧增加，破产者的人数也不断增加。然而，面对着这种就业状况的恶化，工会工人们还是没有放弃他们长期以来在年复一年的讨价还价中的强硬立场。

如果这样的情况持续下去，那么就不会有什么好的前途，因此人们迫切希望能够有一种和之前的工人运动不同的新型工人运动。汤因比的结论是，由于私有企业的所有当事者在自由竞争中都不能克制住自己的贪欲，因此他们只能造成自我灭亡。他们认为贪欲是一种美德，而不是恶行，然而，自由竞争的私有企业指导思想的这个伦理前提其实是同实际情况相悖的。这种错误观念带来了报复。由于无法预见其自杀性的后果，无限制的贪欲将会导致自我灭亡。

汤因比认为，自由竞争不久就会在所有把最大限度地追求私利作为生产目的的工业国中失去作用。而且，出现这种情况后不久，独裁政权就会实施社会主义。然而，这不但会遭到资本家的强烈反对，而且还会遭到工人们同样强烈的反对。这是由于虽然在其历史的第一个阶段中被剥削，然而工人们却在今天从现存的经济体制中获得了恩惠，尽管这注定只是暂时的。但是汤因比的这一预言好像并没有实现。

汤因比说，他在预见社会主义即将到来这一点上看起来有些像马克思主义者，但从伦理上判断却不是。在他看来，马克思蔑视劳动力的雇佣者，而把工人阶级看作理想的阶级。其实，马克思对当时的资本家们的严厉批评用在今天的工人们身上倒是很合适的。无论是资本家还是工人，他们都是人，而人的本性是相同的。人的本性是有贪欲的，如果没有受到有效的限制，那么这种贪欲就会导致巨大的不幸。因此，汤因比相信，在经济活动中，只有自我克制才是解救自我的唯一道路。他认为，应该把工人运动的目标从追求欲望的满足转变为追求更为本质的人类自我防卫。不过，这种转变可能不会是自主的，很有可能被独裁的政权体制强迫。生产过程中的各种当事者们都将屈从于这种体制，而且同造成全面的经济危机的现有私有资本主义制度相比，他们会勉强承认独裁体制是好于私有体制的，尽管它也有弊端。在汤因比看来，一旦完成了它所肩负的革命使命，私有体制就会被一种能更民主地代表“世界国家”公民的政权代替，这种政权是以世界上形式多样的独裁政权为基础的。

不过，汤因比强调他并不希望确立独裁体制，而且恰恰相反，他很害怕出现这种制度。他说，历史上的每一次社会大变革都会不可避免地要付出导致独裁体制的代价。

不管是多么的不情愿，各民族也还是容忍了独裁体制。这是因为，在他们看来，同他们自己所能提出的其他方案相比，独裁体制的弊病还是比较少的。日本的德川家康、中国汉代的刘邦和罗马帝国的奥古斯都都是独裁者，都成功地建立了长久的独裁体制，虽然他们的前任丰臣秀吉、秦始皇和恺撒创立的类似的体制都最终失败了，而他们成功的原因就在于他们一定程度地掩饰了自己的独裁色彩。因此，人们认为他们是为了避免更大的弊病才不得不建立这种体制的，他们是为了防止社会和政治的无秩序这样一种更大的弊病，才选择了这种虽有弊病但弊病更少一些的独裁体制。在汤因比看来，人类并不是注定要接受独裁体制的统治。不过他也指出，独裁体制能够限制失去控制的极端利己主义和反社会的行为。因此他认为，如果不依靠某种程度的独裁力量，就可能实现不了现代世界的安定，至少是物质方面的安定。

闲暇时间及其用处

汤因比表达了他对于现代人面对闲暇时间的矛盾的看法。他指出，闲暇时间扩大了现代人选择的范围，然而选择也意味着责任，因此人的本性反倒是总想尽可能地逃避闲暇时间。这同现代人逃避民主的原因是一样的。当被剥夺了人性而像机器上的齿轮那样转动的时候，人就会逃避自己决定自己计划的责任。政府的独裁及军队的训练和教育是剥夺人性的传统方法，然而，自从工业革命之后，这种传统的非人化的麻醉剂又多了机械化的工厂严密组织的劳动的单调。传送带这个毫无人性的暴君是政治警察和军官们的援军，而当代科学技术正使得科学管理的机械作业朝着自动化的方向发展。因此，与其说从前只是少数人特享的闲暇时间将赐给每个人，还不如说正在威胁着每个人。

汤因比强调，现代人应该注意发挥和发展自己的创造力。过去人们并没有十分有效地利用闲暇时间，少数享有特权的人甚至还经常觉得闲暇时间是一种沉重的负担，没有办法处理，从而就发明出对别人无益的娱乐活动或者甚至发动邪恶的战争以打发时间。除了这样糟蹋时间之外，那些无所事事的人从来不为社会做任何工作，而只是竭力地维护他们既得的特权。不过，在享有特权的少数人中，也有一些具有创造力的人。同无所事事的人相比，他们不仅不觉得闲暇时间是沉重的负担，而且反倒觉得它是一种恩惠。他们把自己一生所有的闲暇时间都用在自己的事业上，还仍然觉得要做的事情太多，无法完成自己要做的事业。

在自动化时代之前，大多数人不得不为了生存而劳动。他们对工作怀着两种矛盾的感情：在劳动的时候，他们觉得不公平，对自己承担重负而少数特权阶层不用承担而感到愤慨；可是一旦失业，他们也会对失业本身感到愤怒，虽然不满意于从前单调而费力的工作。失业会给人们带来很多痛苦，经济上的艰难即使不是最严重的，也是最明显的痛苦。然而，失业所造成的心理上的痛苦更加让人无法忍受。一旦没有任何事情可做，一个工人就会觉得自己在社会上是个多余的人。这是很丢人的事。因为人是社会性的动物，如果变成社会上多余的人，就会让人觉得自己的人格被否定了。不仅如此，更不好的是，失业会造成很多闲暇时间。如果失业的是那些具有创造才能的为数不多的人，情况还好一些。因为即使自己的一生都是闲暇时间，他们也有很多无论在时间上和体力上都无法完全做完的事情。然而，如果失业的不是这种人，那么他们就将遇到命运的问题。一旦丢了工作，那么，一个人就失去了生活的来源，并将马上放弃同维持生计无关的事务，开始为事业而烦恼。到了自动化时代，大多数的人都将面对过去只是少数享有特权的人所特有的闲暇时间的问题。人们都很希望能够逃避闲暇时间，逃避在闲暇时间中所负的责任。在汤因比看来，如果真像人们的愿望所显示的那样不欢迎闲暇时间，那么，在自动化时代中，就还会有少数特权阶层。然而和过去不同的是，这些特权阶层享有的并非闲暇时间而是工作的特权，他们是可以制造、操作能代替别人工作的计算机和编制程序的能手。

汤因比强调，无论是多么迟钝的人，还是多么麻木的人，所有人都会遇到命运的问题。命运等待着所有人。因为只要人有意识，他就经常会发现，作为一个人，他就是处于困境或者让人恐怖的神秘色彩之中的。对于迟早要面对这个问题，人们应该庆幸还是应该诅咒呢？很多人都认为这是应该诅咒的。当没有强制性的工作麻烦自己的时候，他们想出一些不必要的工作麻醉自己。然而，一旦被社会抛弃，无法从社会那里找到麻醉剂的时候，他们就会借酒和麻药麻醉自己。

在把闲暇时间用于探索人类命运的问题上，有些人认为能这样做是很好的，正视人的命运是宗教和哲学的另一个称谓。无论在过去的哪个时代，在那些享有闲暇时间的特权的一部分具有创造性的人中，都有一些人不在艺术、科学和技术中而在宗教和哲学中发挥自己的才能。汤因比说，有的人花费一生的闲暇时间，在人类终极的精神问题的研究道路上找到自我完善的途径。这对于所有人来说都是一把自我完善的钥匙。人是社会性的动物，因此，宗教既有个人的一面，也有社会的一面。即使是印度教、佛教和基督教等宗教的隐士们，也有着为满足自己精神生活的要求而发挥社会职能的觉悟，而且他们为社会所做的事情也得到了社会上一般人的认可。

汤因比最后强调，宗教才是解决自动化带来的各种问题的良方。宗教既是个人的活动，同时也是社会性的活动。在人生的旅程上，无论如何回避宗教，它也迟早要和人们相遇。如果有人完全摆脱了宗教，那么他就将付出丧失人性的代价。

社会组织中的价值观念

汤因比讨论了社会组织中的价值观念问题。他提出，组织机构往往会造成同其创立者的想法完全不同的结果。

这种情况给人造成了这样一种印象，好像组织机构具有自己的意志，可以任意地设定和它的成员的愿望相悖的目标。但实际上，组织机构并没有自我约束的人格，问题的关键在于，组织机构的领导者首先关心的是维持他们所负责的组织，其次才关心实现其组织机构创立时设定的目标的阶段性目标，因此，他们不考虑最终的目标和更为广泛的影响。

汤因比说，经常出现这样的情况：本来组织是善意的，然而不知不觉地却给组织本身和组织中的每个成员带来了很多难题。譬如，某个企业的工会组织工会会员增加工资的运动获得了成功，然而，如果搞得太过火，有时就可能会让企业破产，而导致工会会员们长时间地失去工作。这样一来，企业就无法给工会会员们发他们好不容易才争取到的高工资，而工会会员们失去收入之后就会陷于靠国家发给失业救济金维持生活的境地。这样的结果当然是同工会和工会会员当初的愿望相悖的，也不是政府所想看到的，而这种各方都不愿看到的结果就是由于组织领导目光的短浅造成的。在汤因比看来，虚无主义和无政府主义率先对组织的领导不力进行了反抗。比如，愤怒的年轻人和嬉皮士就对由于追求利益最大化的私有资本导致经济体制的失败进行着抗议。

汤因比强调，只有通过人内心世界的精神革命才能根治现代社会的弊病。靠变革组织机构并不能治愈社会的弊病，这种尝试是隔靴搔痒的。这样做的结果只能是，要么完全否定组织机构，要么把一个组织机构换成另一个组织机构。唯一有效的根治方法是精神上的。任何社会组织和制度都是以某种哲学或者宗教作为基础的，不同的精神基础既可能让一个组织向善的方向发展，也可能让它向恶的方向发展。因此，人类必须有一种新的精神基础。如果找到这样一种新的精神基础，并依靠它根治了现代社会的弊病，那么，人类就能在这种更为理想的新精神基础上建立一个更为完善的新社会。除此之外，没有根治社会弊病的可能。

从前的人们都把自己看作是某个特定社会中的一员，但是没有任何一个社会实现过全人类的大同。到了现代，人类才初步形成了一体化，然而还只是技术上的一体化，并没有实现社会和宗教上的一体化。但是，如果全球的一体化不能超出技术的层面而达及社会和精神的层面，那它就不会给人类带来四海之内皆兄弟的爱，而只会导致相互的残杀。人类不能对这种情况置之不理，而一定要加速在精神上的一体化。所有人都应该放开眼界而胸怀全人类。人类需要一种世界性的宗教，它能使所有人都认识到人类是整个宇宙的一部分。人类在精神上的目标应该是使宇宙和地球上人类大家庭的每个成员实现和谐。

体制和代沟

现代社会中普遍存在着汤因比青年一代反对掌权的中年一代的斗争。汤因比指出，在当代，存在着世界范围内的反体制运动，不过这一运动本身并不是全新的东西，在历史上有过诸多类似的运动。法老埃及建立了古代王国的体制，然而随着第六王朝的崩溃而被推翻。古希腊－罗马的体制于公元3世纪被推翻。法国革命也推翻了法国的旧体制。除法老埃及体制外存续时间最长的中国的旧体制，最终也还是随着清朝的解体而被推翻了。在汤因比看来，斗争主要发生在体制之内的青年与中年之间是现代世界性反体制运动的一个明显特征。而且，不论是穷国还是富国，大部分叛逆者都是生活在贫困线以下的人，他们的叛逆行为让现代社会变得相当混乱。

汤因比认为，有几个原因造成了现代体制内部的青年对体制的反叛。首先，现代掌权的中年一代处理各种社会问题无法让人满意，特别是无法让青年一代满意。其次，由于科学技术的加速度发展，事物的变化极其迅速，并且朝着极其可怕的方向发展。因此，青年一代担心，现代的中年一代可能在自己的时代到来之前就导致不可收拾的败局，使人类遭到摧残。再次，就是青年一代对年长者有疏离感。这也是由于在所谓发达国家中，统治者的活动和生活方式缺乏魅力，已经失去了威信。在历史上，印度的婆罗门阶级、日本明治时代的元老政治家和武士、罗马的元老院议员、华尔街的巨头的生活方式都曾有过某些魅力，然而，今天的企业家、公务员、工会干部等的生活方式没有一点魅力。现代统治者的平庸无能造成了青年一代的反叛。现代本来就已经很危险了，而体制内的这种两代人之间的斗争更是加剧了危险的程度。在努力解决现状的同时，必须努力结束由上述原因造成的两代人之间的斗争。

在汤因比看来，如果能让青年们认识到任何一代人都没有过真正的自由——即使现代仍然如此，而且，任何一代人掌权的时候，他们行动的自由都会受到前世因果报应的束缚——就可能缓和两代人之间的紧张。青年一代之所以轻蔑和讨厌老一代，虽然也是由于大人们无能、缺乏魅力，但更深刻的原因是因为他们显得不诚实，像伪君子。虽然现代体制中的中年一代无疑在某种程度上是不诚实和虚伪的，不过实际情况也没有表面上看起来的那么严重。也许中年一代也真心地希望实行青年们所要求的那些根本改革，然而，他们又感到自己受到了前世因果报应的命运的阻碍。并且他们还感到，尽管他们真诚地希望改革，也为此付出了努力，然而单靠他们的力量也无法改变命运，无法从根本上改变社会的现状。

汤因比指出，统治集团和统治集团之外的人们之间的沟壑是人们命运中前世报应的一部分。他问道：现代人是否能够改变这种命运，清楚至少在五千年以前就已经产生的这条社会的鸿沟，使统治集团与人民大众融为一体？在他看来，现代人应该把这作为自己奋斗的目标，因为统治者享有特权是同人的尊严不相容的。而且，当体制和人的利害发生冲突的时候，人必须是优先的。然而，从历史经验来看，这很难实现。尽管被多次废除，但是法老埃及的体制与中国的王朝体制每次又都复辟了。法国革命和俄国革命也都要废除旧体制，然而结果只是以新的统治者替换旧的统治者而已。

如果只是公平合理地再分配人类的剩余产品，人类也还是没能真正成功地解决体制的问题。认识人的尊严才是解决这一问题的关键。然而，又不能为了尊严而要求所有职业都必须是自由的。事实上，人们所从事的并以此维生的工作都应该是具有实际价值的，而且人们也能够体会到这种价值。现在，人们工作的目的大都是为了获得最大限度的报酬，而不是在工作中寻找价值。然而，以后就不能再像现在这样把实际利益作为首要动机了。改变这种动机是最理想的，不过，这只能通过人的内心的变革才能实现，而这种最理想的内心的变革也只能靠发自人们内心的精神变革才能实现。这种变革不能从经济的角度而必须从宗教的角度展开，所有人都应该实现这一变革。

医学伦理

医学伦理问题是当代社会一个重要的问题。在现代科学中，和其他部门一样，医学获得业绩的关键也是选择、定量化、机械化和非人格化。但是以人为基准来考虑的时候，付出这样的代价得到的医学成果是成功吗？这值得置疑。

在汤因比看来，医疗毋庸置疑应该成为有治疗作用的艺术。无论是内科医生还是外科医生，为了保持自己的尊严，首先都要把为人类同胞服务作为第一宗旨，将其放在高于为自己和自己的家庭获取生活条件的位置上。但是近年来，美国的医生们只是一味地把自己的职业主要作为赚钱的活动来进行，而不是为大众服务，从而遭到了社会的批评。无论是内科专家还是外科专家，如果把自己的技术以市场上的高价出售看作是最重要的事情，那么即使具有高超的医术，他也不会成为患者的有人情味和热情的朋友。

汤因比问道：医生既做病人的朋友同时又做冷静的科学专家是否可能呢？医生和军人相比，前者施恩于人，后者则加害于人。不过，两者有一个共同的特点，就是两者从事他们的职业时都同身心的痛苦、死亡的恐怖、死亡和死别的悲痛直接接触。不摆脱感情，可能无法有效地从事工作。可是，作为一个医生，排除感情之后仍然要具有同情心，否则就不会是真正称职的医生。

最后，汤因比总结道，如果对于人类生命和人类赖以生存的宇宙没有一些宗教的或者哲学的见解和态度，那么无论什么人也决不能成为精神上和伦理上健全的医生。

死刑的废除

汤因比对于英国废除死刑感到十分高兴。在他看来，废除死刑并不让人觉得意外。早在实行这一政策之前，英国的警察和犯罪者们就有了某种默契，他们不仅都不使用武器，而且也尽量不携带武器。这并不是说在受教育后犯罪者们不再犯罪了，而只是说，由于警察避免对犯罪者使用暴力，因此犯罪者进行犯罪活动的时候也尽量避免使用暴力，警察和犯罪者共同希望把暴力控制在最小的限度之内。从而，在理论上，废除死刑朝这种人道的方向迈了一大步，犯罪者应该以停止一切杀人活动作为回应。

然而很不幸，在废除死刑之后，英国发生了执行逮捕犯人任务的警察接连被杀害的事件。汤因比推测，犯人们在死刑废除后可能产生了这样的心理：如果自己犯的罪较重，那么被警察逮捕之后就得服长期徒刑，而如果把逮捕自己的警察杀死的话，自己可能就不会被捉住了。这样就不如把警察杀死，即使以后再被逮捕，最坏的结果也不过就是服更长一些的刑罢了。这就是犯人们杀害警察的动机。由于这样的新情况，警察的工作比以前更危险了。为此，警方提议，如果犯人杀死执行公务的警察，那么就应该恢复死刑，判处这种犯人死刑。

尽管如此，汤因比还是希望所有国家都废除死刑。他提出了两个在他看来很有说服力的理由。首先，从道义上来说，任何人都没有剥夺他人生命的权力。要废除死刑，就必须同时废除战争。如果人们一方面认为，即使某个人对他人或对社会犯了像杀人这样的重罪，即使尽量不使用非人道的方法，也没有权力判处他死刑，另一方面又认为，在战争中，以最残忍和野蛮的手段杀死无数的人是正当的，那么这就不合情理了。在被迫拼着性命去杀死那些毫无个人恩怨的所谓敌人之前，战士们还从没有对人类同胞犯过任何罪。因此，战争不仅能杀死人，而且还会逼人们去杀人。战争不仅使个人，而且也使集团去犯这两种罪恶。其次，应该废除死刑和战争的第二个的理由是，一旦被杀死，生命就再也不能复活了。然而，即使是那些多次犯下严重罪行的人，只要他们活着，就有可能实现道德上的新生。

不过，废除死刑并不是说也可以给已经定了罪的罪犯充分的自由。没有犯过任何罪的公民有道义上和法律上的权利，并且享有相应的自由。但是，犯罪的人不应该被给予这样的自由。杀人犯有生存的权利，但是，周围的无辜的人们同样也应有不受杀人犯危害、得到保护的权利。因此，只有在人们认为即使在释放之后也完全不会危害其他人的时候，才可以将那些杀人犯释放出去。然而，这也只是从主观上解除忧虑，而在实际上并没有可靠的把握。汤因比指出，让犯罪者服刑的目的不是报复，而是预防犯罪。除了这个消极的目的，还应该积极地教育他们，让他们重新做人。监狱应该像学校那样，尽可能地教育犯罪者走上自食其力的道路。教育的效果是和主观努力的程度成正比的。

自杀和安乐死

汤因比还很有兴趣地谈了他对于自杀和安乐死的看法。他承认剥夺别人的生命是最大的罪恶，但是，人是否有权利结束自己的生命呢？在这个问题上，汤因比的回答是肯定的。他认为只要是当事人反复考虑的结果，他的决定就应该得到尊重，因为每个人的处境和遭遇是不一样的，是否决定自杀也应该因人而异。这里汤因比所涉及的人一方面都是精神正常的人，对于那些精神失常企图自杀的人还是应该尽力阻止的；另一方面这些精神正常的人应该是经过深思熟虑后做出自杀选择的，人们应该努力阻止那些一时冲动想自杀的人。因为虽然这些人自己当时感到很难再生活下去了，但是在人们看来他不久就会渡过难关。

汤因比从人死不能复生的角度反对故意缩短生命的行为，同时也认为应该尽量避免自杀。在这个意义上，避免自杀跟限制死刑、放弃战争是相同的，因为有生命就有希望。但如果一个有生命的人失去了希望，他有着清醒的头脑，并在深思熟虑后选择了死亡，那么，汤因比认为人们就不能够妨碍他的选择了，对于他要安乐死的要求也应该得到满足。安乐死是作为对当事人的一种慈爱行为而结束他的生命的，而不是为了惩罚他，也不是为了保护其他人而牺牲他。

在对待自杀上，汤因比首先考虑的是对人最宝贵的权利——尊严的保护。他指出，即使是正常的人也会有感到无法继续生活下去的时候，比如失去亲人或丧失了生活能力、自己活着成为别人的包袱或是自己独占了对其他患者更有利的医疗条件时，他会认为这损害了自己作为人的尊严，他会希望自己能去死或希望别人杀死他。在汤因比看来，这时人们如果拒绝他的要求就是在侵犯他们最宝贵的尊严。

那么，精神失常或失去意识的人是否有权利选择死亡呢？汤因比在这一问题的回答上依旧是肯定的，但是鉴于这类人群的特殊性，他提出在帮助他们实现自己的这一权利时要进行仔细分析。比如当一个人在肉体或精神或二者兼具的折磨下精神失常或者昏迷不醒了，在这种情况下，其他相关人员就应该为他做出决定以减轻他的痛苦。汤因比认为，这时人们不愿选择杀死患者，是因为人们把杀人的行为看得比杀动物的行为重大得多。但是这样的想法其实是剥夺了人可以解除痛苦的权利，当人们在犹豫要不要减轻一个没有治愈希望的病人的痛苦时，人们的这种犹豫就成为怯懦的表现。

除了批判要不要杀死病入膏肓的患者的犹豫外，汤因比还批判了另一种犹豫——对这些患者放弃治疗的犹豫。他反对医学上发明的那种对这些患者还进行维持肉体生命的做法，认为这是医学的滥用。因为对于这些人来说，延长生命对他来说是一种更残忍的做法，结束他们的生命才是更合乎道理的做法。

对那些已经昏迷不醒、无法请求或拒绝安乐死的人，汤因比也没有忽略尊重他们选择死亡的权利。针对替病人做出选择可能会涉及很多棘手的问题，汤因比提出可以由相关的负责人组成一个委员会，根据病人的情况做出决定。这个委员会应该是依法建立起来的，但是它所做出的决定却不得在事前就用法律形式规定下来。因为在汤因比看来，如果病入膏肓的人连结束自己生命的愿望都要受到压制，这种压制就是一种不公正。

汤因比认为，连自杀都必须偷偷背着别人进行时，这本身就非常无情，侵犯了人的尊严。他举了他两个朋友自杀的例子，他们俩都是经过深思熟虑，并且认为自己的自杀是符合道德的。他其中一个朋友是艺术家，因为疾病不能再从事艺术创作了，当她意识到自己不能再像以前一样通过创作为社会提供有价值的东西，自己要活着就得依靠别人的帮助，而自己却再也不能再给别人任何东西时，她感到自己的尊严受到了损害，自己的价值由正转向了负。因此，她选择了结束自己的生命。他另外的一个朋友则是因为突然失明并无法治愈而自杀的。他这两个朋友费尽周折才躲避了人们的目光自杀成功，这种不能正当自杀的困境加重了他们的苦恼。因此，汤因比感到他们的自杀是正当的行为，妨碍他们自杀才是错误的行为。

英国人反对自杀，尤其是带有屈辱和残酷的自杀。汤因比分析了这一现象的历史根源：根据基督教教义，人们相信只有上帝掌握人死的权利，自杀会侵犯上帝的这一特权。但是汤因比不相信存在具有人的形象的上帝，并指出，即使存在这样的上帝，也根本无法考证上帝掌握的人类特权究竟是什么。不过汤因比还是从相信上帝的角度推断出了反对自杀的荒谬性。他从上帝所规定的戒律是不会互相矛盾的出发，认为上帝如果禁止人们自杀，自然也应该禁止他杀。那么，战争、死刑和杀人都应该禁止。同时应该禁止的还有医疗和看护，因为这种人为延长寿命的做法同人为缩短寿命一样，都是侵犯了上帝对人的特权。汤因比指出，基督教徒的实践很多时候都背离了他们的教义，比如被敌军杀害的士兵可以按基督教仪式安葬并立碑纪念，而自杀的人却不允许安葬在基督教教堂旁边的圣地上。再比如基督教徒很尊重医疗事业，但是其中那些相信基督教信仰疗法的基督教徒却禁止接受医疗。

汤因比本人是作为基督教徒长大的，但他自己却承认他在学校接受的基督教以前的希腊、罗马文学和历史等的教育要大于基督教的教育。以前的希腊人和罗马人把自杀看成是人的基本权利之一，而不把它当成禁忌，甚至认为为了保持人的尊严而选择自杀是一种值得尊敬的行为。据说希腊哲学家德谟克利特在得知自己的智力衰退后绝世而亡。希腊人非但没有强迫他进食，反而像尊敬他的成就一样尊敬他的自杀选择。而恺撒的一个政敌加图，因为不愿屈服于恺撒用军事力量建立起的非立宪的独裁统治而选择了自杀。加图的自杀赢得了人们的尊敬，虽然生前他的政治抱负没有实现，但是他自杀后赢得的荣誉使他成为恺撒最可怕的敌人。

包括汤因比在内的大多数西方人都认为印度和东亚人对自杀也持这样的态度。如在帝制的中国，谏言后，御史通常会选择自杀，他们把谏言和自杀都当作自己的义务；除此之外，被日本人传颂的四十七士、美军占领越南下自焚的僧侣，他们死后产生了与加图一样的影响。

汤因比坚持把自杀和安乐死看作是人不可缺少的基本权利。他指出，个人是自己生活的第一当事者，如果第一当事者无法按照自己信奉的原则生活，只能按照别人信奉的原则生活，那么他做人的尊严就受到了别人的侵犯。同样的，如果在特定的情境下他不能选择自杀，他自己的尊严就遭到了亵渎。

2. 政治和世界

发达国家和发展中国家

汤因比关注发达国家和发展中国家以及它们的相互关系。他强调，只要把无节制的竞争作为行为的原理并继续坚持下去，少数富人和多数穷人之间的物质财富和文化福利的鸿沟也就要继续扩大下去。在少数富人内部，相互对立的超级大国进行着争夺世界霸权的冒险竞赛。以援助为名，他们企图继续把穷国变成自己的卫星国。正因为这样的援助没有丝毫善意，并且暗藏着不可告人的目的，所以受援国不会得到什么利益。在汤因比看来，检验一个富国的援助是否无私，要看他们是否努力使穷国自立。而且，检验一种援助是否是为了实现这一正确的长远目标，还要看它是否把物质援助和精神援助结合起来。提高物质生活本身不是援助的目的，而是提高精神素质的一种手段。

汤因比认为，联合国的现状是各个主权国家都有一票，这看起现实，其实是不现实的。埃塞俄比亚与利比亚的投票权同美国、苏联、中国的投票权一样，但实际上大国和小国的力量相差极大。中小国家将会加强团结，现在已经出现了非洲国家集团和阿拉伯国家集团。汤因比期待这些集团互相帮助，互相补充，同时在国际社会中坚持自己的独立立场。不过，真正重要的是，为了解决像污染这样的全球问题，不论大国还是小国，所有国家都应当团结起来，形成某种形式的真正的世界政府。当然，这种世界政府必须保证中小国家真正的平等。对于世界政府的各种政策，所有国家都要有发言权。

汤因比说，撒哈拉以南非洲的黑人的身体素质十分惊人。不论是生于非洲还是生于美洲，当今很多著名运动员都是黑人，这绝不是偶然的。欧洲人把数百万非洲人作为奴隶运往美洲，如果是其他人种，受到这样的苦难恐怕大部分都要灭亡。然而，不论在美国还是在拉丁美洲，非洲人依然健在，并构成了人口的重要部分。汤因比认定，只要人类不灭绝，黑人和中国人就肯定会存在下去。正因为如此，这两种人将对人类的未来产生极其重大的作用。

汤因比认为，非洲大陆今后的前景是光明的。如果说非洲是唯一的“未来的大陆”或许有些夸张，但说非洲将成为一个“未来的大陆”则是无可置疑的。据说人类祖先最早就是出现在东非某个地方。非洲人将在未来人类的一切活动中，在精神、智力和身体各个领域中发挥重要作用。

美　国

在过去的很长时间内，美国对别国领土的所作所为显得目中无人。当北美大陆还是一片荒野的时候，他们就毫不顾及土著居民，对待他们就像对待动植物一样。在越南问题上，美国也就是按照它的传统方针处理的。然而，当他们发现越南人绝不是动植物而完全和美国人同样是人的时候，便遭到了迎头一击。美国必须牢记这一教训。汤因比认为，开拓精神和它所掩盖的偏见使美国的错误增大，并使美国在国际政治上投下了阴影。开拓精神所带来的惨痛结果在越南已经很明显，而在柬埔寨问题上，又引起总统和议会的争论。不过，在这一问题上，欧洲人也不能说大话，欧洲各国的关系也并不那么协调。瑞士堪称不同语言和宗教的各民族和睦相处的典范，然而，并不是所有欧洲国家都成功地做到了这一点。

在第二次世界大战爆发的时候，美国议会通过了《中立法》，表明了美国不参战的决心。要是没发生珍珠港事件的话，美国可能不会参战。可是，令人惊讶的是，美国在战后推行了积极的行动主义。美国的“开国元老”们曾经提出切记介入国外的纠纷的警告。积极行动主义和其他众多政策和这有名的警告背道而驰。值得注意的是，美国的这种积极行动主义政策几乎都是针对共产主义国家，尤其是针对苏联的。美国曾经在两次大战中同德国交战过两次，同日本交战过一次，其实美国对这两个国家并没有什么强烈的敌对意识。而在1917年之后，美国却始终对苏联反应极为强烈。汤因比认为，可能是美国人把共产主义看成是觊觎富有的美国公民腰包的东西，会对美国构成威胁。虽然日本和德国也曾经威胁过美国的政治安全，但是他们没有像共产主义的基本思想所主张的那样对美国造成共产或者没收财富的威胁。

得益于中苏论战，美国担忧共产主义颠覆自己的恐惧心理得到一些缓解。汤因比希望随着紧张局势的缓和，美国不对中苏采取好战的敌对政策。汤因比认为，这三个大国通力合作，对人类和世界十分重要。

汤因比指出，美国存在着种族歧视问题。在美国，盎格鲁撒克逊血统的白人享有特别优越的地位，德意志、斯堪的纳维亚和荷兰血统的白人也享有同等的地位。罗斯福一家就是荷兰血统。不过，种族歧视并不是美国特有的问题。英国黑人人数比美国少得多，但是英国国民对他们也有类似的仇视感情。因此，在这一问题上，欧洲人批评美国人需要谦虚一些。

汤因比认为，黑人和白人希望建立只有自己种族的独立王国有些过于乐观。除了平等、相互尊重、友好地共存之外，美国黑人和美国白人都别无他法。

帝制的前景

汤因比发现，在现代之前，被统治者通常都对政治权力给予极大的崇敬，甚至对其产生眷恋之情。而且很多数情况下，这种情感是指向掌权者本人的。前者多发生在绝对君主制的国家，如王朝时代的中国和法老时代的埃及，后者则多发生在君主立宪制的国家，如英国和日本。

汤因比指出，在绝对君主制的国家，君主是世袭的继承者或造反胜利者。君主不仅要求臣民对自己忠诚，而且要尽可能地独揽权利。如果自己缺乏执政能力，就由自己的家族行使权力，即使这并不合法。在这种制度的国家里，权力永远是被专横地行使的。在汤因比看来，这种制度不如君主立宪制。而在君主立宪制的国家，比如日本和英国，人们的崇敬之情不是指向权力的实际行使者身上，而是集中于并不行使权力的君主身上。汤因比认为这种威信和权力的分离是历史发展的一种偶然的幸运，而不是有意造成的，但是这种幸运的制度也并不能解决所有的政治问题。一方面实际的掌权者想要国民支持自己的政策，就必须依靠王权的威信；另一方面，没有任何发言权的国王却不得不对以自己名义实施的政策承担社会责任，国王的心理上很少能得到安慰。

汤因比指出，现有的君主立宪制会比其他君主制更长久地存在下去。即使它最终要灭亡也不会是以被推翻的方式灭亡，它可能会通过罢工迎来自己的末日。而20世纪以来，君主制国家已经在慢慢减少了。一战中战败的很多国家，如奥匈帝国、德国、土耳其等国已经废止了君主制，二战又使阿拉伯世界中的很多国家，如埃及、伊拉克、也门和利比亚等国废止了君主制。现在阿拉伯世界中，剩下的君主制国家也处于不稳定的状态。

无论是何种君主政体，对它的国民来说都只是一种心理皈依的目标，这跟皈依宗教信仰是同一种形式，即把国家当成神。现在君主制的逐渐消亡是一种征兆，表明人们逐渐把国家看成一种公共事业团体，而不再是神了。汤因比认为人们这种态度的转变是一种可喜的变化。

经济增长和战争

汤因比认为，克劳塞维茨所说的“战争是另一种外交”忽视了通过谈判解决问题跟通过暴力解决冲突在伦理上的区别，似乎有挑唆的意思。汤因比认为，说战争是对外交失败的报复更接近真实。通过外交解决不了的纷争实际上往往会诉诸战争手段。但是，以战争解决问题往往要以大规模的死亡和荒废为代价，由此又引起了新的问题，而这些问题往往还要通过下次战争解决。这样就不断引发出很多战争。历史表明，几乎没有通过战争完满解决纷争的例子。

希腊哲学家赫拉克利特说过“战争是万物之父”。的确，战争刺激技术进步和经济增长，殊死的攻防战最大限度地提高了国民的能力。因此，战争双方都高度提高了技术上的创造性和经济力量。然而，人们注定也要受到战争的报复。一次战争往往引起多次战争。战争中的技术进步，投入到战争的社会剩余生产的增大，使每一次的战争都比以往有了更大的破坏力。所以，在刺激经济发展的几种因素中，战争的代价最高。

在即将迅速来临的下一个历史阶段，为了保卫自己的生存，人类需要全力以赴地稳定世界经济，阻止人口爆炸。同时，人类还需要恢复宗教的力量。人类需要全力以赴做的事情多得难以应付，在这种情况下，人类不再需要战争，也没有时间去进行战争。

共产主义对各国的影响

汤因比谈论共产主义对世界各国的影响。在他看来，犹太系的所有宗教的一个共同特征是有牢固的组织和严格的纪律。在危机的关头，人们需要纪律，甘愿忍受纪律的约束。非西方文明受到西方文明冲击之后一直处于危机之中，由于这种挑战，这些文明想在现代西方占优势的领域尤其是技术领域赶上西方。为此，这些文明不得不强行军。而强行军需要军队式的纪律，共产主义正好提供了这种纪律。因此，对于一个想吸收、同化西方文明并获得成功的文明而言，共产主义便是一种宗教。在如果不迅速彻底地改革，社会就将全面崩溃的情况下，更是如此。

在汤因比看来，共产主义是科学的理性主义的奇特变种。由于中国原来占统治地位的传统如儒教是理性主义、权威主义的，所以中国这样的国家比较容易接受共产主义。和共产主义一样，东正教也是权威主义的。尽管西方共产主义的理性主义和基督教的非理性主义并不一致，但是共产主义之所以能够占领俄国，一个原因就在于此。

和中国不同，土耳其最后没有依靠共产主义而进行了自己的强行军。阿拉伯比土耳其受到的屈辱更为严重，它们也拒绝了共产主义。为了对抗以色列和美国，阿拉伯接受了苏联的援助。表面上是和共产主义妥协了，但实际上仍然是反对共产主义的。对于信奉伊斯兰教的阿拉伯不接受共产主义，汤因比觉得很不可理解。

战争的本质和未来

汤因比分析了战争的本质和未来。他指出，从人类历史上看，人类产生情感、思维、价值判断和行动方面的知识的时间并不长。根据文献记录推断，最多不过是五千年而已。但是根据考古的发现，人类的祖先完全作为人类的历史——从产生自我意识开始，可能已经有一百多万年了。即使不把类人猿当作真正的人类，而只把现有的人种当作人类来算，人类的历史也至少有二十至三十万年了。这个时间远远超过了五千年。而在这短短的五千年里，战争却成为人类生活的重要组成部分之一。人类的剩余产品大部分都被战争消耗了，剩下的产品仅够维持生存和繁衍的需要。剩余产品的存在是产生战争的一个必要条件，因为战争本身就是浪费，不仅浪费粮食和劳动时间，同时还要浪费别的资源用于制造武器和军备。

为了证实上述观点，汤因比举了以下例子来进行说明。文明最早出现的几个地区，如底格里斯河－幼发拉底河和尼罗河下流地区，在公元前3000年左右修建了排水和灌溉系统，而从苏美尔和埃及发现的最早的对战争的描述也正是这一时期。这是因为在这些系统修建好之前，这些社会没有任何用于战争的剩余产品。因而汤因比得出结论，战争是伴随着文明的出现而出现的，它是文明先天带有的弊病之一。

但是，战争并不等同于暴力或残酷，它只是两者的一种特殊的表现形式。汤因比认为这种恶来源于人性，并且所有的生物内部都会潜藏着这种暴力性和残酷性，这是生命本质的一种表现，而战争不过是有组织有制度地发挥了人类的这种暴虐性。在战场上，士兵在国家政府或临时政府的指挥下互相厮杀，他们之间没有任何的个人恩怨，多数人互不相识。

据生物学家考证，人类是地球上唯一会在同种之间进行殊死战争的生物。别的动物只会在争夺雌性时发生争斗，并且胜者不会夺取对方的生命。据此汤因比认为暴力性和残酷性应该是人性与生俱来的，从人类进入文明时期开始，战争从来就没有停止过，而且战争总是伴随着杀戮。不过，人类的这种残暴性表现为战争时并不是毫不考虑时间和地点的。在这一点上，汤因比举了日本和挪威的例子进行说明。他指出，日本在 12 世纪以前的五百年里几乎没有发生过内战，但此后的四百年间却内战不断。而德川幕府统治日本后，内外又保持了两百多年的和平，在 1945 年后又放弃了战争。挪威从 1814 年到 1940 年从没发生过战争，但在北欧的海盗时代，这个国家曾是世界上最好战的民族之一，所以二战中一受到攻击和侵略，他们就奋起反抗。但在日本和挪威没有发生战争的时代，个别的杀人和公开刑罚依然是存在的，这说明战争与战争以外的残暴行为是有区别的。汤因比据此认为，虽然人类无法根除战争以外的残暴行为，但是消灭战争却是有可能的。核武器为消灭战争带来可能性。因为战争的目的是交战双方决出胜负，胜利的一方得到的会远大于付出。但是核战争终结了这种目的，无论付出多大的代价都不会有胜利者，这足以打消各国发动战争的动机。

但是，汤因比认为核武器并不一定必然消灭战争，除非人是完全理性的。但是在人性中，理性只占很少的一部分，人类很有可能违背理性去选择集体自杀。战争只有在建立了世界政府制度后才能彻底杜绝，否则即使是在核能源时代，只要所有的地方国家没有统一于世界政府，战争的可能性就还会继续存在。因此，为了维护世界和平，让最强大的国家也服从于世界政府，世界政府就必须配备足够有效的力量。

一个好的领导者的素质

汤因比谈了他所认为的一个好的领导者应该具有的素质。虽然很赞成人们争取的政治目标应该是让更多的公民参加立宪政体，但是他同时又对用立宪的方式进行政治和社会改革表示怀疑。他认为，无论是什么性质的集体事业，个人领导权都是不可或缺的，包括按照最高的民主原则组织起来的事业。对民主事业的领导要比独裁领导复杂得多，后者可以用手中的权力对自己的统治对象施压或煽动起他们的反理性情绪，使他们服从于自己的统治。而民主体制下的领导者必须用合情合理的途径赢得民众的支持，从而使自己的政策能顺利推行下去，这是一种充满了冷静情感的理性对话。

汤因比指出，一个能够使民主政体完美发挥其功能的领导者不能是阴谋家和煽动家，他应该是一个不用压制或者蛊惑就能让国民明理的人物。这样的领导者很难找到，因为即使他有这样的才能，也不一定会接受这一艰巨的任务，因为领导本国人民是很困难的，很可能会劳而无功。因此，要成为一个杰出的领导者，还必须有一种大公无私的献身精神，愿意为社会和他人承担责任。在这个意义上，汤因比很推崇罗斯福、丘吉尔和尼赫鲁，认为他们比较圆满地完成了这一艰巨的任务。虽然罗斯福和尼赫鲁在与选民的关系上没有做到真正的光明正大，并且他们都是在国家处于危机时上台的，但是在这种危机之时，他们的国民是很有牺牲精神的，甘愿忍受苦难。

汤因比认为，民主国家的领导必须能够巧妙地在两条困难的道路中穿行，尽管可以巧妙行动的余地还十分有限。其中一条道路就是当他认为选民的要求是错误的时候，他如果不坚持自己的判断而屈从于选民的要求，那么他就是亵渎了自己作为领导的职责，同时也背叛了选民的信赖。而与此相反的另一条道路则是，当他提出一项自己认为正确的政策，但是这项政策如果直接提出就会遭到拒绝，这时如果他用欺骗的手段赢得选民的赞成时，他也是背叛了选民的信赖，而谎言被戳穿的那天，他的信誉也将丧失殆尽。

在非民主的国家，由于领导人是通过武力和蛊惑来统治民众的，所以那些国家中大公无私的政治家有时比冷酷阴险的阴谋家更容易招来祸害，他们的政策也起不到什么作用，比如罗伯斯庇尔和列宁等。而中国的汉高祖刘邦，罗马帝国的奥古斯都，还有萨拉森帝国的哈里发·阿摩维亚，都是专注于金钱的野心家。但是他们都有圆滑的处世手段，把已经要僵死的帝国体制从崩溃中解救了出来，并为以后的长治久安打下了统治基础。虽然他们的处世手段并不值得称颂，但是在当时的处境中却变得很适宜了。

汤因比认为，无论在什么政治体制下，天资平庸的领导者都不会把国家治理得井井有条。美国历史上几个平庸的总统给国家带来的损失远远大于煽动家和阴谋家。在苏联历史上，虽然比怪人斯大林要好些，但是同虽然忽冷忽热却精力充沛的赫鲁晓夫相比，作为继承人的勃列日涅夫就显得逊色了。

防御法西斯主义的堡垒

汤因比认为民主主义有其固有的弊病，这些弊病曾使民主主义几度堕落为愚民政治。这从民主主义出现的那一刻就显现出来了，如公元前 5 世纪的雅典民主制时期，雅典曾通过投票确立了贫困阶级向富裕阶层课税的义务。当时雅典的大多数公民都是贫困阶层，雅典民主制的威信在一次失利的大战后消失殆尽，富裕阶层就乘机建立起暴力的法西斯政权。虽然后来民主政权又一次战胜了法西斯政权，但是民主主义的弊病并没有因此而消除。

汤因比指出，贫困阶层在政治上没有什么力量，准中产阶级则不同。在民主体制中，他们是夹在资本家和工会之间的中间力量，完全可以把自己组织起来攻击这两个特权阶层。准中产阶层的这种反抗性使这个阶层在希特勒上台期间成为一种爆发性的社会势力，因为没有人会救济他们，他们只有通过组织“国家社会党”获取政权才能拯救自己。希特勒正是利用了这一点，向这个阶层许下美妙的诺言，才赢得这个阶层的支持，成为最高的独裁者。所以说，不满阶层的存在而非煽动的力量，才是希特勒上台的必要条件。

汤因比强调，最大可能地确立社会正义才是防止法西斯主义出现的最好方法。然而，真正实现社会正义是十分困难的。因为无论是哪个阶层掌握了这个体制的政权，都会主张社会财富的分配要有所差别。譬如在英国，和资本家一样，工会的工人也要求在分配上要有差别。无论是什么时代，社会上总是存在着遭到冷遇的阶层，当那些势力强大的阶层对这一阶层的不公平待遇达到极限后，这一阶层就会寻找各种机会去推翻现有的政权。政权越是能够达到社会正义，社会就会越加稳定。但是作为目标的社会正义又是很难实现的，因为社会阶层的构成是多种多样的，怎样分配才能够让每个阶层都感到是公正的，这个标准很难统一。

权力的本质、手段和目的

汤因比指出，目的和手段在伦理上必须具有一致性，目的并不能使手段正当化。出发点如果错了，那就绝对不会到达正确的终点。革命家罗伯斯庇尔曾经想用恶劣的手段达到善良的目的，但是结果证明他不但在智能上，也在伦理上犯了错误。罗伯斯庇尔本人并没有私心，只想为人类的幸福贡献出自己的一切。他认为自己的目标是崇高的，而这一目标对人类又是非常重要的，因此而使用暴力手段也应该是正当的。但是他的这种做法并没有建立起人类理想的乐园，却带来了灾难性的恐怖政治。

人是一种社会性动物，权力正是在这种社会关系中产生的。因此，人的社会生活中必然会有一个或一个以上的掌权者。虽然权力既可以为好的目的服务也可以为坏的目的服务，但是生物的本性是贪婪的、以自我为中心的。因此掌权者时刻面临着很强的诱惑，即牺牲民众的利益为自己牟私利。然而人类社会最重要的目的是防止社会制度崩溃和由此导致的所有的社会成员无法生存下去的情况发生，因此，与社会崩溃相比，权利的牺牲者们宁愿忍受权力的滥用。但是，即使是这种牺牲，也不一定能换来权利牺牲者们想要的结果。例如 1933 年，德国国民把希特勒当作救世主，希望他能带这个国家走出危机。然而，希特勒却别有用心地把德国带进了二战的深渊。结果，德国在二战中受到的损失要远大于 1929 年的经济危机和一战的失败。

强大的丑恶势力正是利用了弱小力量的这种心理，把弱小力量紧紧地攥到自己的手中，使自己的势力膨胀得越来越大。汤因比指出，社会规模的扩大助长了这种丑恶势力的膨胀，它所涉及的范围和产生的影响越来越大。比如，全球化使所有的民族朝着一个世界规模的大社会合并，但这样的社会却会由于一些原因而濒于崩溃。首先，全球有一百四十多个地方主权国家，他们很难协调起来，这将会导致全球的政治混乱。其次，人口爆炸也会起到推波助澜的作用。再次，科技发展的惊人速度给少数人带来了新的力量，他们把它紧紧攥在了自己的手中。这群掌握了新力量的集团成为各民族中的富裕阶层，他们可以利用这种力量来满足自己的欲望，甚至攫取不该自己占有的那部分资源，而这些资源大部分都是不可再生和不可代替的。

富裕阶层的贪婪和贫困阶层的扩大，加上国际政治的混乱，让很多人认为世界将会陷入灭亡的深渊。汤因比认为，在这样的事态中，法西斯式的世界极权主义可能会击败地方主权国家、民主主义政治和自由竞争制度。这种极权主义运动将使即将崩溃的社会稳定下来，同时会采取根本性的措施进行必要的基本改革，虽然这种改革也许会伴随着一些残酷的和不公正的行为。汤因比认为这个世界革命的最后结果就是，世界将成为一个全世界政教统一的组织形态，并产生出自己的新意识形态，而它的政党纲领也将围绕社会稳定而制定，并会为了实现这一目标而不惜一切代价。同时汤因比还认为这一革命事业将由一个残酷的世界独裁者来领导实现。实现之后很可能还会出现一种反动，但这种反动会为下一次稳定奠定更加坚实的基础，从而使稳定具有持续性。而这可能会由第二个世界独裁者完成，因为他吸取了前任的教训，会采取更加适宜的措施。

对于为什么会出现独裁体制，汤因比是根据历史事实进行判断的。他举了三个例子。首先是日本的德川家康，他继承了丰臣秀吉的事业，创立了长期稳定的德川幕府体制。其次是中国的秦朝，虽然只存在了不到二十年的时间，但是继承它的汉朝却生存了两百多年。而同样继承恺撒的奥古斯都建立起的罗马帝制，从公元前 31 年到公元 284 年都在稳定发展，此后，更加专制的康斯坦丁堡一直存在到了 1204 年。汤因比认为这三个史实有一个共同的特点，那就是长期稳定的帝制是建立在初期过激帝制的基础上的。虽然后来建立起的比较稳定的体制在有些时候也会存在不同程度的权力使用不当和压制民众的现象，但是总体来说，这种情况下建立起来的体制的弊端要比其他的体制少得多。

权力在本质上的弊端其实是人性的一种内在倾向。因此，汤因比指出，要削弱这种恶，唯一有效的方法是使个人行为上的利己主义服从于利他主义，即贪欲要服从于爱。总之，只有自我克制才能使个人乃至全人类走向幸福的大道。

和平利用原子能和开发宇宙的竞赛

汤因比也很关心和平利用原子能问题。他指出，原子能的和平利用是可喜的，也是不可缺少的。在人类所利用的所有无机物资源中，原子能是最危险的。但是，只要有人不放弃把原子能用于战争目的，并且尚未建立有效监督的世界机构，原子能的和平利用就是不安全的。

在汤因比看来，有效管理使用原子能的世界机构以建立有实际作用的世界政府为前提。这种世界政府应该像公元前 221 年之后秦始皇统治中国那样，能把意志有效地贯彻到全世界的政府。

对于开发宇宙的问题，汤因比原则上不反对。在他看来，这个事业需要勇气、技术和协同工作，由此扩大的宇宙知识也很有价值，但是，汤因比反对当时的宇宙开发，这主要有两个理由。其一，当时开发宇宙的主要动机不是科学研究，而是美苏争夺地球主导权的竞赛。在这场竞赛中，就像拥有核武器一样，如果在宇宙开发上获得成功，就会成为两国力量对比上的一个砝码。其二，当时把开发宇宙的庞大预算放在了优先地位，而不是首先满足占人类多数的穷人的需要。人类的资源是有限的，利用资源优先发展什么是个重大问题。现在是牺牲穷人的利益而进行宇宙开发，这是一种浪费，是不正当的。汤因比说，可以设想，人类的后代将来会谴责人类说，和修建金字塔、凡尔赛宫一样，开发宇宙是少数富人违反社会意愿的愚蠢行为。

汤因比认为，只有当占人类四分之三的穷人的物质生活水平提高到少数富人的水平时，才可以考虑是否能把开发宇宙的经费作为人类最优先考虑的开支。如果那时候认为宇宙开发对社会有益，在伦理上也是正当的话，还应该把它作为全世界的共同事业来进行，而决非美苏两国政治斗争的手段。

为世界所包围的爱国主义

汤因比反思了爱国主义。他指出，在两次世界大战和美国独立战争、法国革命之后的大部分战争中，把世界无数青年引入悲剧和死亡的爱国心是一种古代宗教。之所以重新回到古代宗教，是因为西方各民族发现，进入近代之后，由于丧失了对祖传宗教的信仰，自己处于宗教信仰的空白。在汤因比看来，世界范围的对人的集体力量的崇拜会给人类带来政治统一，从而也会带来和平。但是，不管是地区性的还是世界性的，把人的集体力量当作崇拜对象是不恰当的。

汤因比认为，当代世界已经在技术上统一为一个整体，因此也需要在精神上统一为一个整体。以前只奉献给世界局部地区的政治热情，现在应该奉献给全人类和全世界甚至全宇宙。

汤因比引证中西先哲的话论证他的观点。古希腊斯多葛学派提倡“人是宇宙的一员”。中国新儒学的程颢说：“仁者以天地万物为一体，莫非己也。”“仁者浑然与万物同体。”

王阳明说："大人者，以天地万物为一体也，其视天下犹一家焉。"汤因比相信人真正的崇拜对象是存在于宇宙之中、超越宇宙之外、处于宇宙背后的终极精神实在。他认为这种终极的精神实在就是爱。在汤因比看来，即使爱导致自我牺牲，人类也应该追随爱。爱就是以给予代替索取的一种精神冲动，爱还是使自我回到和宇宙万物和谐的冲动。自我之所以为宇宙所疏远，就在于它的天生的但又不是不可战胜的自我中心主义。

世界的统一

汤因比非常热衷于推进世界的统一——不仅是技术和经济上的统一，而且是政治和文化上的统一。他强调，在当代世界，以武力统一世界只能是自取灭亡，实现不了统一的目的。在战争方式上，处于一个极端的游击战争和处于另一个极端的核战争已经使武力统一变得不可能。虽然过去的政治统一没有一个不是通过武力完成的，但是这种成功也是武力和广大群众要求政治统一的愿望相结合的结果。没有这种广泛的愿望而只诉诸武力，是完不成统一的，而且过去的统一从未达到全世界范围的统一。

但是，汤因比也指出，如果不尽早实现政治统一，人类肯定不能继续生存下去。因而，汤因比对人类的未来感到悲观。不过，通过宗教上的变革，也有可能使人们的思想感情产生根本变化，这可能会让事态好转。在历史上所实现的部分统一中，除了使用武力之外，宗教也是一股强劲的力量。在帝制中国和罗马，在武力的统一之后，接着就是宗教的统一。帝制中国采用儒教作为国教，而罗马则采用基督教作为国教。由此，汤因比估计将来全人类的统一需要一个共同的宗教来完成。

人向宗教寻求关于人类生活的目的、意义和命运等问题的答案，因为人类的头脑还没有足够的知识和理解力对这些根本问题作出可信的回答。人类对这些问题的答案最多只是试验性、假说性的。各个传统宗教对这些问题作了独断的回答，但是，现代人发现这些似乎真实可信的东西实际上是谬误，对宗教教义的幻想的破灭，使得人们对宗教本身也不再相信了。

汤因比认为，人们不会再接受任何独断形式的宗教，宗教倒不如坦率地宣布自己对于人生根本问题的回答只是一种猜测而已。由于坦率，它反而可能受到尊重。在揭示宇宙图景的同时，宗教还要为人类的行动指出方向，正是这种作用，才能使宗教满足人们精神生活的一部分需要。各种传统宗教的教义有很大的差别，但是，关于人类行为的宗教戒律却在很多重要地方大体一致。由此，汤因比猜想，无论人类将来信仰什么宗教，可能都会主张同样的宗教戒律。

在汤因比看来，宗教最重要的戒律是自我克制，这是人类的第一课题。人类必须掌控自己的贪欲和自满，而在现代，由于技术的进步，人类把自然环境和自己的关系给完全颠倒了。人类的这两个致使的缺点空前地蔓延开来，由于最近取得了对自然的胜利，人类使自己的自满情绪膨胀了，同时，也增强了放纵贪欲的力量。现代人自满的根源是科学技术上的成就，虽然科学成就解决了一些老问题，但是，作为代价，它也带来了不少新问题。在所谓发达国家中，虽然物质丰富了，但自然环境却被污染了，并引起了生产者之间对于新创造出的财富的分配的矛盾。

汤因比指出，工业革命在 20 世纪 70 年代的结果表明，虽然在科学技术方面具有卓越能力，但是现代人还是和原始人一样不能掌握自己周围的环境。而之所以不能控制环境，原因就在于现代人不能克制自我。自我克制是避免自己失败的唯一方法，传统宗教都宣告过这条真理。汤因比相信，任何将来的重要宗教也都会宣告这条真理。掌握自我是宗教的本质，主张这一传统宗教戒律的未来宗教将赢得人类的拥护——因为这一戒律是对人生的各种挑战的唯一有效的应对。

未来的警察

在汤因比看来，建立军备是有必要的——即使人类成功地建立了世界政府，武装警察依然是必需的，但是应当把军备的数量、杀伤能力和使用减少到最低限度。汤因比详细描绘了人类成功建立世界政府后未来警察力量的蓝图。首先，他阐述了世界政府拥有武装警察的必要性。这里汤因比借鉴的是地方国家的完善的治国经验，认为这对治理世界国家也同样是适用的。在那些统治良好的国家，虽然几乎所有公民都能遵守法律，但还是需要警察才能维持这种良好的社会环境。因为即使在这些国家，也会残存一些必须清除的反社会分子。

对于世界武装警察的招募，汤因比认为应该像招募联合国非军事部门的职员那样，由世界政府自行招募。为了保证招募的成员对世界政府而非各自的地方国家效忠，这些未来的世界警察不能由地方国家派遣，各地方政府拥有的武装警察的规模和装备也应该限制在一定的范围内，能够维持其地区治安就可以了。但是必须保证，无论什么时候，地方武装都不会被滥用于向世界政府挑战这种违反宪法的活动，或者是其他的反社会的行为上。为此，世界政府的军事力量就必须足够的强大，能够解决和镇压任何扰乱世界和平或损害人权的纠纷和暴动。

同时，汤因比也很重视世界警察公平正义的立场，反对那种像南非白人对黑人、北爱尔兰新教徒对旧教徒进行镇压的情况。他指出，世界警察一方面要废除地方现有的那些压迫人的特权阶级，同时也要保护这些废除的特权阶级的安全，不能让他们成为牺牲品。这些被废除的地方现有特权阶级不但要做出有效的保证，而且必须真正地执行他们的诺言，因为即使世界政府承诺会在废除特权阶级后保护他们，他们也可能会在关键时刻进行武装反抗。因此，世界政府必须有独立而强大的武装力量，当世界和平不能通过建立秩序、伸张正义实现时，世界政府会有足够的力量击败这种强大的地方武装抵抗。汤因比认为地方的这种武装抵抗是有发生的可能的，因为人性中存在着利己的思想，而且地方上那些压迫人的特权阶级通常都有着暴虐的性格，对于废除他们特权的行为，他们往往会选择武装抵抗。

汤因比认为人类应该在世界政府建立之前就销毁核武器。针对当时世界上拥有核武器的五个国家，他呼吁这些国家的人民要加强认识，督促政府销毁全部的核武器，并使政府保证不会再搞核武器。同时他强调，将来的世界政府也必须拒绝储存核武器，并将其作为基本条款写进世界政府的宪法中。

之所以强烈反对制造和使用核武器，是因为汤因比认为核武器只会导致交战国的相互毁灭。同时，从其拥有的普遍杀伤力来看，警察在工作中根本无法使用核武器，如在镇压南非的白人、北爱尔兰的新教徒和以色列占领阿拉伯领土的军队中根本不能使用，除非要以这些地区所有被压迫民众的生命为代价，而这就与解放这些地区被压迫民众的目的相悖了。因此，无论是怎样的尝试，使用核武器都只会导致自己的灭亡。

汤因比据此认为，镇压特权阶级的武装警察应该把武装装备限制在常规武器的范围内，镇压拥有杀人武器的暴徒必须使用杀伤力最小的一类武器，而承担实施法律的武装警察则必须尽量使用没有杀伤力的武器，如只能打伤人但不会使人流血的橡胶子弹、会暂时使人麻醉的气体和短时间无法去除的有色涂料等。

汤因比批评现在的科学技术一直被应用于武器的制造和使用上，这导致战争越来越有破坏力和杀伤力了。在他看来，尽管以后的科学技术还是应该应用于物理方面，但是，设计武器的目的必须彻底改变。设计的武器应该让世界政府和支持世界政府的地方武装警察在合法执行公务时，能够把对暴力反抗者的伤害降到最低，尤其是保护那些无罪的人及其他们的财产。

中国和日本的历史与文化

汤因比十分赞赏东亚尤其是中国的历史和文化。欧洲人过去称东亚为“远东”，它位于澳洲的北面而不是东面，而且相距很近，可是澳洲的欧籍居民却一直沿用这个称呼。在汤因比看来，这种做法的言下之意就是以欧洲为中心。然而，事实上，直到第二次世界大战，欧洲统治世界上其他地区的时间不过四个世纪。而到 1839 年，中国却控制半个世界长达二十个世纪。

中国人称他们的国家为“中央王国”，甚至说“普天之下，莫非王土”。自从西罗马灭亡以后，没有一个国家像中国统治它的领土一样有效地统治东半球的西端或者美洲。汤因比指出，中国对东亚的控制，不是纯政治性的，最重要的是文化控制。东亚各国，如朝鲜、日本、安南[①]，都保持政治独立，但都受到了中国文化的强烈感染。中国文化一直是东亚半个世界的粘合剂。

① 安南是中国古代对越南的称谓。

由于欧洲持续很短的优势已经成为过去，对于欧洲人而言，将来东亚对于人类事务的重要性将更加明显。不过，中国持续更长时间的优势也已经结束，而受中国文化影响并统一了两千多年的东亚也同样如此。现代的工业技术已经把整个世界合而为一，在全面结合在一起的世界中，不管是中国还是欧美或苏联，都不可能成为领导世界其他国家的中心。世界各国的结合，并不是由于对任何一个地区的控制，而是由于一个普遍存在的共同问题。在汤因比看来，人类运用不断发展的科技为自己创造了一个人工的新环境，然而，现在却必须和它对抗。每一地区的人们对于这个问题的经验都深受整个人类的关注，而每一地区的成败，不仅对其他地区有教育意义，而且也直接影响其他地区的命运。在某些层次上，影响还非常之大。汤因比指出，东亚在现代的变化，将影响包括各工业技术发源国在内的全世界的将来，其对世界的重要性由此可见一斑。

汤因比提出，人类的生活和经验片刻不能离开时间。过去和人类对于过去的记忆，常常影响人类的行为。在佛教术语中，称过去行为的趋势为“业”，亦即因果报应、羯磨、因缘，在梵语中指过去的行为对现在的行为的影响。业法力无边、无所不及，甚至在西方也有相当大的威力。西方人深信他们除旧的能力和塑造未来的决定权，但是，汤因比指出，东亚人并不比西方人更容易受业的摆布，业是全体人类共同的命运。东亚人不同于西方人的地方在于，他们明白他们受业的支配，而不是更容易受其支配。东亚人很清楚这一情况，从而他们比西方人更能确认业对于人类适应能力的限制。东亚人可能比西方人更加明白：过去不仅是一种负担，同时也是一种财产。在中国，这种意识非常强烈。对于固有文化的价值意识，使中国人对印度文化和西方文化这两种外来文化非常谨慎。

在汤因比看来，中国的文字不仅是一种表达工具，而且也是对生活态度的展示。中国文字将这种态度传到东亚其他国家，也被它们采用。中国的政治史发端于上古，后又由“中央王国”降为“本土国家”，而且还要受西方列强、俄国甚至曾经是中国文化附庸的日本等国的支配，这是整个东亚史的主要脉络。中国的社会制度和中国的政治史是不可分的；中国的政治史创造了中国的社会制度，然而前者又往往受后者的影响而发生改变。在俄国向东扩张至太平洋东亚海岸以前，中国的北邻是欧亚草原上的游牧民族。中国最早遭遇到的外族，就是这种和中国文化截然不同的游牧民族。直到18世纪，这一直是一个很难对付的问题。中国和游牧民族发生关系，比和印度发生关系的时间长，比和西方发生关系的时间更长。

汤因比指出，人类的生活是多方面的，但各种活动都相互影响。为了了解其中的任何一种，必须对各种活动都做概括性的考察。除了政治之外，必须重视哲学、宗教、科学、技术、文学和视觉艺术。研究中国的历史，同样必须重视这些重要方面。

在汤因比看来，东亚历史文化上的统一是中国文化向东亚邻近各国辐射的结果。中国文化具有吸引力，各邻近国家也善于接受。但是，不论其潜力和声势多大，被引进的外国文化能保持本来面目的很少。在把佛教随同中国文化的固有成分传到朝鲜、日本和安南之前，中国将其改变为中国式的；而为了适应各自的情况和需要，东亚各国也把中国文化包括中国的佛教加以改变。比如说，虽然在文化上源于中国，但日本把来自中国的文化改变得和中国文化形态迥然不同，形成了一种日本特有的创造。日本把中国中央集权的官僚组织改变为近乎战国时期的封建制度。佛教是日本流行的宗教，但形态和中国、印度的都存在差别。不过，有一些从中国输入的文化，像禅宗和在封建制度最后阶段中仍旧为日本军人所采纳的儒家哲学，依然保持其本来的面貌。

汤因比认为，中国文化移植到日本之后被改变并不奇怪。中国文化传到日本的时候，日本的生活方式不但和中国不同，而且还没有完全达到文明的程度。19世纪，当决定必须向西方文明妥协时，日本人再度采纳并改变外来文化，或许一部分原因是由于他们过去在这方面的成功经验造成的。由于曾经接受过外来文明，而且也得心应手地加以改变过，所以一有机会他们就毅然地再来一次。在接触西方之前，中国也曾经接受过外来文明。不过，以佛教形式来接受印度文化，中国并不像日本接受中国文化那么艰苦。在文化上，中国和印度处于伯仲之间。佛教精神没有侵略性，而中国人的生活态度多少有点道家的味道，道家和儒家又相互依伴，因此中国在承受现代西方侵略性文明的严峻考验上，不像日本那样富有经验，训练有素。

汤因比指出，技术发达的国家是污染的始作俑者，也是其最早的受害者。在 1973 年，日本是仅次于美国的发达国家，同时也是工业污染最严重的国家。第二次世界之后，日本的国民生产总值大增，弥补了其在战争中所受的打击，但代价是工业污染也达到最高的程度，被侵犯了的大自然也毫不留情地向日本索债。在 1972 年斯德哥尔摩的世界污染大会上，日本代表坦白承认，他们技术的胜利已经使日本陷入困境。

汤因比认为，到 1973 年，日本、苏联和西方各国都已经陷入了机械化和都市化的生活方式之中。比较起来，倒是技术落后的国家，还有选择的余地。对于这些国家，或者有选择地工业化、都市化，或者参照发达国家的经验，按照自己的看法做出最佳判断，甚至干脆拒绝这种新奇的生活方式。幸亏包括中国大陆在内的发展中地区仍然占大多数，另外，在政治方面，人类事务已经有了转变，因此，人类的未来还是颇有希望的。或许，这一转变具有历史性的重要意义。美国和苏联这两个政治、军事上的超级大国，已经决定相互缓和，而美国和中国大陆也已达成了同样的决定。另外，不少迹象表明，中国大陆对日本的态度，也不像过去那么强硬。

汤因比提出，或许人类事务会有进一步的改变，但至少有一项政治发展可以做出预测：东亚一定会再显身手。

说 21 世纪是东亚人的世纪，这并不是惊人之语。

东亚的任务

汤因比很期待东亚尤其是中国能够为和平的建立和人类文明的发展做出主要的积极贡献。他认为，世界的稳定是避免世界陷入悲惨结局的唯一道路。不过，亚洲的其他地区，印度、巴基斯坦和中东，似乎并不能对这种稳定起到和中国相当的积极作用。虽然中东有丰富的石油资源，但是印度、巴基斯坦和中东在经济上都很落后，并且这些地区在政治上也很混乱。印度教徒和伊斯兰教徒，阿拉伯人和以色列人，巴基斯坦和孟加拉以及阿拉伯各国内部的保守派和激进派等等的对立，和北爱尔兰的旧教徒与新教徒的对立性质相同，不过规模要大得多。因此，西亚的各国国民可能不会对人类各种问题的解决有什么帮助。相反，他们自己地区的问题却一定要有别人的帮助才能解决。

虽然 20 世纪 70 年代的中国在经济和军事上都不是超级大国，要想在这些方面同美苏平起平坐也很遥远，然而美苏这两个超级大国、日本和别的很多国家还是把中国看作世界上的一大势力，这可以从它们的行动中看出来。苏联由于担心和中国的关系恶化，就更加对西方采取和解的态度。尼克松总统访问北京，也显示出对中国的重视。这些都清楚地表明中国是有威望的。而中国现在有这样的威望，将来也会有。不过，和这种威望相比，中国在物质方面的力量与之并不相称。

汤因比指出，从鸦片战争到中国共产党统一大陆之前，世界各国都用轻蔑的态度对待中国，毫不忌惮地欺负中国。在物质上，和发达国家相比，即使20世纪70年代的中国也不比受屈辱的时候强多少。在汤因比看来，人们之所以高度评价中国的重要性，并不是由于中国在比较短的时期内所取得的成就，而是由于认识到中华民族在这之前两千年中所建立的功绩和一直保持下来的美德。即使在忍受屈辱的时候，中华民族的美德也仍然发挥着作用。特别是在现代，移居世界各地的华侨也都体现着这种美德。

在汤因比看来，东亚有很多的历史遗产，它们都可以使东亚成为全世界的统一的地理和文化上的中轴。这些遗产有以下几个方面：(1) 在过去二十一个世纪中，中华民族始终保持一个帝国的经验。这是成为一个真正的世界范围内的世界国家的地区性榜样。(2) 在漫长的历史长河中，中华民族逐步培育起来的世界统一精神。(3) 儒家世界观中的人道主义。(4) 儒学和佛教都具有的理性主义。(5) 对于宇宙的神秘的感知和认为人企图支配宇宙是自取灭亡的认识。(6) 人的目的不是狂妄地支配非人的自然，而应是生活于自然之中同自然和谐相处的信念。(7) 通过把科学应用于民用和军事两方面的技术，东亚人民可以战胜西方人。日本人已经演示了这一点。(8) 由日本人和越南人所表现出来的敢于向西方挑战的勇气。汤因比希望这种勇气今后还能保持下去，不过是在人类历史的下一阶段用在和平解决人类问题的建设性事业上。

汤因比说，在现代世界上，中国人能够胜任任何职业，并维持高水平的家庭生活。无论是在国家衰落的时候，还是处于混乱的时候，中国人都能发扬这种美德。不过，中国也并不总是处于混乱状态。在总体上，中华王朝的历史是一部在政治上成功的历史，而且今天还在以“人民共和国”的形式继续存在。汤因比指出，这同企图实现长久政治统一与和平却并没有达成的罗马帝国的历史形成了鲜明对比。在罗马帝国崩溃后，西方世界再也没有能够成功地找回它所失去的政治统一。尽管西方在人类活动的所有领域都迸发出了巨大能量，在过去的五百年中，在经济和技术上（并且一定程度地在文化上）把世界统一为一个整体了。然而，自从罗马帝国解体之后，西方自己都没有实现过政治上的统一。不仅如此，西方对世界的政治影响是使世界分裂。西方对自己以外地区推行的政治体制是主权国家体制。在罗马帝国解体之后，西方的政治传统是民族主义，而不是世界主义。因此，今后西方似乎也不能使世界在政治上统一成一个整体。

在汤因比看来，将来统一世界的将不是西方国家或者西方化国家，而是中国。正是由于中国在未来担任这样的政治任务的征兆，今天的中国才会在世界上具有令人惊叹的威望。在将近二十二个世纪中，除了偶尔的空白时期，中国统一的政府一直在政治上把几亿民众统一为一个整体。而且，统一的中国一直是“中央王国”，政治上的宗主权为保护国所承认，文化上的影响甚至渗透到遥远的地区。事实上，从公元前3世纪以来，中国几乎在所有时代都成为影响半个世界的中心。但是在最近的五百年中，在政治领域之外的各个领域，整个世界都由西方的工业统一起来了。或许，这正是现在中国给整个世界而非半个世界带来政治统一与和平的天数。

汤因比引用拿破仑的名言“不要吵醒中国这头沉睡的雄狮”。英国人在打败拿破仑之后马上就发动了鸦片战争，这场战争使中国觉醒了。自从鸦片战争爆发之后，中国所有的战争完全都是自卫战争。不过，中国人也想恢复清朝的鼎盛时期乾隆皇帝统治的后半期达到的国界。汤因比说，新中国就因为一块很小的领土和印度关系决裂了，在他看来，这个地区对于中国没有什么价值，也没有什么战略意义。汤因比推测，中国的做法可能是由于这个地区对于中国具有某种象征意义，因为印度所主张的国界是在中国国力衰微、无力争辩的时期由英国决定的。

汤因比指出，没有任何迹象表明新中国要越过乾隆皇帝逝世的1799年的国界进行扩张。虽然最近在阿穆尔河沿岸和苏联发生了冲突，但一点也看不出中国要认真考虑恢复阿穆尔河和乌苏里江右岸的广大地区，这一地区是1858年到1861年期间，中国被迫割让给俄国的。

在汤因比看来，中国在鸦片战争之后的对外关系中，出现了一些其历史上没有的新东西。鸦片战争以前，中国在占世界一半的东亚是名副其实的“中央王国”，虽然日本在政治上没有从属于中国，但是包括日本在内的中国周边的所有国家都汲取了中国文明。从公元前2世纪后半叶开始，中国就同旧大陆西部的其他文明接触，然而在现代西方的冲击之前，对中国影响很大的只有采取和平形式传播佛教的印度。而佛教一旦传入中国，就被中国化了。这和从匈奴到满族这些北方民族几次征服整个或部分中国而最后被中国化了的道理相同，不过，16世纪侵略过中国并于19世纪暂时控制过中国的西方各民族并没被中国化。虽然西方短暂的统治已经成为过去，但它的影响仍然还存在。和以前印度的影响一样，它把中国的信仰在形式上从中国的转变为非中国的。中国把佛教中国化了，看起来中国要再次把共产主义中国化。不过，和中国化了的佛教一样，中国化了的共产主义将会对中华民族的世界观和生活方式发生很大的影响。

汤因比指出，在过去的五百年中，西方的扩张在技术和经济上把人类统一为一个整体。这个由西方主导的过程，也把日本和中国带进新的全球性文明结构中。鸦片战争之后，在军事、经济、政治、文化、技术、宗教等所有人类活动的领域中，中国在整个世界结构中都加强了和世界的联系。虽然摆脱了西方在军事上、政治上、经济上暂时的统治，但是当代中国已经再也无法孤立隐居了。由于西方的影响，中国的世界已经从旧大陆的东半部扩展到全球，中国再也不能回到孤立的东亚的“中央王国”了。汤因比说，在这个意义上，他看到了中国统一世界的可能性。

中国今后将在全球社会中起什么作用呢？只是三大国、

五大国或者更多的强国之一，还是成为全世界的“中央王国”？在汤因比看来，这是全人类都关心的事情，特别是和中国毗邻的苏联和日本最为关心的。美国可以从东亚大陆沿岸和海上岛屿撤退，一旦撤回到北美西海岸，美国就可以和中国相隔整个太平洋了。不过，在当代，单纯地理上的距离已经没有什么重要意义了，精确制导火箭的发明使辽阔的太平洋犹如一条小溪那样狭窄，包括中国在内的所有国家相互都在对方的直线射程内。由此汤因比认为，可能整个人类发展到形成单一社会的时候，世界统一也就实现了。在原子能时代，依靠武力征服统一的做法已经难以做到世界的统一，并且，世界的和平统一一定是以地理和文化中轴为中心不断扩大起来的。这个主轴不在美国、欧洲和苏联，而是在东亚。在汤因比看来，由中国、日本、朝鲜和越南组成的东亚，拥有众多人口，比起世界上任何其他民族，这些民族的活力、勤奋、勇气和聪明都毫不逊色。无论从地理上、从共同具有中国文化和佛教上，还是从不得不对现代西方文明妥协来看，它们都是联结在同一条纽带上的。中国人在几千年来，比世界任何其他民族都成功地把几亿民众从政治文化上团结起来。中国人显示出这种在政治、文化上统一的本领，这样的统一是当代世界绝对的要求。这就是中国人和东亚各民族可能在人类统一过程中发挥主导作用的原因。

世界的统一将在和平中实现，这是原子能时代唯一可行的道路。汤因比指出，虽然也有过像战国时代那样的分裂和斗争，但是中国自从汉代之后就放弃了战国时的好战。汉朝的开国皇帝刘邦于公元前 202 年重新统一了中国，此前的秦始皇实现政治统一靠的是武力，因此在他死后，出现了地方的国家主义的复辟。刘邦把中国人的民族感情从地方分权主义持久地引向了世界主义。和秦始皇带有蛊惑和专制性的言行不同，刘邦巧妙地运用处世才能完成了这项事业。汤因比认定，将来统一世界的人，一定要像刘邦那样具有世界主义思想，同时也要有实现最终目的所需要的才能。世界统一是避免人类集体自杀的唯一道路。在统一这一点上，中华民族是世界上现有各民族中具有最充分积淀的。在未来的整个人类社会，能够完成统一的政治家的楷模是中国汉代的刘邦。

3. 哲学和宗教

生命的永恒

汤因比同池田大作探讨了生命的永恒性问题。在汤因比看来，生命是否永恒存在这个问题是一个重要问题，不过，现在在一些方面还不能证实。人的身体在死后还原为无机物，然而在佛教、印度教、袄教和犹太教看来，肉体的死亡并非生命的终结，生命在死后还会以肉体的形式再现。和死前一样，死后再现的人的身心是统一的。

汤因比说，保罗的使徒书信中谈到，复活的肉体和在

“最后的审判”一瞬间出现的人类变态的肉体，同人们普通的肉眼看到的人的肉体并不一样。保罗说这种新的肉体是“灵的肉体”，耶稣复活之后再现时的肉体就是如此。据说，耶稣突然出现，又突然消失，穿过锁着的大门，离地升天，最终在云端消逝。佛教徒和印度教徒认为，人可以多次再生，而且再生是无限反复的。这种信仰包含着认为宇宙是永恒的思想。与此不同，西方的四种宗教相信，由于有开端，所以宇宙终究也会有结束。他们相信人死后的再生只有一次。不过，这只有一次的再生将永远存在下去。宇宙同样如此。尽管有开端，但是它将以不同于当前的形态永远存在下去。

在生命不灭这个问题上，佛教、印度教所主张的轮回说和基督教所主张的灵魂不灭说是一致的，它们认为人可以把在现世中度过的短暂一生在时间上延长下去，达到生命的不灭。在印度教和希腊宗教的一些流派看来，在寄托于肉体而在世上投生以前，灵魂早已无限期地存在了；而在世上的肉体死亡以后，灵魂也将无限期地继续存在。在这点上，小乘佛教的看法和印度教一致，差别只在于认为可以通过现世中精神上的努力，停止轮回。在基督教看来，肉体在母体中诞生的一瞬间，神就为肉体创造了灵魂。而一旦被创造出来，灵魂就将永远存在下去。尽管是一个西方人，但是汤因比不相信在降生之前人就已经存在，并将在死后继续存在下去。

汤因比说，因为他是人，他所具有的人的意识能够鉴别善恶，由此，他的良心命令他要行善而不是作恶。他认为，人在世间的行为一定会有伦理的结果。这个结果不仅对于个人自己，而且对于全人类和整个宇宙都十分重要。他相信，无论是善是恶，人在世上的一生都会影响到宇宙。人们正是根据这些影响对世人的一生做出正反两方面的评价，也是正由于这一点，人生才变得富有意义。

其他星球上的智能生命

汤因比对地球之外是否存在智能生命也很有兴趣。他指出，科学家虽然并没有直接证明这类智能生命的存在，但是从已经积累的知识中，他们已经可以推断出这一结论。科学家通过最先进的观测仪器证实了两个事实：一是从地球上可以观察到的物理的宇宙要比太阳系、银河系等星系的规模大得多；另一个是，已知的“宇宙”只是整个大宇宙极小的一部分。而整个宇宙到底有没有界限，现在还无法证实。据此，汤因比认为，如果空间和时间是无限的，那么，只是在地球这样渺小的空间和时间上才存在生命和意识的过去、现在和未来，那是很难想象的。

汤因比同时也指出，在整个银河系中，可能不会再存在能培育出生命的行星了。因为地球上存在的这种生命形态，只能在一定的物理条件下生存。其他形态的生命可以在其他的条件下生存。但是，无论什么生命形态，在太阳系，甚至整个银河系，恐怕就只有地球这一颗行星能够培育出生命了。而在银河系之外，类似银河系这样的星系还有无数个，所以至少还应该有一个银河系存在着一个太阳系，这个太阳系中至少会有一个像地球一样存在生命的行星。甚至可以想象出，那里栖息的众多生物中，也会有一种生物具有和人类一样的智能。大宇宙以一种无限的形态存在着，因此存在着发生这种情况的或然性。

在汤因比看来，人类是不是唯一的存在的问题，不是一个相不相信的问题，而是具有或然性的问题。在某个地方的某一颗或很多颗星球上都存在着与人类类似的智能生命，但是，要想搬到这样的行星上居住也许是不可能的。人类登月的例子已经证明：要去另外的行星是十分困难的。尽管月球已经是距离地球相当近的星球了，但是仅仅是几个人登月就耗费了巨大的资源和技术，因此，即使是银河系里存在可以栖息生命的星球，想要达到那里，也得发明出能供几代人繁殖的飞船来。并且，即使其他天体上有生命，可能也是身心相互关联的生命体，而组成这种生命体的化学成分和生命机能，也许跟地球上的生命完全不同。

佛法认为大宇宙本身是一个巨大的生命体。在汤因比看来，这一说法是否正确决定于是否承认存在着不可逆的变化和新的物质。如果否认了这种存在，那么它的根据在逻辑上是行不通的。而如果承认这种存在，那么它的根据就应该是人们的经验事实。但如果人们否认了经验事实的真实性，就得做出这样的结论：人的智能看起来已经认识清楚的各种现象，并不能表明“存在即其本身”的本质，这只不过是错觉。

汤因比指出，在地球上可观测的范围内，人们还没有找到生命可以存在的依据。虽然人们观测到的领域可能还会扩展，但是总会有到达界限的时候。退一步讲，即使人们发现了智能生命，能不能与他们沟通还是个未知数。同时，如果人类被这样的生物发现了，他们能不能与人类沟通也同样是个未知数。虽然有人推测在大气层之外宇宙的某个角落里有生物在侦察地球，但是，汤因比却对此表示怀疑。因为即使存在那样的生物，距离地球也得几亿光年，如果宇宙膨胀说的观点正确的话，这个距离还会以惊人的速度扩展。在这种情况下，双方要想相互交流就必须都具备极高的智能，同时通讯技术也得达到极其先进的程度。所以，如果其他智能生命想要与人类接触，其智能必须远远高于人类。

汤因比强调，如果有幸接触到别的智能生物，人类也不能像发现美洲那样，对其实行殖民化统治。对待其他星球上的智能生命，既要怀着谦虚关爱和睦的态度与他们相处，也要怀有高度的警惕性。因为对方可能也有着很高的智能，会把人类当作对他们有害的生物，会像欧洲人对待印第安人一样驱逐或杀害人类，尽管他们可能也会因为人类的灭绝而受到良心的谴责，或者他们还可能像人类一样为了科学研究而保留一些人种。同时，汤因比也指出了对方智能低于人类的可能性。他认为，在这种情况下，人类一定要采取比对待地球上其他动物更慈爱的方式对待他们。

善与恶的混合

汤因比认为人性在本源上和本质上既不是善的，也不是恶的。人性既能成为善的，也能成为恶的。随便找一个人，他的本性中都掺杂着善和恶。当然，善恶的比例因人而异。但是，一般而言，善和恶都在某种程度上并存于人性中，或许没有一个现实的人是完全的善人或完全的恶人。

在汤因比看来，人性的善恶混合，是一个生命存在和宇宙的关系的结果。一个生命存在部分地从宇宙万物中分离出来，但又部分地和宇宙万物连接着。这种关系使人有了选择态度和行动的空间，人可能试图支配和利用宇宙万物，也就是说，可能把自己当作整个宇宙的中心和存在的理由。只要放纵这种欲望，人的行为会变成恶的。但是，反过来，人也可能为宇宙万物献身，为宇宙万物服务，而不是为自己。只要顺应这种爱的欲望，人的行为会变成善的。所有人都被这两种冲动不断地纠缠着，从人有意识的时候开始，一直到老年昏聩或者死亡才结束。汤因比指出，每个活着的人的生理能量的源泉从而也是更高级的精神能量的源泉是终极的精神实在。从这个源泉发出的能量通过每个人的自我，既可以用于善的目的，也可以用于恶的目的。在这种意义上，人被善和恶作为了手段。

汤因比认为，自我的自然趋向是要统治和利用自己以外的宇宙万物。与此相反，自我还可以献身于他人和他物。但是，走和利己主义相反的利他主义的道路是一条艰难的道路。只有通过自我训练、自我掌握、自我放弃，甚至必要时自我牺牲，利他主义才能实现。违背自己的良心做坏事是容易的。除非自己消亡，完全打消欲望或许是不可能的，使一个人的欲望走上完全的爱和献身的道路也极为困难，因此，迄今为止，完全消除了欲望、把自己的全部献身于爱的人，也只是人类中的少数。

人类道德行为的平均水平一直没有提高，认为文明社会在道德上比原始社会高的看法是完全没有根据的。同旧石器时代前期和至今仍然完全处于旧石器时代的社会相比，文明社会中人类的道德水平也没有任何提高。人们通常认为文明的进步是技术、科学和力量的非人格使用的提高，这并不是道德或伦理上的提高。技术每提高一步，力量就增大一分，这种力量可以用于善和恶两个方面。现在，技术产生的这种力量增大到空前的地步，这是现代社会的特征。人们使用这种飞速增大的力量，而他们的道德行为的水平不仅没有提高，或许还有所下降，因此，这种力量和道德行为水平的鸿沟越来越大。原子能进一步加深了这种鸿沟。人类发现核分裂和核聚变技术之后，便立即把它误用于恶的方面，在广岛和长崎投下了两颗原子弹。原子弹的威力已经能够把地球上的全部生物消灭数次。

汤因比强调，在这样的原子时代，除非把自己品行的水平提高到佛陀所达到的水平之外，人们很难找到避免集体自杀的道路。两千五百年以来，高级宗教和高级哲学的创始人以及后来的倡导者都清楚地说明了为避免人类的自我灭亡，每个人都必须遵守的行动规范。然而，实践这种高度的行为规范的人仅仅只是极少数。大多数人虽然认识到这些规范是正确的，但只是把它当作“完美的劝世良言”，无法指望普通人遵守它。然而，这种“完美的劝世良言”的确是当代人类生存不可缺少的条件。由于人类把力量集中在技术效率的提高，因此鲁莽地和过早地闯入了原子能时代。人皆可成尧舜，然而，人类的大多数似乎不可能做出与之相匹配的精神上的艰苦努力。

汤因比最后作出结论，自从取得对非人的自然的优势以来，人类的生存再也没有比今天更危险的时候了。这种对人类生存的威胁是由人类自己造成的。如果把技术错误地运用于自我中心主义和邪恶的目的，那么，就会有远比地震、火山爆发、暴风、洪水、干旱、病毒、细菌、鲨鱼和拥有利齿的老虎更加致命的危险。

对待欲望

汤因比极为关心欲望尤其是贪欲在现代社会中的作用。在他看来，人有一种追求和宇宙整体和谐的爱的欲望，也有征服和利用宇宙万物的魔性的欲望。爱的欲望的确要求放弃自己，在一些情况下或许要求自我牺牲。爱是使自己献身于服务其他生命存在和宇宙的一种冲动。魔性的欲望比爱的欲望更为自然，因为从宇宙分离出去是生命存在的本质。作为逻辑的归宿，魔性的欲望试图使这种分离的自我扩大下去，成为宇宙的中心以至成为宇宙存在的理由。

然而，就像爱的欲望一样，魔性的欲望也想防止由于分离的自我的出现而造成的对宇宙整体性和统一性的分裂。但是，宇宙重新统一的这两条道路是相反的。爱的欲望试图通过自我献身实现重新统一，而魔性的欲望则试图通过坚持自我实现重新统一。

根据小乘佛教的经典，佛陀亲自实践并规劝他的弟子也实践消灭所有的欲望。小乘佛教还认为，如果涅槃就是消灭生命的意思的话，那么它的目的就是消灭生命；如果可以在实践上完全消灭欲望的话，那就等于是消灭生命。由此，汤因比指出，完全消灭欲望是不可能的，即使可能也是不可取的。欲望不会被真正消灭。虽然把欲望从精神的意识层面抑压到潜意识层面是可能的，但这会带来一些弊病。与其向这个目标努力，不如确立一个可能实现的目标，把欲望引向善良的目的，引向对自己正当、对人类和宇宙善良的目的。

一个从宇宙中分离出来的生物，如何才能在不消灭其生命的情况下使自己对宇宙有所贡献？又怎样不和其他分离的自我、整个宇宙的生命相对立而坚持自我呢？在汤因比看来，无论人们是否愿意，这些问题都在逼着人们做出回答。但是，人们还不能解答这些问题。

命运的含义

汤因比阐述了他对命运含义的理解。他强调，说明人的命运的时候，不能局限于人只有一次生命，而需要继续向前考虑。在这一点上，佛教和基督教是一致的。在佛教看来，个人的命运决定于自己的行为，也就是因果报应。汤因比非常风趣地说，这种因果报应的概念就好像人们的行为在伦理道德上的银行存折一样。这个存折的结算结果不断变化，有时是结余，有时却是赤字。就是说，在出生之前，人就已经存在了，并且也不会由于死亡而消灭。因果报应的账单可以随时随地记账，甚至在人死后也同样有效。人就是带着这个存折重新出生的，生和死就这样无限地往复着。佛教关于个人命运的差别的观念，就是以上述假说为前提的。

在汤因比看来，和佛教不同，基督教认为是创造宇宙并引领宇宙走向自己确定目标的全能的神决定的个人的命运。这种说法是以全能的神的存在为前提的。神给予人人格，决定其出生的时间和地方，并决定其社会地位。另外，基督教认为人在这个世上只存在一次，在母腹中的出现是人的精神和肉体存在的开始。但是，人的存在并不由于死亡而消逝。在这一点上，基督教和佛教是一致的。虽然认为人死后不会再次来到世上，但基督教同样相信人的存在不灭。在人世间的生命结束之后，人最终还要去天堂或者地狱。

汤因比指出，其实在基督教神史上，关于人的命运究竟是神还是人决定的并没有形成共识。那些相信并论证了存在着全能的神的基督教徒相信，是神决定了人最后去天国还是地狱。但是其他基督教徒则认为，至少在某种程度上，人死后的命运是由本人的因果报应决定的。不过虽说存在前世的因果报应，但这种报应只在人享有生命时有效，人死以后就不会再起作用了。

在这场争论后大约三百年的时间里，基督教教义受到越来越多西方人的质疑，他们甚至脱离了基督教，不再相信存在全能的神，也不再相信人死后还会继续存在，只是在人只生一次的观点上与基督教的看法一致。他们认为，人一生的命运要么是由祖先遗传因子的组合决定的，要么是由人所处的环境决定的，要么就是人这一生的因果报应决定的。但西方人这种看似脱离基督教的想法，其实只是在用另一种语言表达对基督教的信仰而已。个人遗传的因子的随机性与基督教中“预定命运”的随意性是相通的。遗传因子的组合有着无限的可能性，所以在继承遗传因子的组合时就有了随意性，而神把人放在什么样的时间和空间中，正是不同环境对人的作用的体现。至于因果报应对人死后没有影响的说法，虽然看似跟基督教和佛教的立场不同，但是事实上跟基督教中反对命运预定说的立场是一致的——死就是完全的消灭，当然也不会有什么死后的命运了。

在人的命运为什么各不相同的问题上，汤因比认为遗传和环境只是一部分影响因素。同时，比起那些抱有类似命运预定说的基督教徒来说，他更重视因果报应的作用。一方面，他在自己和别人的人生中体验到了因果报应的作用；另一方面，他以一个历史学家独特的眼光洞察出了因果报应在人类社会和制度中的作用。在他眼里，所谓社会和制度，无非就是那些逃脱不了死亡的人组成的一种相互关联的网状组织。这个网状组织帮助这群人达成了一个目的——超越人只有一次生命的局限性。这个组织中的人前后接替，使其存在的时间远远超过个人存在的时间。为了证明因果报应在社会和历史中的作用，汤因比提出了一个前提假说：与每个人的存在一样，社会和历史都在生死反复中贯彻始终的同一性。人与人之间相互关联组成的网状结构才是维系社会和制度继续存在下去的原因，而非那些只有暂时关联的孤立个体。

汤因比既不相信存在犹太教徒、基督教徒、伊斯兰教徒信仰的独一无二、全能的男性神，也不相信存在印度教、希腊神话中那些具有人体形态的男女诸神。他甚至还不相信人或者类人生物主宰着宇宙最高的精神存在。他认为人有辨别善恶的能力，行善的命令是由人的良心发出的，但现实中的人却免不了时常做坏事。同时，人做坏事后有自我反省和体验的行为，会受到良心的谴责，这就说明人们相信存在比人性更高的东西。

汤因比认为人之所以经常做坏事，是因为他们不能克服他们自我中心的倾向。当然，人为了超越一些东西也会选择牺牲自己，比如说要超越其他人、其他人类集团、全人类甚至是全宇宙的时候。这时他们就能克服自己的自我中心倾向，不再是为了满足自己的贪欲而利用宇宙，而是要牺牲自己，献身宇宙，这种自我牺牲的行为就是爱。爱其实跟贪欲一样，都是欲望的一种形态，不同的是，贪欲追求的目的是使宇宙能够从属于宇宙的一个小片段，而爱是要让这一小片段从属于宇宙。

虽然《圣经》中写到“神就是爱”，但汤因比并不相信神具有人格。按照他的解释，如果神具有类似人的人格的话，神不但会爱，也当然会恨；神不但会做善事，也应该会做恶事。事实上，犹太教、基督教、伊斯兰教圣典中所论述的神确是那样的神。因此，汤因比相信爱是终极的精神实在，尽管这始终是一个不能验证的假说，就像人类无法验证神的存在和人的再生一样。但是，汤因比也不相信爱有人格或爱是全能的说法。

汤因比认为，人类理解的爱构成了人和人之间的关系。人会爱就会恨，会做善事就会做恶事。所谓终极的实在不能用一种肯定的词语来表达，不能认为终极实在像耶和华那样具有人格，也不能认为它是低于或者高于人类的东西；终极实在应该用否定的词语才能最接近它的定义，即人不是精神上最高的存在。然而，最高的非人的精神存在或者终极的精神实在既不是神，也不是神之外的东西。

汤因比指出，用具有人格的表现形式表达因果报应的宗教是比较粗俗的，它在因果报应的概念中加入了人的随意行为的意义，误传了这一概念的本质。而佛教在智慧和道德上的一个伟大功绩，就是使用了非人格化的语言表达因果报应。

真正的进步

汤因比强调真正的进步是精神上、道德伦理上的进步，而不是技术上和经济上的进步。在他看来，虽然创造乌托邦这个词的不是希腊人而是托马斯·莫尔，但是这种体裁作为最早期的文学作品在古希腊已经出现。以柏拉图和亚里士多德为代表的希腊乌托邦理论大部分是回忆性的。这些作者意识到，在他们的时代，希腊文明的鼎盛时期已经过去了。他们的目的是把社会稳定住，以使希腊文明不再衰退。然而，在希腊历史上，这种乌托邦一次也没有实现过。而在日本历史上，德川幕府体制是乌托邦思想在现实生活中的政治和社会上的实现，柏拉图和亚里士多德或许会羡慕这一实践。但是，德川幕府的这种体制在试图稳定日本社会这一点上也最终失败了，这说明柏拉图和亚里士多德的乌托邦理论是不现实的。

汤因比指出，现代早期的西方乌托邦理论大部分都是乐观的，因为它们没有清楚地看出科学进步和精神进步的根本区别。持这些乌托邦观点的一些人错误地认为，累积科学和技术上的进步将自动地带来精神上的进步。近代西方的这种幻想被第一次世界大战所动摇，又被第二次世界大战末期制造和投下的两颗原子弹粉碎。因而，后来的乌托邦理论变成了带有讽刺意味的反乌托邦思想。作为对从近代初期到 1914 年四个世纪中过于乐观的乌托邦理论的反动，这些乌托邦理论走到了另一个极端，变成悲观的了。

通过技术的应用和科学的进步，可以给人带来统治他人、统治人之外的自然的力量，这种力量在伦理上是中性的，既可以用在善的方面，也可以用在恶的方面。如果用在恶的方面，原子弹可以在顷刻间杀死数百万人。而即使使用金属武器，在一对一的战斗中，人的力量一次最多也只能杀死一个人。另一方面，医学的进步给医生带来的力量可以拯救几百万人免遭细菌和病毒的侵害。同样，这种科学力量如果被用于细菌战，就会像原子弹那样，使数百万人丧生。因此，科学技术力量对人生命的影响取决于使用这种力量的人的伦理水平。某一社会在特定时期的伦理水平取决于该社会成员各自的因果报应的结算情况，也取决于各成员之间相互的伦理影响。因此，和科学技术水平不同，一个社会的伦理水平是变动和不稳定的，因果报应而非科学和技术进步，才是给生活带来福利和幸福或是悲惨和不幸的因素。

汤因比强调，为自己也好，为社会也好，人最重要的课题是提升自己的因果报应。为此，唯一的方法是尽最大的努力克制自己。这种掌握自己的斗争是人类个体的个人行动。个人在精神上的进步和退步是变化不定的，按照印度教和佛教的信仰，这种变化会贯穿于一系列连续的生命的始终。科学和技术上的累积进步在宗教领域没有相似物。

爱和良心

汤因比认为，爱和善既表现在人身上，也表现在一些非人的动物和鸟类的感情和行为之中。行善，是一些人的目的，或者至少是目的的一部分。他相信，即使有些人故意违背良心，但人都是由自己的良心指引去行善的。不管是善是恶，人的行动都是有目的的。不过，生物的进化并不是有目的的。生物的进化不是靠什么内在的力和外来的力引向某个伦理目标或其他目标的——当然，维持生命是有目的的。

汤因比指出，爱和良心的确也常常被引向错误的方向。人们都有道德感，懂得区分正义和邪恶，做自己认为是正义的事，不做非正义的事。但是，不同的社会，或者同一社会中不同的人，判断正义和非正义的观点也不同。在实际运用时，善恶的观念会产生多样性。然而，在感到应该在善和恶之间划清界限，感到有义务去做自己认为是善的事等问题上，人们的看法都是一致的。

在汤因比看来，如果不以全人类、地球和其他天体上的全部生物以至整个宇宙为对象，爱和良心也不会产生完全的好结果。然而，在各种规范中，有的认为即使牺牲人类也要服务于国家，即使牺牲国家也要服务于家庭。不仅如此，即便相信应该为全人类、全宇宙服务，落实到行动上也很困难。因为，和其他所有生物一样，人本来就是以自我为中心的。对于任何生物，不想使用宇宙反而要把自己奉献给宇宙是十分艰难的。在这个意义上，爱和良心是非自然的，违背伦理追求自己的利益才是自然的。然而，即使在有意违背伦理对行动进行判断时，人们还是感到自私自利是错的、恶的，自我牺牲是对的、善的。

同“善”和“对”一样，“爱”和“良心”也是相对性的概念。如果没有反面概念“恶”，那么“善”是没有意义的。同样，“爱”意味着“恨”，“良心”意味着“罪恶”，“涅槃”意味着“欲望”和由欲望造成的痛苦，这种痛苦在涅槃中被消除。每一对这样的概念的双方，都作为相反的概念而和对方相辅相成，因而，它们在逻辑上是不可分离的，是逻辑上对等的两个方面。但是，在伦理上，它们是不对等的。在伦理上，人们在这相互对立的两极中肯定一方而否定另一方，甚至当人们在有意做恶事和不正义的事的时候，也仍然认为应当做善的事和正义的事。人们不能让自己相信善和恶在伦理上是不能识别的、对等的和相互转换的。汤因比说，这些事实表明，宇宙中存在着面向爱、良心、善、正义和涅槃的精神。但是，这种精神并不是全能的，它常常遭遇自己的对立面。即使人们有意作恶，也不会在伦理判断上认为恶是对的，但是这也不能保证善处于优势地位。这不能不让人们感到，不管代价是什么，都应该行善——人们知道，行善的代价是很高的，而且，即使为了行善而牺牲自己，这种自我牺牲可能也不会让善战胜恶。

汤因比的结论是，人生是自相矛盾的、难堪的、艰难的和痛苦的。面对这样的人生境遇，小乘佛教主张通过消灭欲望而消灭生命，从而进入涅槃的状态。大乘佛教认为，当佛陀和菩萨随时可以进入涅槃状态的时候，他们却自愿推迟了。佛陀和菩萨之所以这样做，是为了帮助其他的生命存在进入涅槃状态，为此佛陀和菩萨暂时否定了他们自己。比起小乘佛教，汤因比更为赞同大乘佛教的理念。汤因比说，这可能是因为大乘佛教的理念和基督教的理念更相似，而他自己是作为一个基督教徒成长起来的。

爱的范围的扩大

汤因比强调，人应该把自己的爱的范围扩大到全世界以至整个宇宙。一般而言，女性的爱和独占欲比男性强烈。此外，忍耐力也是女性的特质，它和独占欲一样是爱的必然结果。忍耐力对于女性是一种积极的素质。它不仅能够有效地运用于养儿育女，而且还可以有效地运用于母亲之外的职业。根据工作的性质，在有的工作上，女性具有比男性更优越的条件。例如，有些工作需要细心和耐心，在这里，忍耐力就成了重要素质。又如考古学、秘书、电话接线员等，都是很好的例子。汤因比强调，不应该把秘书工作看作佣人的工作。

在汤因比看来，独占欲对于女性是一个潜在的不利条件。作为母亲，在孩子已经不需要家庭的保护，甚至保护反而会成为孩子束缚的时候，女性还往往不敢对孩子放手。母亲们总是被这种不恰当的独占欲所俘虏。这样下去，结果就会变得很可悲，母爱会变成贪欲。被这种贪欲所俘虏的母亲，有时在孩子应该把自己的注意力和爱转向配偶和自己的孩子时，仍然要求孩子对自己表达这种感情。由于不合理的独占欲，有的母亲甚至毁了自己孩子的一生。由于女性容易陷入这种独占欲，所以，除了做母亲，其他职业往往把她们看作是包袱。

在女性身上，爱的趋向更为强烈，而好斗性则弱一些。在实现人类最近的将来必须实现的目标的过程中，女性的这一美德至少将会成为实现其中两个目标的最重要的因素。这两个目标一个是消灭战争，另一个是抑制攻击性的竞争心。众所周知，女性比男性更加憎恶战争。虽然传统上女性是不用服兵役的，但是，女性自然的倾向是感到自己的丈夫和儿子会在战场上残废、牺牲，这是不管战争给自己的国家带来多大利益都无法弥补的。在汤因比看来，作为女性，把自己的儿子赶到战场上的斯巴达母亲们，她们的行动是极不自然的，所以遭到非议。还有其他的一些表现。比如对于通过罢工提高工资，工会工人的妻子们不像丈夫那样热心，虽然这会暂时使她们的家庭陷入贫困，或许还会使她们的丈夫在那讨生活的企业破产，从而使家庭陷入持久贫困的境地。在这两种情况中，女性的独占欲和爱同时起作用，使她们支持和平而不要战争，支持经济合作而不要经济斗争。

女性的独占欲往往会限制女性的视野，使她们只关心自己的家庭成员。同时，女性的爱具有普遍性，因为普遍性是爱的本质。爱意味着给予某人而不是从某人那里索取。和独占欲一样，爱能够扩大到整个宇宙。

在中国哲学史上，关于什么是爱的合理分配的问题曾经引发过论战。儒家哲学家孟子以孔子为权威，主张爱的分配要有差别，对自己家庭成员的爱要优先于对于陌生人、外人的爱。孟子的论战对象是墨子——墨子主张人类的爱应该无差别地施于所有其他人类。爱的合理分配问题是人类生活的一个永久的基本伦理问题，在今天已经成为急需解决的一个问题。显然，人类必须学会作为一个统一的家庭而共同生活。在地理上的距离已被消灭、原子能被用作武器的当代，除了这一途径之外，人类没有其他避免集体自杀的途径。但是，由于已经获得的技术上的成果的要求，当代社会的发展趋向是把人类引向和成为一家相反的方向。因此，解决这个问题变得十分紧迫。

汤因比指出，国家主义已经变得越来越狭隘了。越来越小的人类团体都在要求各自独立的国家主权，在这些国家中，家庭生活的规模也在缩小。传统家庭是双亲和孩子，而且连祖父母都住在同一个屋檐下。随着城市化的发展，家庭结构缩小成只有夫妇和未成年的孩子，家庭中已经没有祖父母居住的地方了，而孩子长大成人后也没有抚养父母的义务。因此，强调家庭关系中的义务的儒家学说，在今天是再适用不过的了。同时，在技术上已经统一但还没有在情感上统一起来的现代世界，把普遍的爱作为义务的墨子学说更是恰当的主张。在汤因比看来，儒家主张爱应有差等地加以分配，在同心圆中，以自己为圆心，关系向外扩展，爱也逐步减少。和把无差别的普遍的爱作为义务的墨子学说相比，儒家的主张显然更容易接近于人的本性。

每个人都有过这样的经验，爱和自己有关系的人比爱陌生人更为容易。但是，汤因比强调，爱自己不熟悉的他人，并把普遍的爱落实到行动上，满足这种伦理上的艰难要求，是当代的绝对要求。儒学主张同心圆最外侧的圆圈比最内侧的圆圈受到的爱要弱，但儒学自己也主张爱的范围应该是普遍的。因此，在原则上，儒学也是墨家主义者。汤因比认为，人们应当成为墨家主义者，应当努力追求没有差等、没有限制的普遍的爱。的确，相比儒家思想，墨家的思想更加难以实践，但是，墨家思想比儒家思想更适合于现在的人类。在旧大陆的西端，希腊哲学的斯多噶学派创始人芝诺说，人是一个宇宙的公民。芝诺是一个真正的墨家主义者，虽然他不可能知道他的学说已经由一位东亚的哲学家倡导过了。

人的最高价值

汤因比主张，人的最高价值是尊严。在他看来，生命的尊严是一个普遍的、绝对的标准。不过，“生命”不能只局限为从宇宙中分离或半分离出来的“生物的生命”（人是这样的生物的典型），在具有尊严这个意义上，整个宇宙和在它之中的万物都有尊严。自然界的所谓非生物和无机物也有尊严——大地、空气、水、岩石、泉、河流和海洋都有尊严。如果我们侵犯了它们的尊严，我们也就是在侵犯我们自己的尊严。今天，由于人类技术所造成的对自然的污染，已经遭到全世界的反对，人们已经意识到，在侵犯自然尊严的同时，人类也侵犯了自己的尊严。

汤因比说，价值确实是相对的，任何具有价值的东西都可以换成具有同等价值的东西——这就是货币的作用。但是，汤因比强调，与此不同，尊严是绝对的，而不是相对的。不管什么东西，不管它多有价值，也不能换成尊严和荣誉。一个人如果为了获得财产和社会地位，甚至为了保存自己的生命而出卖自己的尊严和荣誉，那么他就会受到别人的蔑视，而且也会受到自己的蔑视。道德上和肉体上的懦弱是以丧失尊严和荣誉为代价的，尊严是不可代替的，因而，如果尊严不可挽回地失去了的话，那么它就无可替代了。同样，如果一个人不尊重他人的尊严的话，他也将失去自己的尊严。

尊严是绝对的，不能被换成任何东西。汤因比从这一命题得出结论，人对于自己尊严的意识应该让人们认识到必须谦虚。的确，人性是有尊严的，但人的尊严是不明确的，也是从来都未曾完整过的。说人是有尊严的，这只是就他没有私心、利他、富于怜悯的、有爱、服务于其他生命存在和宇宙而言的。如果人贪欲横流或富于侵略性，那么就没有尊严。人允许贪欲横流和侵略是可耻的。和人类在技术上表现出的光辉相比，人类在伦理行为上的这种贫困就更加耻辱了。

汤因比指出，人的伦理水平一直很低，并且丝毫没有得到提高。但是，人的技术水平则急剧上升，在当代，其发展速度比任何有记录的其他时代都快。结果，人类在技术和伦理之间的鸿沟比从前更大了。这不仅是可耻的，而且有致命的危险。这样的现状应该让人们感到耻辱，并激发人们努力实现尊严。没有尊严，人们的生命就没有价值，人们的生活也不会幸福。人的尊严在技术领域并不会实现，在这个领域人类已经是能手了。人的尊严只能在伦理领域实现，而这种实现是由人们的行动受良心和爱的控制而非贪欲和侵略心的支配的程度来度量的。

作为文明生命源泉的宗教

汤因比认为，宗教是文明生命的源泉。从人类文明诞生伊始，生产的剩余就是建设文明的一个必不可少的条件。人们只有生产出超过生活最低需要的粮食和其他物资，才能从事经济活动之外的活动，如建造埃及和墨西哥的金字塔，玛雅族和高棉人的寺院。并且，也是因为有了这些剩余产品，人类才有可能从事战争，也才有可能养活少数无需从事生产生活必需品的人。这些人把时间或者用于享乐，或者用于举行宗教仪式、研究教义、施政、建筑、艺术、文学、哲学和科学等方面。佛陀和弗朗西斯以及他们的弟子和追随者靠他人的施舍生活，然而他们却对文明的发展作出了巨大的贡献。究其原因，是因为他们在清贫的生活中，自觉自愿地进行着热烈而艰辛的精神活动。

在汤因比看来，在拥有特权的少数人中，有一部分人从事着具有创造性的工作，为文明的诞生、发展和保持作出了很大的贡献。不过，如果没有群众的协作，这些创造性工作也不可能成功。共同的宗教信仰是使这种合作成为可能的精神纽带，这就是说，即使不合理、不公平地分配由社会各阶层共同生产的产品，并把大部分剩余产品用于战争或者由少数特权者挥霍，宗教信仰也一直是这种合作的精神纽带。

各种文明形态就是它所固有的宗教的反映，而且，宗教也是各种文明得以产生并延续的生命力源泉。最早的苏美尔文明、有三千年历史的法老时代的埃及文明和从殷商兴起直到清朝灭亡、有着超过三千年历史的中国传统文明，都是这一点的实例。要把难以支配的自然环境改造成为适宜于人类生活的人工环境，一定要有为实现这一宏伟目标而劳动的人民群众。领导者和被领导者共同的宗教信仰使这种合作关系成为可能，整个社会的生命力和协调性也是从中产生出来的。这种宗教信仰是精神上的推动力，推动着为经济打基础的公共事业的进行，并生产出剩余产品。

汤因比指出，各种文明都会产生出随之而至的战争和不公平这两种致命的社会弊病，它们有可能导致文明的生命力枯竭。然而，宗教却在精神上维持着这一文明继续存在和发展下去。汤因比在此所说的宗教和一般的宗教有些差别，他指的是对人生的态度和鼓舞人们战胜人生中各种难题的信念。在关于宇宙的神秘性和人在其中发挥作用的艰难这一根本问题上，宗教在精神上给人类提供了满意的答案，并给予人类实际的教规训诫，鼓舞人类战胜人生道路上遇到的困难。

当不再信仰本民族的宗教的时候，一个民族的文明就会屈从于来自于内部的社会崩溃和来自于外部的军事进攻。一个文明如果由于失去信仰而崩溃，那么它将被从别的宗教中获得生命力的新文明所代替。比如说，长期受儒家思想统治的中国文明在鸦片战争以后崩溃，被共产主义的新中国文明所取代，并且这种新文明不断向前发展。埃及、希腊和罗马的文明都崩溃了，并为带来生命力的基督教和伊斯兰教新文明所代替。长期以来，南危地马拉玛雅族的祭坛被废弃一直都是个谜，始终没有得到有力的解释，其中最有说服力的推测应该是农民对理应保证他们生存的祭司的力量失去了信心，从而不再对祭司提供经济支持。

在汤因比看来，吸收其他文明并成功地同化之具有很高的价值和效用。在历史上，日本两次成功地做到了这一点。第一次是在6世纪至7世纪期间吸收、同化了中国文明和中国版的印度教。进入现代，日本又成功地吸收、同化了现代西方文明。东南亚和印度尼西亚各民族也成功地吸收、同化了印度教和佛教，越南则吸收、同化了中国文明。在成功地吸收、同化印度教和佛教之后，印度尼西亚民族又吸收、同化了伊斯兰文明。与此相反，哥伦布发现美洲大陆之前的各种美洲文明和受到西方文明冲击之前的撒哈拉以南的非洲文明都衰亡了。由于地理上的障碍，这些文明都孤立地存在着，手持现代武器的侵略者以压倒性的优势突然袭击了他们。

汤因比强调，文明的消长同该民族的宗教存在着深刻的关系，构成其基础的宗教的素质决定着文明的命运。在他看来，以气候、风土的不同说明民族在命运上的多样，并不符合历史。最古老的苏美尔文明兴起于现在的伊拉克，再加上埃及文明和印度河文明，这三大古代文明都形成和发展于热带的自然环境中。高棉人和玛雅人的文明也是如此。还有处于沙漠绿洲中的阿拉伯人，无论是作为游牧民族还是作为商人的活动能力都很强，北欧人在高纬度地区建立起文明也毫无前例。

汤因比还特别谈到了宗教在未来自动化时代中的作用。在未来的自动化时代，普通民众因失去经济活动的机会而陷入贫困。他们的贫困跟历史上自愿参加宗教团体的先觉者的贫困决然不同。这种贫困并不是他们自愿的，而是不以他们的意志为转移的。那么，是否能够帮助普通民众抓住由此产生的从被动的经济束缚中解放，而把自己人生的主要部分投入于精神生活的机会，还是让这些民众于无所事事中堕落下去呢？在汤因比看来，未来的走向取决于人类是否能够振兴宗教，启发不再主要从事经济活动的群众把闲暇时间用在精神活动上。

六、汤因比论汤因比

1972至1973年间，汤因比和“自由欧洲”广播电台著名播音员注厄本做了一组十二次的广播讨论，《汤因比论汤因比》就是由这些讨论的记录稿汇集而成的。本书的主要内容是汤因比研究历史的方法以及历史本身的模式与规律，分为“方法”和“模式”两篇。这是汤因比晚年对自己一生学术思想的自我总结，对于理解汤因比的历史哲学思想很有助益，读来颇有意味。

1. 方法

研究历史的目的

汤因比阐述了他对研究历史的目的的看法。他说，在觉醒过来的时候，人们发现自己处在一个混沌的世界之中。为了让生活能够继续下去，人们就努力把秩序加给这个混沌的世界，使世界清晰起来。在汤因比看来，神学和研究普遍规律的历史学都是这样做的。人们并不能证实他们借以认识神秘的宇宙万物的地图是否符合现实，但是，为了生存，人们不得不绘制这样一张地图。历史学也试图帮助人们绘制一张这样的地图。

历史学对普遍规律的探求

在汤因比看来，探求普遍规律是历史学的一个重要工作。在他那一代人中，有人曾写过一本题为《下一个一百万年》的书。该书认为，以十为样本，就有足够的数目处理人类事务了。汤因比说道，不管该作者所说的是否正确，他还是被这个观点震撼了。在汤因比看来，即使有三万年的历史记录可以使用，人们也难以对人类的行为做出确凿的概括。虽然在研究普遍规律的科学范围内所能引出的往事比现在所能得到的多得多，但也不可能是全部历史。即使抛开自由意志究竟是真实的还是虚幻的这一问题不谈，人们有自由选择的意识和人们做出决定的事实，都表明了人类事务中的一种内在的不可预言性。尽管利用详尽的历史文件可以减少这种不可预言的因素，但总会有一些不能减少的残余留下来，而这些残余经常是历史研究中最重要的因素。汤因比说，这些是他的推测，或许是一种偏见。

在人类社会中，有数亿人口、数万人类团体，或许还有五六种文明、几种高级宗教等同时存在。由于有这种同时代的事件存在，所以只能通过比较，处理这些大量的、同一时间的运动。只是由于人们误将对人类事务的研究割裂成历史学、人类学、心理学和社会学等等，所以历史学才成为一种独特观点的同义词。如果把人类历史看作一个整体，那么就能发现：从一个侧面看，它是独特的，但是，从整体上看，它也是研究普遍规律的科学。不可能同时涉及同时代的多种多样的人口、组织和事件，而只能通过比较处理它们，而比较就涉及相似和差异的问题，所以，在进行比较的时候，就接近于研究普遍规律了。

由于某种理由，人类学家、社会学家和心理学家力图发现研究普遍性规律的科学的规则被认为是正当的，而历史学家这样做的时候就被认为是较不正当或者完全不正当的了。汤因比说他不知道这是出于什么原因。上面这些研究都是对人生各方面的探讨，都是关于人类事务的研究的组成部分，然而，人类学家、心理学家和社会学家逃脱了责难，而历史学家却未能逃脱。

历史学的性质

汤因比认为，历史学是处于科学和艺术之间的学科。他强调，在对人类事务的研究中，同时采取研究普遍规律的方法和研究个别事物的方法不仅是可能的，而且也是必要的。汤因比说，虽然由于批评者们的意见，他在很多方面进行过重新思考而且也受益于这些批评，但是，在使用研究普遍规律的方法这一点上他并不后悔。在汤因比看来，人们正在把研究普遍规律的方法运用于历史研究，然而却运用得很笨拙。他的一些最激烈的批评者草率地进行定量研究，远远越出了正确的范围。

汤因比指出，评判什么是历史学和什么不是历史学的标准是难以把握的。例如，历史学家知道历史小说不属于历史学的范畴，也许他喜欢一部历史小说，但是他却在某种程度上刻意回避它，因为它会干扰他所研究的历史事件。在这个意义上，历史学家并不是一个小说家或者诗人。但是，另一方面，历史学家对人类命运以至一般的人类事务又会有一种可怕而奇妙的感觉。在这个意义上，历史学家和诗人或者视觉艺术家又有相同之处。由此，汤因比说，历史学家是处于科学家和诗人之间的。历史学不是也不可能是物理学、化学那样的科学，把历史学称为科学是附庸风雅。

在汤因比看来，历史学家都是他们所观看的历史这出戏的演员。或许一个人在研究原子和电子的时候可以纯粹作为一名旁观者，即使这一点都并不一定能够成立，然而，在研究他人行为的时候，研究者或许可以是一个旁观者但绝非一个纯粹的旁观者。研究者也是一个参与者，即使研究的对象是旧石器时代的人也是这样。因为研究者和这些作为研究对象的人都是人类社会的组成部分，共同担负着人类的命运，因而他们是有关联的。由此，汤因比指出，历史学家能摆脱这种自身相关联的状态是一种幻想。如果摆脱这种关联，那么历史学家研究人类事务的时候才真正是陷入了自相矛盾。因为，按照这种设想，既不得不放弃可能是主观性的研究，也不得不放弃可能是政治性或预言性的研究。这样，整个人类事务都无法研究了，人们只能去当物理学家或者数学家。

人性的不变

汤因比认为，自从人类诞生以来，人性的变化是微小的，甚至可以认为是不变的。他指出，如果一个研究者用一种研究普遍规律的科学的方法研究人类事务，那么正如物理学家和化学家相信在物质属性中有某些符合规律的东西一样，他肯定相信在历史中有某些符合规律的东西。在汤因比看来，人类事务中的永恒的和符合规律的因素就是人性。汤因比指出，自从人类祖先变成人类之后，人性就从来没有改变。虽然和宇宙万物一样，人性每时每刻都发生着变化，但是，人性的这种变化微不足道，以至于可以把从起源到现在乃至可以预见的将来的人性看作是不变的。汤因比说，这是把历史学作为研究普遍规律的科学进行研究的基础。如果人们相信在对人类事务的研究中可以使用研究普遍规律的科学方法，那么，人性的一致性和永恒性就是客观标准。不过，由于人类事务的错综复杂和捉摸不定，历史学家的研究不可能做得像物理学家那么成功。由此，汤因比强调，必须把人类当作一个整体来研究，用密封舱把对人类事务的研究分割成一些相互隔离的学科是错误的。

历史研究不能排除道德因素

汤因比强调，历史研究不能排除道德因素。在编撰《国际事务概览》的时候，他和他夫人是以科学、客观为写作原则的，仿佛他们和他们编撰的内容并没有什么直接关系。在汤因比看来，这种指导思想用在报道荷兰和比利时对于谢尔德河水域的权力之争或许是可行的，但根本不能用在报道希特勒夺取政权和意大利入侵埃塞俄比亚上。一个人不可能在完全科学、客观的意义上作报道。有人说，作为一个政治家，希特勒和其他人一样追求一种现实政治，为什么要给他抹黑呢？然而，区分对和错并相信应该支持对的、反对错的，这是人性与生俱来的。如果像英国广播公司播送天气报告那样描述希特勒灭绝种族的大屠杀场面，那么其实并没有真正做到公平，相反，这已经是在袒护希特勒，已经是在把邪恶的东西当作正常的甚至善良的东西了。所以，历史研究不能排除道德因素。

胜利者垄断叙述历史的权力

叙述历史的权力往往会被历史上的胜利者所垄断。汤因比指出，历史学的偏见是很深的，历史学家们的偏见往往被巧妙地掩饰起来。比如，有很多背后暗含着政治目的的历史学讨论会，它们实际上并不是真正的学术讨论会，但都被伪装成了学术讨论。像斯堪的纳维亚人对俄国早期历史到底有过哪些贡献，斯拉夫人在公元 6、7 世纪时到底把希腊人赶出多远这样的问题，人们实际上都是按照政治和民族的方针进行讨论的，没有介入政治的人很快就能觉察到隐含其中的偏见。更为困难的是，有些人坚信他们拥有关于宇宙万物的可靠的永恒真理。犹太人会认为基督教粗鲁地歪曲了《旧约》的本来面目，将其转变为基督教的预言，对此，犹太人十分惊讶和厌恶。然而，实际上正是犹太人自己歪曲了历史，让历史适应犹太教关于历史的一神论的理论，即唯一的神耶和华的神意形成了人类的历史。考古学家们已经在一定程度上开始根据腓尼基人和腓力斯人的观点改写圣经的故事。尽管腓尼基人和腓力斯人的著作没有流传下来，然而人们正在从庙宇、偶像这些遗迹中找到物质文化和宗教文化的证据。例如，人们挖掘出了一些上面刻有腓尼基人的众多神话的公元前 14 世纪的石碑，考古学家们从这些石碑上发现了腓尼基人和腓力斯人陈述的情况。在汤因比看来，基督教徒完全按照犹太人的观点继承了对于犹太人和他们的邻人的关系的描述，即使那些一直敌视犹太人的基督教徒也不可能摆脱犹太人的这种描述。由此，汤因比得出这样的结论：胜利者拥有一种巨大的优越性，历史学家必须提防胜利者垄断叙述故事的权力。

历史学家的选择和偏见

在历史研究中，历史学家们往往带有自己的偏见。在汤因比看来，历史学正在努力寻找客观性的标准。在不带偏见的好奇心指引的范围内，历史学家可能是安全的。然而，好奇心本身却是主观的，人们并不对一切事物都感到好奇，任何对人类事务的研究都必然具有选择性。如果一个人掌握着一天之内全世界出版的报纸，并假设他默认这些报纸所报道的每一个字都是真理，可是拿着这些报纸的他又能做些什么呢？他又该如何组织它们呢？再进一步假设他认为所有的事实都同样重要，但是，他还是无法写成一部囊括所有这些事实的单独一天的历史。他不得不进行选择。而且，即使把所有的事实都描述出来，他也只能突出其中一些事实，而贬低另外一些事实。在这样做的时候，历史学家就变得主观了。偏见和成见的确是在起作用，但是，完全消除偏见和成见是不可能的。

汤因比强调，历史事实并不是像一块砖头或者一块石头那样的可以捡起来抚摸的具体东西。在某种意义上，历史事实是人为的，是人们从原始资料中选择出来的结果。即使是一块砖头，也是人们从这个世界的泥土中选择出来的。这就是历史学家们的困境。汤因比认为，在这方面，历史学家要向自然科学家学习很多东西。自然科学家对真理十分忠实，如果有个别证据使他们的假说不能成立，他们就准备放弃他们最珍爱的假说。这正是科学家们的荣誉所在。现在，历史学家也应该这样做：如果由于发现或者产生了新事实，或是反思了先前所认定的事实而要求研究做出改变，那么，历史学家们就得考虑放弃最珍爱的体系，或者放弃那些所选择的事实，或者放弃对所谓事实的看法。

历史学难以区分信号和噪音

在汤因比看来，历史学难以区分历史的信号和噪音。人性和物质性存在着某种相同的规律性因素，它们的差别只是程度上的。不过，汤因比认为人性要更为微妙得多，有着更多难以捉摸的东西。汤因比举例说明了他的观点。在对人类事务的研究中，选择能够被证实的东西意义更大。在成立之初，伦敦档案馆堆积了大量的文件，以至于它的负责人说，他们连收藏这些文件都做不到，更不用说处理它们。他们认为不得不销毁这些文件中的很大一部分，也讨论过该销毁哪些文件。最后他们销毁了关于英国建造铁路的所有文件，因为他们认为这种主题是枯燥单调的，不会引起人们的兴趣。可是，到了今天，为了得到这些档案，经济学家愿意不惜任何代价。问题的关键在于，在不到一个世纪以前，人们无法轻易地预言究竟哪些东西会被以后的人认为是有价值的。

在这里存在着一个自然科学中不会出现的问题——死亡问题。比如说，原子不断死亡，以得到重生，然而它们的这种活动如此频繁，以致个别原子的分解与重组显得没有多少意义了。与此不同，个别人物的寿命对于人类事务可能是十分重要的。如果亚历山大大帝的父亲腓力没有被刺，而是尽享天年，那么可能就不会有亚历山大的一番事业了。又如果亚历山大没有在三十三岁时病逝，而是活到他手下那些将军们的平均年龄，活到七十岁或者八十岁，那么历史也就完全不同了。由此，汤因比总结道：主观上选择的困难和客观上人物的死亡事故，导致历史学家极其难以区分历史的信号和噪音。

使用电子计算机研究历史

汤因比也关注到了使用计算研究历史的问题。他认为，由于人性有一些内在的一致性，因而有一部分的历史事件可以通过电子计算机来处理。在汤因比看来，电子计算机能够处理大量相关资料，因此，它可以使历史研究变得更准确。但是，电子计算机不会在取消衡量和选择过程的意义上使历史学家无所事事。汤因比说，为电子计算机编程的人和说明其计算结果的人，也是处于时空中某一点上的人，因而，他们对人类事务同样抱有自己主观的态度。汤因比指出，电子计算机不可能变成人的心灵，而且，即使可能的话，它也会带有自己的偏见。

历史学的学术风格

历史学的学术风格经历过重大的变化。和 20 世纪的历史学家一样，17 世纪的历史学家对收集到的碑铭、文件、契据等感兴趣。到了 18 世纪，历史学的学术风格出现了变化。18 世纪的历史学家不想做收集者、分类者和注释者，他们很乐意利用 17 世纪的学者为他们搜集、整理的资料。汤因比说，英国著名历史学家吉本注意到了这一点，吉本也十分宽宏大量地承认自己得益于 17 世纪历史学家的工作，得到了 17 世纪流传下来的那些资料大汇编的好处。18 世纪的历史学家们认为，除非这些大量的资料是有用处的，否则就没有搜集它们的意义。在利用这些资料组成内容广泛的图画时，这些历史学家们觉得自己已经超越了这些资料。然而，下一代历史学家却再次感受到了资料的重要性，20世纪的历史学家就是如此。由此，汤因比认为，在历史学的学术风格中有一种有节奏的交替变化，即历史学和历史编纂学相互循环发展。在汤因比看来，这两种工作都是必要的，并且对对方来说也是必要的。

汤因比认为，德国历史学家总是从两个方面从事编史工作，他们既是非常细致的研究者，又具有十分开阔博大的见解。德国历史学家总是强烈地渴望看到历史的整体面貌，渴望从历史中引出一般性的结论，渴望从哲学上说明历史。这些给了汤因比进入德国历史学的通道。

历史学的内行和外行

汤因比谈了他对于历史学中所谓内行和外行问题的看法。他指出，战后一代的英国历史学家们非常固执地认定他们是内行，应该为他们的同行专家写作，而不是为一般公众写作。然而，他们同时也意识到，强调专业化使他们脱离公众。虽然轻视公众，但他们也知道不能失去公众。如果只是为同行写作，那么他们将不会有价值。然而，专业的历史学家只是在历史著述成为大学所特有的工作时才开始出现的，在这之前，直到不久以前，英国最著名的历史学家都还是一些现在会被称作外行人的人。

有人说历史学的内行是指在一位导师的指导下获得博士学位，而这个人的导师也是在他的导师的指导下取得博士学位，这个人的学生也将指导别人取得博士学位的人。在这种内行和外行的分类方法还没有发明之前，很难说某个人不是历史学家。然而，今天却有了这样一个很简单的判断方法：看一个人是不是大学教师，最好需要具有博士学位。如果是，那么他就是个历史学家；如果不是，那么就不是历史学家。汤因比幽默地说，按照这种标准，吉本和阿克顿等英国著名的历史学家就都是外行。然而，他们会对被称作内行的历史学家感到反感，因为他们认为这种判断方式切断了自己同有教养的一般公众的联系。汤因比强调，故意制造一个内行的历史学家的封闭圈子，对于任何形式的历史研究都是致命的。

汤因比和西方文明

在和厄本的交谈中，汤因比真诚地说出了他对于自己和西方文明的关系的看法。汤因比说，他是一个西方人，和西方文明密切相关，他尊重西方文明，并不想看到它衰亡。但是，汤因比强调，尽管自己是一个西方人，但他始终坚定地反对帝国主义、支持被压迫人民，总想看到统治世界其他地区的西方和世界上的其他文明平等相处。比如，他非常支持 1947 年英国工党政府让印度、巴基斯坦和锡兰独立。不过，这种期望并不是说要让西方灭亡。汤因比认为，西方文明在数量上是少数，而其他民族迟早会学会西方的技术从而使西方在技术上的优势不复存在。因此，与其紧抓住目前的权力不放，最终被弄得角色倒转，西方还不如及时地降到一个平等地位。这样的想法并不是要反对西方，恰恰相反，是为了维护西方的利益、偏袒西方，希望西方文明作为众多不同文明中的一个存在下去。汤因比指出，在最近的三个世纪中，西方文明对其他地区文明的优势也在现代西方人看待人类历史的观点上反映出来了，这种西方中心主义的历史观是主观主义的鲜明例子，会歪曲现实，而只要把现实歪曲了，现实就会变得难以理解。

汤因比说，他在预言现存文明上是很谨慎的。因为他认为自己也置身于这个故事之中，回顾历史可以看到历史的模式和规律。但是，任何人都不能预先确定当前和将来的模式，不能预言其他任何事情是否会发生，从而也不能预言西方文明是否会衰落。这种预言是不可能的，因为人类事务中有自由意志的因素发生作用，也有无法预测的因素在起作用。

汤因比的好奇心

汤因比向厄本讲述了他的好奇心以及这种好奇心对他的历史研究工作的影响，他说自己是为了历史本身而把自己的毕生献给历史学的，因为他对历史充满好奇。对历史感兴趣，这就是他从事历史研究的一个充分理由。在汤因比看来，人性的一个荣耀就是对非功利事物具有好奇心。他指出，在想象关于星辰的知识可以对农民和航海者产生实际用处之前，人类就对星辰感到好奇了，如果没有这种无私的好奇心，没有这种超越动物的对待宇宙万物的态度，那么也不会产生实际的功利作用。

在研究历史的时候，汤因此力图透过人类的各种现象，深入到隐藏在这些现象背后的事物之中。汤因比尝试用上帝这个词指称他所认为的可能是隐藏在这些现象背后的事物，因为他找不到别的合适的表达。如果是和佛教徒说话，那么他就会用“终极的精神实在”这样的术语来表达这种隐藏在现象背后的东西。汤因比的好奇心让他对命运的本质和含义、对所有存在的事物都感到好奇，从而，历史就成为他思考和理解宇宙万物的一条道路。

汤因比还讲到，他会从报纸上的闲谈栏、财政栏和体育栏中选择资料，并且找出隐藏其中的规律。他认为，从这些较低级的事物中发现的规律告诉人们关于人生的东西，和“比较高级”的研究普遍规律的科学告诉人们的一样多。

2. 模式

马克思主义

汤因比发表了他对马克思主义的看法。他认为，马克思主义描绘了19世纪西方的社会和经济生活，是对特定历史阶段的一种反应和改变现实的要求。在汤因比看来，马克思主义是来自于基督教的，但是却对基督教提出了一种挑战。这种挑战将使基督教得以回到它早期那些鼓舞人心的事务上，如节制、禁欲、把精神生活放在物质欲望之上，这是使人类继续存在下去的保证。马克思主义对基督教的批判的不足算不上犯罪，至多只能算作渎职。

在汤因比眼中，马克思主义的弱点在于不顾及个人。每一个个人都不得不面对自己和亲人的死亡，面对自己不够发达的思维，面对行动和判断的错误以及一大堆其他的个人问题。对于每一个人而言，自己身后的成功和失败是至关重要的，而公共事务对人们来说则是一种奢侈品。而社会主义国家却认为它有权要求个人忠诚于它并把全部注意力投向它，因为它是一种高级的人类存在形式。然而，这种要求和个人的私事毫不相关。与此不同，高级的宗教和哲学所做的一切都和个人密切相关，拯救人的心灵是它们关注的中心问题。虽然和马克思主义一样也是无神论，但是佛教十分关心个人问题。儒学几乎都是关注人和人之间的关系，而不是抽象的公共生活。对个人心灵的关注是传统的宗教和哲学之所以能够掌握人的原因。汤因比认为，这种对个人心灵的关注却是马克思主义所欠缺的十分重要的东西，这是马克思主义的最大弱点。

汤因比说，马克思相信英国将成为第一个共产主义国家。按照他的理论，这是完全合乎逻辑的，因为英国是最早实现工业化的国家。汤因比和厄本都认可马克思的看法，认为由于英国没有军国主义集团，并且在很大程度上也没有法国式的官僚，因此英国人民的革命有可能不必完全破坏旧有的秩序。在汤因比看来，和列宁后来所说的英国已经陷入了肮脏、腐朽的管理制度，在英国打碎国家机器的时机也成熟了相比，马克思对英国的这一判断更正确。

在汤因比看来，一个人既成为基督徒又成为马克思主义者并不矛盾，拉丁美洲的某些天主教神父既是真正的基督徒，同时也是真正的马克思主义者。

两次世界大战是内战

汤因比指出，现代世界已经结成了一个统一社会的雏形，因此这个世界上的不同地区和国家之间的战争就成了内战。在这个意义上，两次世界大战都是内战。世界是文化、社会和道德的整体，在当代，有充分的理由把任何一场战争都叫作自相残杀的战争或者内战。不过，在汤因比看来，一场自相残杀的战争也可能是正义的。虽然在人类同胞之间发生战争是悲剧，但是在不进行战争就会造成更大的罪恶这个意义上，就会有合理的战争。在向帝制的德国和希特勒的德国让步会导致更大的罪恶这一点上，两次世界大战都是正义的战争。当然，和希特勒的战争是西方世界的一场内战。虽然纳粹德国是西方世界的叛逆者，但是，它是一个具有西方经历的西方国家，它和西方国家的断交只是暂时的。而俄国和西欧、美国的关系就不如德国和西欧、美国的关系那么密切。既然整个世界结合成一个西方化的世界，那么西方国家同俄国的战争也就是一场自相残杀的内战，不过它自相残杀的程度不如德国那么高。

汤因比认为，作为二战的两个主要胜利国，美国和苏联都犯了胜利者通常犯的错误。第一，美国和苏联在消除了其他民族的帝国之后各自建立起了自己的帝国。美国获得了东亚帝国之后却发现自己在那呆不住了，苏联则建立了一个东欧帝国。第二，美国和苏联相互争吵，试图把中间国家争取到它们自己的一边。美国人已经对这些错误后悔了，正在撤回他们之前承担的一些义务。很显然，美国和苏联都处在困境之中，而两个主要的战败国德国和日本却日渐繁荣。虽然令人啼笑皆非，但是这种情况并不意外。

中国的工业化和儒家文化

汤因比论述了中国的工业化及其同儒家文化的关系。他说，一个时期之后，如果西方工业化国家不能把污染问题和人口问题解决好，不能制定出更好的方案节省资源，那么发展中国家可能就会抵制工业化。这或许造成了中国的有限工业化和节俭，而其他发展中国家希望效仿这一榜样。汤因比指出，人类普遍不肯吸取教训，或者吸取得很慢。发展中国家需要吸取发达国家的错误教训，当然，像缅甸这样的国家已经决定不完全走西方工业化道路，而只是有选择地补充一些现代的东西，从而保持农民的传统生活方式。

汤因比认为，自从鸦片战争之后，直到新中国建立，中国遭受了巨大的屈辱。而人们遭受屈辱之后就会以相应的进攻来反抗，因而，中国人肯定会想，我们必须拥有现代化的力量。我们遭到了日本、欧洲和美国这些采用西方现代技术的国家的欺负，我们必须赶上这些国家。这是一种可能的想法。另一种可能的想法是儒家化的。在汤因比看来，儒家思想本质上是温和稳健的，很像希腊人的中庸之道。不过这种中庸之道虽然可能在希腊人那里普遍流行过，但却从来都没有真正实行过。汤因比认为，儒家思想在中国根深蒂固，它先是把佛教染上了自己的颜色，后来又把共产主义染上了自己的颜色，并且还可能把以后中国的共产主义学说染上自己的颜色。

汤因比指出，上述这两种可能的想法在中国产生了激烈的竞争。无论中国人对于自己被西方强国轻视多么不满，多么想让自己的民族变得强大起来，中国传统的力量在实现这一目标的过程中都是不可低估的。出于民族和传统的原因，中国都将致力于使不发达世界从苏联的掌控中摆脱出来，而不管走什么道路。如果走现代化目标有限的稳健工业化道路，那么，中国就可以通过向不发达国家提供处于不发达的贫困和过度工业化所带来的灾害之间的中间道路，从而名正言顺地领导第三世界。

从乐观转向悲观

汤因比说，他后来对人类历史的发展前景从乐观转向了悲观。在每一次像第一次世界大战和第二次世界大战这样的灾难之后，他都想人们一定会从中吸取教训，不会再那么做了。他一直认为，人们不会再用核武器打第三次世界大战了。然而，事实上人们已经在进行一场相当于世界大战的战争了。除了核武器，人们用各种手段把自己弄得疲惫不堪。人类正处在下一次由自己造成的突然爆发的麻烦中。另外，心理上的不安和道德上的困惑对于人们的影响也相当于战争了。

汤因比一直认为，人性中爱的一面将战胜其贪欲和侵略性的一面。然而，可能是由于年龄的原因，汤因比变得更为谨慎和悲观了。在第一次世界大战中，士兵们曾告诉他，当他们用刺刀去杀人的时候，他们是很恐怖的，而当他们在远远的地方向敌人开枪或者用炸弹炸一群敌兵时，就不会觉得恐怖了。同样，在第二次世界大战中，英法士兵给德国士兵取绰号，把他们叫做德国丘八，这样，他们就可以问心无愧地杀死这些敌人了，因为他们不是人。而如果把德国人看作是一个有名有姓的德国青年，他的口袋里还揣着家书，要去心安理得杀死这个德国青年就困难多了。

汤因比说，在被封建主奴役的时候，一个村民确实没有享受到正当的权利，在政治上和经济上没有自由。按照现代的标准，他过的是一种非人的生活。然而，所有的村民都互相熟悉，共享扩大了的家庭的团结和亲密。城市的确是反对经济、政治不自由的地方，的确让人觉得自由自在，然而，从农村移居到城市的农民失去了亲密的生活，他们会觉得自己离开了家园。英国农村的手工纺织者在 1800 年左右被迫变成城市工厂里的工人，但是，城市并不让他们觉得自由，而是给了他们一种被奴役的贫困生活。而到了 19 世纪末，他们的生活状况可能差得更多了。

人生是一种隐喻

汤因比说他的人生是一种隐喻，是一种关于人生的脆弱和不安的隐喻。汤因比是以他的叔父阿诺德·汤因比命名的。这位叔父在三十五岁的时候死于脑膜炎，汤因比从来没有见过他的这位叔父。他说如果自己也像他叔父那样三十五岁就去世了，那么他就会死得悄无声息、毫无成就。他经常觉得他会早死，不过他却挺长寿。他活得越长，就越觉得自己得了不劳而获的好处。如果在第一次世界大战时是一名战士，那么他可能已经像他的许多同学，像交战的另一方的许多人那样已经被打死了。他总是想，那些二十五六岁时就被杀死的他的同龄人会取得什么成就。汤因比指出，一个人取得成就既归功于他的才能和优点，也得益于机遇。每年他失去的同龄人越来越多，而他的年龄却越来越长，他就体会到自己的命运和他人命运的不同，体会到他们的早逝是多么不合理和野蛮。汤因比还说，他收到过一些信件，这些寄信人说他们撰写了论述历史的书稿，可是却没有一个出版商愿意接受它们。汤因比说通常他能够理解为什么出版商不愿意接受出版这些书稿，因为没有多少人会被历史选择上从而获得成功——这就是人生的悲剧。比起他的叔父和在第一次世界大战中被杀死的他的同龄人，那些活着并做过努力却没有成功的人要更加悲惨。

汤因比的隐喻的第二个方面，是痛苦转变的重要性。

汤因比说，他既有过人们都有的痛苦，也经历过自己独有的痛苦。遭到痛苦之后十分重要的问题是如何对待它们。是简单地对它们持否定态度，还是被它们激怒、压倒或者通过它们而有所成就？汤因比说他是尽力而为的，并认为自己是以正确的方式对待痛苦的。在《浮士德》中一段著名的话里，上帝说人太容易松懈，几乎都喜欢绝对的安宁，他乐意给人一个伙伴。上帝所说的这个伙伴就是魔鬼靡菲斯托。汤因比说，魔鬼是一个必要的刺激者或者挑战者，歌德的这段话道出了人生的一个深奥的道理——这种魔鬼是在使贝壳生成珍珠的沙子，虽然对于贝壳是有害的，但却生成了珍珠这样一种美丽而有价值的东西。看透真相的人们已经用诸多方式提出过这一哲理了。